現代哲学のキーコンセプト
真　理

現代哲学のキーコンセプト

Truth
真理

チェイス・レン
Chase Wrenn

野上志学………訳
一ノ瀬正樹……解説

岩波書店

1992年に交わした約束のとおり
ロン・メドリンと亡きロバート・C. ウォーカーに捧ぐ

TRUTH
by Chase Wrenn
Copyright © 2015 by Chase Wrenn

First published 2015 by Polity Press Ltd., Cambridge.
This Japanese edition published 2019
by Iwanami Shoten, Publishers, Tokyo
by arrangement with Polity Press Ltd., Cambridge.

まえがきと謝辞

　この本は，真理の形而上学にまつわる哲学的論争を近づきやすいかたちで概観することを目指している．そのさい，3つの問題圏に焦点をあてている．もっとも中心的な第1の問題は真理の本性についての問いだ．ある主張が真であるとは何を意味するのか，諸々の真なる主張には，それらを真にしている共通の点があるのか．第2は客観性についての問いである．それが真であることが心から独立している主張はあるだろうか，それとも真理は常に人々の信じていることや知りうることに依存しているのだろうか．第3は真理の価値についての問いである．およそ真理に価値があるとすれば，真なる信念は偽なる信念よりもどのようによいのか．

　この本では終始，せいぜいが学部生なら知っているくらいの論理学と哲学〔の初歩〕を背景知識として前提とするように努めた．（「この文は偽である」という文によってもたらされるような）意味論的パラドクスとの関連で生じるテクニカルな問題や古典論理の代替となる論理の形式的な詳細はおおよそ避けている．これらの問題について触れねばならないところでも，議論は非形式的に進め，テクニカルな詳細は省いた．Burgess & Burgess (2011) は，意味論的パラドクスやそのほかの哲学的論理学がこの本で論じられる形而上学的問題に関わるかに関心をもつ人にとっては素晴らしい資料である．

　この本の核心部（第4章から第7章）は，真理の対応説，認識説，デフレ主義，多元主義を概観している．それぞれの章は，これらの理論がどのように動機づけられているのかだけでなく，もっとも重要な利点と欠点についてもいくつか説明するようにしている．最後の第8章では，そうした賛否両論をあげるやり方ではなく，対応説や多元主義といった主たるライバルに対するデフレ主義のアプローチの優位性を支持する議論をしている．この章ではそれ以前に紹介した論争を少し進展させているが，それによって真理論をめぐる論争がどのように進められるかを読者にみてもらえればと思う．

　この本を書くように勧めてくれたマイケル・リンチと，執筆過程にわたるサ

ポートをしてくれた編集者エマ・ハッチンソンに感謝する．多くの人々との実り豊かな議論，とりわけ，非常に有益なコメントと批判をしてくれたマイケル・ホートンとジェレミー・ケリーとの議論によってこの本の内容はよりよいものになった．また，ポリティ出版の2人の匿名査読者のコメントは，この本の記述を改善するうえでとても役立った．

　アラバマ大学で2013年に行った真理についてのゼミに参加した学生からのフィードバックは，この本の原稿を最終的に推敲するさいに決定的に重要な役割を果たした．メリッサ・エイブラムス，ミッチェル・ダイクストラ，トレヴァー・ガント，マデリン・ハーグロヴ，トレント・ムーア，パトリック・ノートン，マシュー・オブライエン，サミュエル・ランキン，マイケル・レーガン，ハンター・ロドリゲス，ティファニー・シムズの学生諸君に深く感謝する．さらに，私のリサーチ・アシスタント，ミッチェル・ダイクストラとマシュー・オブライエンには，原稿を用意するにあたって素晴らしい手伝いをしてくれたことに感謝しなければならない．

目　次

まえがきと謝辞

1　真理とは何か……………………………………………… 1
1.1　真理と真なること………………………………… 1
1.2　真理の担い手……………………………………… 4
1.3　真であることと真であるとされること………… 6
1.4　この先のこと……………………………………… 10
文献案内………………………………………………… 11

2　客　観　性……………………………………………… 15
2.1　実在についての3つの描像……………………… 16
2.2　実　在　論………………………………………… 18
2.3　相対主義…………………………………………… 22
2.4　反実在論…………………………………………… 28
2.5　客観性と同値性原理……………………………… 37
文献案内………………………………………………… 41

3　真理と価値……………………………………………… 43
3.1　真理は本質的にある種のよさなのか…………… 44
3.2　何が真理を価値あるものにするのか…………… 50
3.3　結　　論…………………………………………… 65
文献案内………………………………………………… 66

4　真理の認識説…………………………………………… 67
4.1　懐疑論と私たちのテストがテストするもの…… 67
4.2　真理の整合説……………………………………… 69

4.3	整合説の問題	71
4.4	真理のプラグマティズム	75
4.5	認識説と同値性原理	78
4.6	認識説と実在論と反実在論	80
4.7	認 識 説	81
4.8	認識説の最終的な査定	83
	文献案内	84

5　真理の対応説　87

5.1	真理が世界に依存するというアイデア	87
5.2	古典的対応説	87
5.3	古典的対応から因果的対応へ	97
5.4	因果的対応の問題	101
5.5	真理メイカー	104
5.6	範囲問題	109
5.7	同値性原理，実在論，真理の価値	113
	文献案内	119

6　真理のデフレ理論　123

6.1	真理についての新しい考え方	123
6.2	余 剰 説	124
6.3	引用符解除主義	130
6.4	最小主義	137
6.5	説明の問題と証拠の問題を解決する	142
6.6	デフレ主義と同値性原理と実在論	145
6.7	デフレ主義と真理の価値	149
	文献案内	154

7　真理の多元主義理論　157

7.1	真理一元主義と真理の多元主義	157

7.2	範囲問題，再び	158
7.3	デフレ主義の2つの問題	161
7.4	単純多元主義とライトの見解	167
7.5	単純多元主義，混合複合文，混合推論	173
7.6	真理機能主義	176
7.7	真理の多元主義理論への反論	179
7.8	多元主義の得点表	184
	文献案内	186

8 デフレ主義再訪 …… 189

8.1	論争を進展させる	189
8.2	共通の根拠と方法論的デフレ主義	190
8.3	デフレ主義対因果対応説	192
8.4	デフレ主義対多元主義	197
8.5	結論	209

参考文献 …… 211
日本語参考文献 …… 215
解説　「真理である」ことの真理 …… 一ノ瀬正樹 …… 217
訳者あとがき …… 229
索引 …… 231

1
真理とは何か

　北半球の冬には地球は夏に比べて太陽に近づくということは真だ．ヒマラヤがアパラチアより古いということは真ではない．これらの違いは何だろうか．あることが真であるということ，あるいは真ではないということは何を意味するのだろうか．端的に問おう．真理とは何なのか．この本では，哲学者たちがどのようにしてこの問いに答えようとしてきたのかについて紹介することにしよう．

　しばしばあることだが，問いに答えるにはまず，その問いが何を意味するのかを明確に理解しなければならない．往々にして，いくつかの混乱のためにこの問いが何であるのかを説明するのは難しくなる．そういう混乱をいくつか取り払って，次章以降の舞台をセッティングするのがこの章の目的だ．

1.1　真理と真なること

　「真理とは何か」という問いはときとして，最も深淵で，最もとらえどころのない哲学的問いの1つにみえる．この問いはほとんど回答不能だと考える人もいるようだ．その人たちはこう考えているのだろう．真理とは何かを知ることは，あらゆる知るべきことを知ることか，宇宙の究極的な秘密（すなわち，あらゆる奇妙なもの，人を困惑させるもの，驚異的なもの，神秘的なもの，言い換えれば，世界にあって人間を戸惑わせるものすべての説明）を知ることを意味するのだ，と．そうすると，神々や予言者ならば真理の本性を知ることができようが，私たちのような普通の人々には知りえない，神秘的な叡智か何かとも思われよう．

　幸運なことに，真理に関心をもつ哲学者たちからすると，以上の見解は誤りだ．この見解はいくつかの異なった混乱に由来している．第1に，この見解で

は真理が全体としての宇宙や実在と混同されている．しかし，真理は宇宙ではない．真理とは，「ニワトリは卵から孵る」という主張がもっているが，「両生類は羽毛をもつ」という主張はもっていない性質なのだ．真理の本性を説明することは，その性質の本性を説明することであり，全体としての宇宙を説明することではない．

「真理とは何か」という問いに答えるには神秘的な洞察が必要である，と思ってしまう原因となる2つ目の混乱とは，「その問いに答えることは，最も重要で基礎的な事柄のすべてに答えることを意味する」という考えである．この考えは，「真理とは何か」という問いを，「何が真なることなのか」という，似たような響きの問いと混同している．

通常，何が真なることなのかをあなたが知りたいときには，特定の何かについて真なることを知りたいと思っているのだ．自分の恋人が誠実かどうか，その列車はいつ出発するのか，あるいは新たな厚生政策が経済にどう影響するのかをあなたは知りたいと思う．すでに哲学的な話題について質問しているのでないかぎり，通常は「何が真なることなのか」という問いは哲学的な問いになることはない．

しかしときとして，何が真なることなのかと問うときに，非常に一般的なことを意味している人もいるだろう．そういう人は，知りうるすべてを知ることによってか，説明しうるすべてを説明するような深淵な原理を知ることによって，あらゆることについての真なることを知ることを望んでいる．だがこれはたぶん不可能だろう．私たち人間は全知になれないし，最も基礎的な自然法則の他は，おそらく絶対的にすべてを説明する原理も存在しないだろう．このように，最も一般的なバージョンの「何が真なることなのか」という問いに答えるのは不可能かもしれない．しかし，「真理とは何か」という問いはその問いとはまったく異なる．「真理とは何か」という問いへの答えは，知りうるすべてについて教えてくれなくともよいし，理解しうるすべてについて理解させてくれなくともよい．その問いへの答えはただ，「2 + 2 = 4」と「カナダはメキシコの北にある」には共通しているが，「7は偶数だ」と「フランスは島だ」には欠けている，ある性質を説明すればよい．

「真理とは何か」と尋ねるとき，「Xとは何か」という，ソクラテスが探求

したことで知られている類の問いを私たちは尋ねていることになる．例えば『エウテュプロン』でソクラテスは「敬虔とは何か」と問うている．そしてたんに敬虔な行いのリストをあげるだけの答えにはソクラテスは満足しなかった．敬虔な事例のリストではなく，「何が行いを敬虔にしたり不敬にしたりするのか」の説明をソクラテスは望んでいたのだ．つまり，敬虔の本性を知ることを望んでいたのである．同様に，「真理とは何か」と尋ねるとき，真なる主張の事例のリストを編纂することに私たちは関心をもっているのではない．（真理の本性についての真なることを除けば）ある主題についての真なることを求めているのでもなければ，全体としての宇宙の説明を求めているのでもない．そうではなくて，「ある主張が真であったり，偽であったりするというのは何を意味するのか」を知りたいのだ．「真理とは何か」という問いへのよい答えは，「何が真なる主張を真にし，偽なる主張を偽にするのか」を説明し，それによって真理の本性について教えてくれるだろう．

　アリストテレスは『形而上学』のなかで，「そうでないことについて，そうであると言い，そうであることについて，そうでないと言うのが偽である一方，そうであることについて，そうであると言い，そうでないことについて，そうでないと言うことは真である」と述べた．これは「真理とは何か」という問いへの完全な答えではないかもしれない．それでも完全な答えへの出発点にはなるだろう．とりわけ，アリストテレスの述べたことは問題を明確にするのに役立つ．「真である(true)」という形容詞を私たちはさまざまに異なる仕方で使っている．私たちは真の友人や偽りの友人について語る．大工なら設計通りに渡された梁の列を見て「真っとうだ(true)」と言うかもしれない．真のダイヤモンドは偽物よりも価値がある．エルヴィス・コステロは『My Aim is True』というアルバムを出したが，このタイトルが無意味だというわけではない．これらの真理の概念は，アリストテレスが語っていたことと何らかの家族関係にあるかもしれないが，アリストテレスが関心をもっていたのは明らかにこれらとは別のことである．正確さ，つまり，物事がどうなっているかについて正しくとらえているという意味での真理の概念にアリストテレスは関心をもっていた．この意味での真理とは何かを問うことは，何かが正確であること，物事がどうなっているか正しくとらえていることは何を意味するのかを問うことに他

ならない.

1.2　真理の担い手

「真理とは何か」について多くを語る前に少し考えておかねばならないことがある．物事がどうなっているかを正しくとらえていたり，あるいは間違っていたりするというアリストテレス的な意味では，どのような種類のものが真や偽になりうるのか．文，命題，発話，言明，信念，理論を含め，真や偽になりうるものには多くの候補がある．これらはすべて「真理の担い手」である．つまり，それらは真や偽になりうる類のものだ．それらは，ここで問題となっている意味では真や偽にはなりえないような，郵便受けやビー玉などとは対照的である．郵便受けやビー玉は真理の担い手ではない．

ある真理の担い手は他の真理の担い手より基礎的かもしれない．例として，発話と文をとってみよう．文とは文法的規則を満たす語の列のことである．発話とは，誰かが文を使うことからなる出来事のことである．例えば，ジャックは，「2001年10月1日現地時間午後7時にグースヒルの井戸には水がある」と言い，ジルも「2001年10月1日現地時間午後7時にグースヒルの井戸には水がある」と言うかもしれない．これらは同じ文の別の発話である．もし私たちがすでに文の真理や虚偽についての説明を手にしているのならば，発話の真理と虚偽の説明にその説明を使えるだろう．つまり，「真なる文の発話は真であり，偽なる文の発話は偽であり，そしてそれだけである」というように発話の真理を説明できるだろう．こうした説明は文を発話よりも基礎的な真理の担い手として扱っている．

何が最も基礎的な真理の担い手であるのかについては，哲学者たちは意見を異にする．文が最も基礎的であると考える人たちがいる．いったん文が真であることが何を意味するのかを理解するならば，他の真理の担い手が真であることが何を意味するのかも説明できる，とその人たちは考えているのだ．命題が最も基礎的な真理の担い手であると考えている人たちもいる．命題は（この用語の哲学者の用法では）ある種の抽象的対象である．命題とは，あなたが何かを言ったときに言われていることであり，あなたが何かを信じているときに信

じられていることである．ジルが英語で「London is pretty」と言い，ジャックがフランス語で「Londres est jolie」と言うなら，ある意味では2人は同じことを言っている．あなたと私がともに，水は湿っていると信じているなら，ある意味で私たちは同じことを信じている．そしてあなたが「食料品室にポテトがある」と私に伝え，私があなたを信じるなら，あなたが言ったことをある意味では私は信じている．命題の存在を信じる哲学者は，ある人が何かを信じたり言ったりするならば，その人が信じたり言ったりしているものがあるはずだと考えている．それが命題に他ならない．命題を最も基礎的な真理の担い手と考える人たちは，他の真理の担い手は，それらが真（あるいは偽）なる命題に対してもつ関係によって真（あるいは偽）にされる，と考える．例えば，信念は信じられていることが真なる命題であるときに真であり，発話は言われたことが真なる命題であるときに真である．

　基礎的な真理の担い手についての哲学的論争は非常に込み入ったものになりうる．この論争では文と命題が基礎的な真理の担い手の主な候補となっている．文を基礎的な真理の担い手とみなす哲学者はしばしば，命題の存在を信じるのは形而上学的に法外だと考える．それは，数や性質，命題を含む抽象的対象は存在しないと信じているからかもしれない．あるいは，いわゆる命題の同一性条件，つまり，「何をもって2つの文が同じ命題を表すとするのか，何をもってそれらが異なる命題を表すとするのか」についての明確に正しい説明を与えられないからかもしれない．その一方で，命題を基礎的な真理の担い手とみなす哲学者たちはしばしば，基礎的な真理の担い手としての役割を適切に果たすために必要となる性質を文などがもつかどうか疑わしく思っている．そして，その哲学者たちはときとして，心の哲学や言語哲学での，命題の概念を用いた成果は放棄するにはあまりに実り豊かであり成功しているとも主張する．

　この本は基礎的な真理の担い手についての論争を大方は無視する．いずれかに肩入れする代わりに，基礎的な真理の担い手が何であれ，私は「主張」という中立的な語を基礎的な真理の担い手を指すものとして用いることにする．ただし，〔ホリッジの最小主義（6.4節参照）などの〕いくつかの理論は，基礎的な真理の担い手としての文あるいは心のなかの命題を使って明確に設計されている．何を基礎的な真理の担い手とするかの選択が影響を及ぼすときには，それを指

摘することにする．

1.3 真であることと真であるとされること

　本当のところ真理はそんなに多く存在しない．それどころか何も真でないことすらある．このように考える人たちがいる．例えば，地球と太陽の相対的な位置やDNAの分子構造，薔薇戦争での出来事，あるいはその他の非常に多くの物事についての主張を本当は真と呼ぶことはできない，とその人たちは考えているのだろう．私たちはそれらを確信することはできないし，（そして議論はこう続く）私たちは何かを真と呼ぶ前には，それを確信していなければならないのだから，それらの主張を真と呼べないのだ．この考え方をさらに進める人さえいるかもしれない．疑いの余地というものは常に存在し，私たちは何事についても決して100%確信できないと指摘されるかもしれない．そして，何であれ真であるものは100%確かなものなのだから，本当のところはいかなる真なる主張も存在しないのだ．真なる主張とされるのは多かれ少なかれありそうな主張にすぎない．

　これよりずっと寛容な考えをもっていて，他の誰かがとても深く信じていることを真ではないと呼ぶことは何らかのかたちで不適切だと考える人もいるかもしれない．この考えでは，誰であろうとその人が信じていることは何であれ真である．先の第1の考えは何らかのことが真であることを否定する一方で，この第2の考えは誰かがそれを信じているかぎり，あらゆることが真であることを許す．

　どちらの考えもさまざまな点で誤っている．第2章で議論するが，これらの考えには，より洗練されて説得力のある親類がいる．しかし，ここで立ち止まって，これら2つの考えに共通する誤りを指摘しておいてもよい．どちらの考えも，「真であること」と「真とされていること」を同一視してしまっている．第1の考えによれば，私たちには何かを真とみなす権限はめったに（あるいは決して）ない．それゆえ，何も真ではない．第2の考えによれば，私たちには誰かが信じていることを何であれ真でないとする権限はめったに（あるいは決して）ない．

言うまでもないが，「犯罪者であること」と「犯罪者とされていること」のあいだに大きな違いがあるのとちょうど同じように，「真であること」と「真とされていること」のあいだには大きな違いがある．地球がパンケーキよりも球に似た形であることは長いあいだ確実なこととして信じられていたわけではない．それにもかかわらず，そのあいだも地球はパンケーキよりも球に似ていた．つまり，「地球がパンケーキよりも球に似たような形である」というのは真であった．そして冷蔵庫にもう1本ビールがあると私がどんなに深く，真摯に信じているとしても，私が信じることによって「ビールがそこにある」が真になるわけではない．

「真であること」と「真とされていること」の違いから方法論上の論点を2つ引き出せる．第1の論点は次のことだ．標本を大量に収集してそれらの類似点と相違点を調べることで私たちはチョウを研究するかもしれない．だが，そのような方法で真理を研究することは望むべくもない．その方法でいくらかは前進できるかもしれない．だが，そんなに大きくは進まないだろう．なぜなら，私たちが集める真理の標本が真性の品だという保証はないからだ．私は何かを真だと思うかもしれないが，間違っていることもあるだろう．それなら，真理を研究するには，私たちはより哲学的に進まなければならない．真理が何でありうるかの説得的な説明を考えなければならないし，真理論に何を説明することを望んでいるのか明確に理解していなければならない．そして，真理論がなすべきことをするような理論を見つけることを願って，慎重に，チェックを重ねつつ進まなければならない．

第2の論点として，「真であること」は「真とされていること」だという考えの誤りは，真理の諸理論を評価するための重要な哲学的道具の説明に使える．次の2つの主張は明らかに真だと思われよう．

(1) 冷蔵庫にもう1本ビールがあるならば，冷蔵庫にもう1本ビールがあることは真である．
(2) 地球がパンケーキよりも球に似たような形であるならば，地球がパンケーキよりも球に似たような形であることは真である．

実際,「もし＿ならば,＿ということは真である」の両方の空欄を同じ日本語の文で埋めるとすると,このパターンのほとんどの事例は正しいことになる.しかし,もし真理が確実性と同じだとすると,「もし＿ならば,＿ということは確かである」というパターンの同じ事例も同様に正しいことになってしまうだろう.しかし,そのようなことはない.

(3) 冷蔵庫にもう1本ビールがあるならば,冷蔵庫にもう1本ビールがあることは確かである.
(4) 地球がパンケーキよりも球に似た形であるならば,地球がパンケーキよりも球に似た形であることは確かである.

真理についての似たような主張が真であるにもかかわらず,これらのどちらの主張も容易に偽でありうる.

「もし＿ということが真であるなら,＿」という,もう1つのパターンの事例もほとんど常に正しくなる(もちろん,同じ日本語の言明で空欄が埋められるとして).次の2つの例を考えよう.

(5) もし冷蔵庫にもう1本ビールがあることが真であるならば,冷蔵庫にもう1本ビールがある.
(6) もし地球がパンケーキよりも球に似た形であることが真であるならば,地球がパンケーキよりも球に似た形である.

そしてもし真理が信じられていることと同じなのであれば,「もし＿と信じられているならば,＿」という対応する事例もまた正しいことになってしまう.

(7) もし冷蔵庫にもう1本ビールがあると信じられているならば,冷蔵庫にもう1本ビールがある.
(8) もし地球はパンケーキよりも球に似た形であると信じられているならば,地球はパンケーキよりも球に似た形である.

だが，これら2つの主張は明らかに間違っている．

20世紀初頭から，「もし＿なら，＿ということは真である」と「もし＿ということが真であるなら，＿」というパターンとそれに関連するパターンは，真理についての哲学的考察にとってとても重要になっている．数学者であり哲学者でもあるアルフレッド・タルスキは，真理を理解するために最も影響力のある貢献をなした．どのような真理論であっても，その理論が受け入れられるために満たさなければならない要請をタルスキは提案したが，これは真理論へのタルスキの重要な貢献の1つである[1]．適切な真理論は，次のパターンのすべての事例を含意しなければならない，とタルスキは述べた．

(9) Sが真であるのは，sというときであり，そのときに限る[2]．

ここで，「S」は文の名前であり，「s」はその理論の言語〔つまり，真理論を書くのに使われている言語〕へその文Sを翻訳した文で置き換えられる．例えば，私たちが真理論を日本語で定式化し，その理論が日本語の文に適用されるとしよう．（これはタルスキの提案した別の要請[3]を侵犯することになるが，私たちの例としてはこれでよい．）さらに，ある文を引用符に入れることでその文の名前を作ることができるとしよう．このとき，タルスキの要請を仮定すれば，私たちの理論が適切であるのは，その理論が次のようなことを含意する場合に限られる．

(10) 「冷蔵庫にもう1本ビールがある」が真であるのは，冷蔵庫にもう1本ビールがあるときであり，そのときに限る．
(11) 「地球がパンケーキよりも球に似た形である」が真であるのは，地球がパンケーキよりも球に似た形であるときであり，そのときに限る．
(12) 「雪は白い」が真であるのは，雪が白いときであり，そのときに限る．
(13) 「草は緑である」が真であるのは，草が緑であるときであり，そのときに限る．

T双条件文とは,「Sが真であるのは,sというときであり,そのときに限る」というタルスキのパターンの事例であるか,「__が真であるのは,__というときであり,そのときに限る」というパターンの空欄を同じ文で埋めたときにできる主張のことである.「この文は真でないということが真であるのは,この文が真でないときであり,そのときに限る」といった,問題のある事例がいくつかあるものの,ほとんどすべてのT双条件文は明らかに真である[4].良質の真理論は少なくとも,これらのT双条件文と矛盾しない理論になるだろう.理想的には,良質な理論はこれらのT双条件文を説明するだろう.こうして,真理論を評価する原理として次の「同値性原理」と呼ばれる原理を採用してよい.

　何らかのパラドクスを引き起こす事例を除いて,T双条件文は真である.受け入れられる真理論は,この事実を引き受けるか説明するかしなければならない.

この本では,「同値性スキーマ」に言及することがある.同値性スキーマとはT双条件文がフィットする,「__が真であるのは,__というときであり,そのときに限る」あるいは「Sが真であるのは,sというときであり,そのときに限る」というパターンのことである.

1.4　この先のこと

　次の2つの章は,「真理とは何か」という問いに密接に結びついた一連の問題を考察する.1つは,「客観性」という問題である.心から独立して客観的に真である主張は存在するだろうか.あるいは,真理は何らかのかたちで私たちが考えること,私たちが考えうることに依存しているのだろうか.もう1つの問題は,「真理の価値」という問題である.どのような意味で真なる信念や主張は,偽なるものと比べて「よりよい」のか.良質の真理論が同値性原理を満たさなければならないのと同様に,良質の真理論は客観性のよい理解を与え,真理の価値を説明しなければならない.第4章から第7章で検討する,真理の

本性の説明へのさまざまなアプローチは，客観性や価値に関して異なったコミットメントをもっている．それらのアプローチを評価する1つの方法として，それらのアプローチが客観性や価値に関して何にコミットしているのかを考慮するという方法がある．

文献案内

プラトンのいくつかの対話篇では，「何かの本性を説明すること」と「事例のリストをあげること」の違いが扱われている．『エウテュプロン』，『メノン』，『国家』はそういった対話篇であり，これらの対話篇にはさらに，真理と知識の関係について興味深い議論が非常に多く含まれている．

アリストテレスの真理についての見解は，彼の著作のいくつか，とくに『形而上学』と『分析論前書』に散見される．『形而上学』第4巻(Γ)の第8章でアリストテレスは「何も真ではない」という考えと「すべてが真である」という見解に対して，それらの見解が自己論駁的であるという理由で反論している．すなわち，もし何も真でないならば，何も真でないという教説も真でないし，すべてが真であるならば，すべてが真であるわけではないという教説も真であるということになる．

ヴォルフガング・キューネの『真理の概念』(Künne 2003)では，広範にわたる問題についての素晴らしい議論があり，その第5章では基礎的な「真理の担い手」の問題を扱っている．現代的な命題の概念の起源は，ゴットロープ・フレーゲの論文「思想」(Frege 1956)にある．W. V. クワインの古典『言葉と対象』(Quine 1960)の第2章では，ある人の発話が何を意味するかについての確定的な事実はしばしば存在しないと論じられており，この議論はある2人が同じことを言っているのか，あるいは同じ命題を表現しているのかについて確定的な事実が存在しないということを含意するだろう．ハートリー・フィールドの一連の論文「心的表象」と「意味と内容のデフレ主義的諸理論」は，私たちが信念と真理を理解する際に命題を使わずにすませることを主張している．それらは両方とも，『真理と事実の不在』(Field 2001)という論文集にリプリントされている．

アルフレッド・タルスキの「真理の意味論的概念と意味論の基礎」(Tarski 1994)では，「適切な真理論はT双条件文を含意しなければならない」という要請が提示されている．その論文にはさらに，真理と(「この文は偽である」という文によって突きつけられるパラドクスのような)真理のパラドクスについての論理的な仕事にとって決定的に重要となっている，「__は真である」という表現の論理の取り扱いが含まれている．

〔1〕「形式化された言語における真理の概念」において，タルスキが提案した「規約T」の(α)のことを指す(A. Tarski, 'The concept of truth in formalized languages, pp. 187-188, in A. Tarski, *Logic Semantics, and Metasemantics* (Hackett))．正確に言えば，「規約T」は真理述語の定義が満たすべき条件であり，真理論が満たすべき条件としてタルスキが提示しているわけではない．

〔2〕この本では「PであるのはQであるときであり，そのときに限る」という形の双条件文が頻出する．この双条件文の意味するところは「PであるならばQであり，かつ，QであるならばPである」であり，つまり，「PならばQ」という(双条件文の左から右への方向の)条件文と「QならばP」という(右から左への方向の)条件文の連言である(「連言」とは，「RかつS」のような形の文である．連言「RかつS」において「R」や「S」は「連言肢」と呼ばれる)．

〔3〕タルスキは真理述語がそれについて定義されるところの対象言語(ここでは文Sの属する言語)と真理述語を定義するメタ言語(ここでは(9)で使われている言語であり，「s」と置き換えられる文の属する言語)とを区別することによって嘘つきのパラドクスなどのパラドクスを回避することを試みた．

〔4〕ここで挙げられている例は「嘘つきのパラドクス」と呼ばれるものである．ここではその1バージョンを紹介しておこう(こうした問題に関心のある読者は日本語参考文献にあげた本をさらに参照してほしい)．「L」を「Lは真でない」という文の名前としよう(したがって，Lと「Lは真でない」は同一の文である．Lはいわば自分自身は真でないと言っている文ということになる)．T双条件文から，「Lは真でない」が真であるのは，Lが真でないときであり，そのときに限る．ここで，Lは真であるか，真でないかのいずれかである．第1に，Lは真であると想定してみよう．Lは「Lは真でない」と同一であるので，「Lは真でない」は真である．ここで，T双条件文(の左から右への方向「Lは真でない」

が真であるならば，Lは真でない」)より，Lは真でない．これはLは真であるとの想定と矛盾する．第2に，Lは真でないと想定してみよう．すると，Lは「Lは真でない」と同一であるので，「Lは真でない」は真でない．T双条件文の(右から左への方向「Lが真でないならば，「Lが真でない」は真である」の)対偶をとると，「Lは真でない」が真でないのは，Lは真でないことはないときに限る．よって，Lは真でないことはない．これは，Lは真でないという想定と矛盾する．したがって，いずれの場合でも矛盾となる．

2
客 観 性

　あることが「客観的に」真であるかどうかという問いに関心があるがゆえに，人々は真理の本性に思いをめぐらせることがある．真なることは，人々あるいはまともな人々が信じることに依存しているのだろうか．それとも，誰が何を考えていようと真である主張は存在するのだろうか．「客観的な」真理というアイデアの1つには，「誰かが信じていることにその真理や虚偽が依存しないような主張」というものがある．

　これとは別の一群の問いも客観性という表題で分類される．この一群の問いは，真理と知識のあいだの関係に関わっている．ある主張が真であるかどうかがわかるときもあれば，私たちにはそのどちらなのかを知ることができないときもある．真か偽かわかる方法が存在しないのであれば，それらは果たして真か偽でありうるのか．「ある主張の真理は私たちがそれを知りうるかどうかに依存しない」というアイデアも，「客観的」真理というアイデアに含まれる．真ではあるが知りえない主張というものは存在することもありうるという考えだ．他方，知りえない真理というものは無意味である，と主張する哲学者たちもいる．彼らによれば，あることが成り立っているのかどうかを知ることが不可能ならば，いずれにせよ，それについていかなる事実も端的に存在しない．このように，これらの哲学者は可能な知識の限界を真理の限界とみなしており，その意味で，可能な知識の限界を実在の限界とみなしているのである．

　この章は客観性にまつわる3者のあいだの論争を扱う．1つの側には実在論，すなわち，「それが誰かに信じられていること，あるいは誰かがそれを知る可能性にすら，その真理が依存していないような主張というものが存在する」という見解がある．別の側には，相対主義，すなわち「いかなる主張の真理もそれを誰が信じるかに常に依存するという意味で，真理は常に意見の問題である」という見解がある．第3の候補は，反実在論，すなわち，「ある主張を真

にするものの一部には，私たちがそれを知ることができるという事実が含まれ，そのため，私たちが真か偽か知りえないような主張は，真か偽にはなりえない」という見解である．それぞれの見解は，世界のあり方についての異なった描像を提示しており，それぞれにはそれぞれの利点と欠点がある．この章ではこれらの利点と欠点を論じ，これらの見解のうちでは穏当な形の実在論がいちばん妥当だという結論に至る．

2.1 実在についての3つの描像

実在論と反実在論，そして相対主義は，世界と私たちの心に対する世界の関係についてそれぞれ異なった見解を提示する．実在論は，世界は「あちらに」あり，事実というものは誰が何を考えていようと関係なく，あるがままにあるのだという常識的な見解をとる．たとえ誰も信じておらずとも真であるような主張，あるいはたとえ誰もが信じていようとも偽である主張が存在する．くわえて，心と独立した世界についていくらかの知識を獲得することはできるものの，主張は通常真であるから知られうるのであり，知られうるから真であるのではない．主張を真にするものは，それを知る可能性とまったく関係がなくともよい．実在論者は実在のどの部分が心から独立しているのかについて互いに意見を異にするものの，何かは心から独立しているということについては合意している．

宇宙の中で620億光年以上離れた部分はあまりに離れていて，そこからはいかなる情報も私たちに届かない，と宇宙物理学者は述べている (Gott et al. 2005)．「地球からちょうど630億光年離れたところに奇数個の水分子がある」という (その真理を私たちが知りえない) 主張を考えてみよう．実在論者は誰かがその主張を信じているか，信じていないかにかかわらず，またどちらなのか私たちが知る方法がないという事実にもかかわらず，その主張は真か偽かのどちらかである，と実在論者は述べる傾向にある．630億光年離れたところに奇数個の水分子があるかないかのどちらかである．

相対主義者は，世界は物語のようにできていると考えている．真理と虚偽は人々が何を信じるかに依存している．そして絶対的な「左にあるという性質」

というものが存在せず，何かの左にあるということだけが存在するのとちょうど同じように，絶対的な真理というものは存在せず，誰かにとっての真理だけが存在する．あるテーブルは窓の左にあるが，ストーブの左にはないかもしれない．そして，ある主張はある人にとっては真であるが，他の人にとっては偽であるかもしれない．相対主義者の見解では，ある主張を誰かにとって真にするのは，その人がそれを信じていることであり，それを誰かにとって偽にするのは，その人がそれらを信じていないことである．

　ジルが冗談を言ったとしよう．おそらく，それをおかしいと思う人もいるだろうし，そうでないと思う人もいるだろう．冗談というものはそれをおかしいと思う人にとってはおかしいのだが，そう思わない人にとってはおかしくないのだと考えたくなる．何かがおかしいものであることが意味することの一部には，人々がそれを面白いと考えることが含まれるので，その冗談が「本当に」おかしいかどうかを基礎づける事実など存在しない．相対主義者は，すべての主張についてもジルの冗談がおかしいという主張と同様だと考える．おかしさについての真理だけではなくて，すべての真理は人々が何を信じているかに依存しており，それは常に誰かの真理なのだ．ある人が信じることはその人にとって真である．その人が信じないことはその人にとっては偽である．そして，その人が意見をもたないところでは，真理も虚偽もない．

　反実在論者は真理が信念に依存しているとは考えていないし，すべての真理が誰かの真理であるとも考えてはいない．しかし，反実在論者は別の仕方で真理は心に依存していると考えている．反実在論者によれば，それが真であることを見いだすか知るかすることが可能でないかぎり，およそ主張というものは真ではありえない．もしある主張が真であることを知る方法がないのであれば，その主張は真ではないはずだ，つまり，それは偽であるか真理値をまったくもたないかのどちらかであるはずだ，と反実在論者は考える．反実在論者の見解では，ある主張が真であることが意味することの一部にはそれが真であることを見いだす方法があることが含まれているのだから，真理の概念と認識可能性の概念は密接に結びついている．可能な知識の限界は実在の限界でもあるので，このことによって真理は心に依存したものになる．地球からちょうど630億光年離れたところに水分子が偶数個あるのか奇数個あるのかを見いだす方法がな

いなら，それについての事実は存在しない．偶数個あることは真でも偽でもないし，奇数個あることも真でも偽でもない．むしろ，その問いは実在におけるギャップを示しているのである．

こうして，実在論者と相対主義者，そして反実在論者のあいだの論争で取りくまなければならない大きな問いが2つあることになる．第1に，あるものは誰が何を信じていようと真であるのか．そうであるならば，相対主義は正しくないことになる．第2に，原理的に誰もそうだと知る方法がないにもかかわらず真であるものは存在するのか．そうであるならば，反実在論は正しくないことになる．

2.2 実在論

実在論者による実在の描像には私たちの経験の2つの重要な側面が用いられる．第1に，私たちはときとして真ではなかったことを間違って信じてしまっていることに気づく．第2に，私たちはときとして，以前は気づいていなかった真理を発見する．これらの経験によって私たちは，物事が本当のあり方と私たちがたまたま信じていることとを区別できるようになる．世界を「あちらに」あり，私たちから独立したものとして考えることで，自然なかたちでこの区別をつけられる．世界は私たちが何を考えるかにかかわらず，さらには私たちが何を信じ，知りうるかにもかかわらず，ありのままにあるような，ものや事実の集まりである．

例えば，「地球はパンケーキよりも球の形に近い」という主張を考えてみよう．かつて人々はこのことを信じなかったが，それが誤りであったことをのちの人々は発見した．のちの人々は物事が昔の人々の考えていたとおりにはなかったことを発見したのである．しかし，もし地球の形を知る方法を誰ももたなかったとしたら，どうだっただろうか．宇宙に知的生命がまったく存在しなかったとしたら，どうだっただろうか．それでもなお，地球はパンケーキよりも球形に近かっただろうと私たちは考えがちだ．地球の形はまさに，私たちがたまたま何を信じているか，さらには何を知りうるかに関わりのない類のものである．

実在論の最大の魅力の1つは，その説明力である．実在論はなぜ信念が誤りうるのかを説明する．例えば，地球の形についての信念が誤りうるのは，誰かが地球の形について信じていることには地球の形が依存しないからである．実在論はまた，私たちが何か新たなことを発見したときに何が起こっているのかを理解する方法を提供してくれる．私たちとは独立にあちらにあり，私たちのまだ知らない事実が存在する．発見とは，それらを知る方法を私たちが見いだしたときに起こるものである．

　しかし，実在論はこれを超えてさらに進む．私たちが信じていることにその真偽が依存しない主張があると実在論は述べるだけではなく，私たちがそれを知りうるという可能性にその真偽が依存しない主張が存在すると実在論は述べる．なぜ私たちはそのような事実が存在すると信じるべきなのか．

　1つ目の理由は，私たちがすでに世界について知っていることを利用する．例えば，地球が丸いことを真にするものは，地球が知的生命に対してもつ関係ではなくて，地球そのものについての何かであるように思われる．結局のところ，それを知るようないかなる知的生命が存在するよりもずっと前から，それは真であったのであり，そうした知的生命がまったく存在しなかったとしてもなおそれは真であっただろう．すると，私たちが世界について知っていることを前提とするならば，それらの真理がそれらが知られる可能性を要求しないような主張はいくつか存在すると思われる．

　2つ目の理由は，それらの真理や虚偽を私たちが知りえない主張が存在するという事実に関係している．最後の恐竜が死ぬ10分前に歯を折ったという主張を考えてみよう．私たちにはその主張が真なのか偽なのかを知りようがない．しかし，その恐竜は死ぬ10分前に歯を折ったのか折っていないのかのどちらかだと想定するのは自然だろう．それならば，いずれにせよ，真ではあるが知ることのできないことが存在するのだ．

　実在論者の世界のとらえ方には常識に訴えるところがあるようにみえるものの，実在論はいくつかの困難に直面する．実在論への反論の1つとして，仮に客観的に真なる主張が存在するとしても，そのような主張が真か偽か知ることはできない，というものがある．この反論によれば，実在論は，心から独立している世界の知識を不可能にしてしまう．そのような知識が不可能であるとい

う見解は,「懐疑主義」と呼ばれ,この反論は実在論に対して懐疑主義の問題を突きつけている.

どうして実在論が懐疑主義を導くのだろうか.それは,私たちのすべての知識は究極的には物事が私たちにどのようにみえるかに由来し,それ以外に知識の源はない,という考えによる.「物事がどのようにみえるか」には,私たちの知覚経験だけでなく,あなたがある主張について考えているときに,その主張が感覚経験とは関係なく真か偽かいずれかの印象を与えるときに起こる,いわゆる「知性的なみえ方」も含まれる.例えば,殺人は悪いことだという主張や,$1+1=11$ という主張を考えてみよう.前者の主張はたぶんあなたに真とみえるだろうし,後者の主張はたぶん偽とみえるだろう.これらが知性的なみえ方である.

ところが,実在論を前提とすると,世界がどうあるかはそれがどのようにあるようにみえるかとは根本的に異なるということが起こりうる.このような古典的な例としては,ルネ・デカルト(Descartes 1641)の欺く悪魔に関する思考実験がある.私たちに現にそうみえているようにすべてのことがみえるように用意している悪魔がおり,私たちがその犠牲になっているという可能性を排除する方法を私たちはもたない.この事例では,外界についての私たちの信念はことごとく偽となってしまうだろう.テーブルや椅子が存在するように,かつて恐竜が存在したように,動いている物は動き続ける傾向にあるように,そしてさらには無限に素数が存在するように私たちにはみえているだろうが,これらすべての見かけは悪魔が騙しているからだ.物事は,こうしたいかなる主張も真であることなしに,そうみえることもあるのだ.

この実在論に対する反論によれば,もし物事がどうあるかが,物事がどのようにみえるかから独立しているのであれば,悪魔が騙していることが可能になってしまう.私たちはその可能性を排除できない.そして,それを排除できないのだから,私たちは外界が存在するのか,それともまったくの幻想なのか知りえない.そのような可能性を排除できないかぎり,私たちは本当のところ外界についていかなることをも知りえない.そしてそれゆえ,実在論は懐疑主義を導く,とこの反論は続く.

実在論者はいくつかの方法で懐疑主義の問題に応答してきた.デカルトによ

れば，私たちは神の存在を知ることができ，物事がどうみえるかが物事が心とは独立にどのようにあるかへの信頼性のあるガイドであることが神の存在によって保証される．結局のところ，神は完全に善なるものであり，完全に善なる神ならば物事のみえ方によって私たちが根本的に判断を誤るようにはしないだろう，と．しかしデカルトの解決はうまくいかない．神の存在はまさに実在論者が心から独立していると考える類の事柄であり，神が存在しているようにみえることは神が本当に存在することの保証にはならない．仮に神が存在しないとしても，神が存在するかのごとく悪魔がみせているだけかもしれないからだ．

もう1つの歴史的にみて重要な応答としては，端的にこの反論を受け入れるというものがある．例えば，デイヴィッド・ヒューム (Hume 1739, 1777) は私たちのすべての知識は物事がどうみえるかから作り上げたものにすぎない，と主張した．ヒュームの見解では，私たちは物事のみえ方を超えたいかなる物事も知りえないし，物事が私たちにどうみえるかを超えた何らかのものが存在する，あるいは存在しないと信じることにはいかなる正当性もない．私たちは心から独立した世界があると信じざるをえないけれども，その信念にはいかなる合理的基盤もない．

イマヌエル・カント (Kant 1781, 1783) はヒュームとはやや異なるアプローチをとった．カントは，誰かへ物事がどうみえるかにはそれについての真理が依存しないような心から独立した実在がないかぎり，経験は不可能になるだろうと論じた．しかし，カントはさらに，世界が存在するという私たちの知識から離れては私たちは世界についてのいかなる詳細な知識も得られないとも考えた．カントの見解では，2つの世界が存在する．1つは「物自体」という実在の不可知の世界であり，もう1つは現象の世界である．私たちの知識は現象の世界に限定されている．

現代の哲学者は異なるアプローチをとる傾向にある．懐疑主義の問題は2つの鍵となる前提を必要とすると彼らは指摘する．第1には，物事がどうあるかは物事がどうみえるかには依存しないという実在論者の前提である．第2は，知識をもつためには私たちはすべての誤りの可能性を排除せねばならないという前提である．現代の哲学者は典型的にはこの第2の前提が間違っていると考える．ある人が何かを知るためには，その人はそれが真であるという十分によ

い証拠をもち合わせていなければならない．だが，私たちがデカルトの悪魔の犠牲になっているという不可解な可能性を排除できないとしても，証拠は十分によいものでありうる．そして，知識についてこのような見解をとる実在論者は，心から独立した世界についての私たちの信念が保証されているわけではないものの，ともかく私たちの証拠は知識を得るためには十分によいものであることで合意している．

2.3　相対主義

　相対主義者によれば，人々が信じていることから離れては，世界の本当のあり方といったようなものは存在しない．真理というものは人々とその信念とに相対的であり，ある人にとっては真であることも他の人にとっては真ではないかもしれない．相対主義にはさまざまな種類がある．主観主義によれば，真理は個人に相対的である．ある人にとって真であることは，その人が信じていることなのであり，その人にとって偽であるのはその人が信じないことなのである．主観主義とは別の種類の相対主義では，「真理は人々の集団に相対的である」と主張されるが，この見解はたんに「合意相対主義」と呼んでおこう．人々の集団が信じることはその集団にとって真であり，その集団が信じないことはその集団にとって偽である．しかし，ほとんどのバージョンの合意相対主義では，真理はたんに任意の集団にとって相対的であるのではなく，何か特定の集団にとって相対的である．例えば，真理は文化に，人種に，宗教に，階級に，性に，政治的な力をもつ集団に，あるいはこれらの組み合わせに相対的であると考える合意相対主義者がいる．

　すでに第1章でなぜ真理は信念と同じものではありえないかをみた．信じられていることのすべてが真であるわけではなく，真であることのすべてが実際に誰かに信じられているわけでもない．このことはまた，相対主義に対する問題を招来する．

　主観主義はいくつかの理由でもっともらしくない．そのうちで最も重要なものの1つには，仮に主観主義が正しいとしたら，いかなる事柄についても誰も決して間違わないことになってしまう，ということがある．ある人にとって真

であるためには，その人がそれを信じさえすればよいということであれば，その人が信じることは何であれ，その人にとって真である．その人は誤りえないのである．しかし，いつだって人々は物事について間違いを犯している．人々は自分の銀行口座の残高について，会議が何時の予定なのかについて，$517 \times 3 = 1531$ かどうかについて，そしてその他多くのことで間違いを犯す．私たちは信じることで物事を真にすることはできない．これはたんに，ある人は他の誰かが信じないことを信じることがあるということではない．むしろ，私たちが信じていたいくつかのことが結局は真ではないと私たちがしばしば発見することは，人間の経験に共通する重要な部分だ，ということである．このことは主観主義を仮定すると不可能になってしまう．

　一見したところ，合意相対主義はこの問題を回避できているとみえるかもしれない．ある集団の信じていないことをある個人が信じるのが可能なだけでなく，ある個人がその人が属する集団と意見を異にすることすら可能だ．ある集団が信じることは何であれその集団にとって真であるならば，その集団と意見を異にする人は誰であれ，その集団に相対的に誤っている．そのため，合意相対主義を仮定すると，たとえ真理と虚偽が人々の集団が信じることに依存しているとしても，個人が誤った信念をもちうるような仕方があることになる．

　しかしながら，合意相対主義は，主観主義と同じ問題だが，移調されたバージョンの問題に直面する．個人の信念がある集団に相対的に誤りうるとしても，合意相対主義は集団が偽なる信念をもつ余地を残していない．例えば，真理が文化に相対的だとしてみよう．すると，その文化では地球が平らだと信じられているならば，その文化にとっては地球が平らであることが真になる．その文化は地球の形について誤りえないのであり，それは，地球の形についてはその文化では間違っていたことが，その文化で発見されることが不可能であることを意味する．別の集団が地球は丸いと信じているのであれば，それは結局，たんにある集団にとっては地球は平らであり，別の集団にとっては地球は丸いのであり，それだけのことだ．合意相対主義では，さまざまな集団が地球の形について考えていることと別には，地球の形についてのより深いいかなる事実も存在しない．

　相対主義に対する別種の問題は，この見解が少なくとも2つの仕方で自己論

駁的だということから生じる．そのうちの1つは，「人間は万物の，そうであることについてはそうであることの，そうでないことについてはそうでないことの尺度である」と述べたことで知られる古代の相対主義者，プロタゴラスの見解に対してプラトンとアリストテレスがそれぞれ提起した反論に由来する．

　その反論は次のように進む．相対主義の否定を「絶対主義」と呼ぼう．絶対主義によれば，その真理がそれを誰かが信じていることに依存しないような主張が存在する．実在論は絶対主義の一種である．さてここで，議論の都合上，相対主義が真であると仮定してみよう．すると相対主義は相対主義者にとってのみ真か，あるいは誰が相対主義について何を信じようと真かのどちらかである．もし相対主義について誰が何を信じていようと相対主義が真であるのなら，その真理が誰かがそれを信じることに依存しないような主張が存在することになる．この場合，結局のところ絶対主義は真であり，相対主義は偽である．一方，もし相対主義が相対主義者にとってのみ真であるのならば，相対主義は絶対主義者にとって偽であり，絶対主義は絶対主義者にとって真である．いずれの場合でも，絶対主義が真であることがわかる．この議論はときとして，相対主義の想定が相対主義への反論に用いられることを示しているので，「テーブルをひっくり返す」ということを意味するギリシャ語ペリトロペーに由来する「peritrope」という名で呼ばれる．

　相対主義に対してはさらに別の興味深く繊細な応答がある．仮に相対主義が正しいとしたら，誰かが何かを信じていることに関していかなる事実もなくなってしまうだろう，というのがそのアイデアだ．その帰結として，ある人にとって(あるいはある集団にとって)何も真や偽ではありえないことになる．どういうことか説明しよう．アリスは「ボブは冷蔵庫に牛乳があると信じている」と信じているとしよう．さらにボブは「ボブは冷蔵庫に牛乳があると信じていない」と信じているとしよう．このように，「冷蔵庫に牛乳があることはボブにとって真である」はアリスにとって真である．しかし，「冷蔵庫に牛乳があることはボブにとって真である」はボブにとっては偽である．それならば，「冷蔵庫に牛乳がある」ことはボブにとって真か偽のどちらなのか．相対主義を仮定すると，1つの正しい答えは存在しない．もしボブとアリスがボブにとって何が真であるかについて意見を異にしているならば，アリスにとってボブ

にとって真であることは，ボブにとってボブにとって真であることと異なるということになり，そしてただ端的にボブにとって真であることは存在しないことになる．

　上記の反論は，主観主義の特有の事柄には依存していない．私たちはアリスとボブの名前を集団の名前で置き換えられるから，合意相対主義にも同様の問題が生じるだろう．偶然にも，この問題はこのグローバル化している世界ではとりわけ重要かもしれない．

　厄介な応用例には次のようなものがある．「イスラム教徒は非イスラム教徒を殺すように神に命じられている，とイスラム教徒は信じている」と信じる過激派が合衆国にはいる．ほとんどすべてのイスラム教徒は，「非イスラム教徒を殺すように神が命じている」というのはイスラム教の教えにはないと信じている．「イスラム教徒が神からのそのような命令を受けているとイスラム教徒は信じていない」とイスラム教徒は考えている．しかし，相対主義を仮定すると，合衆国の過激派は間違いえないことになる．イスラム教徒が彼らの宗教が何を教えとしているかについて過激派と意見を異にする場合でさえ，過激派はイスラム教徒が何を信じているかについて間違えないのである．過激派にとっては，「イスラム教徒は非イスラム教徒を殺すように神から命じられているとイスラム教徒が信じている」は真であり，イスラム教徒にとっては，「イスラム教徒は非イスラム教徒を殺すように神から命じられているとイスラム教徒が信じている」は偽ということになる．

　このような事例は，相対主義がたんにとるに足らない形而上学的な誤りにすぎないのではなく，潜在的には破滅的な間違いであることを示している．「非イスラム教徒を殺すようにイスラム教徒は命じられているとイスラム教徒が信じている」と信じる過激派は，この考えを，モスク建設を認めないことだけでなく，イスラム教徒を物理的に攻撃し，拷問したり殺したりすることまで，イスラム教徒に対してさまざまな恐ろしいことをするのを正当化するのに用いる．そのような虐待に反対する最も重要な方法の1つには，そのような虐待の正当化がイスラム教徒が実際に信じていることに関する偽なる見解に動機づけられていることを指摘することがある．残念ながら，相対主義はそれを不可能にする．相対主義を想定すると，イスラム教徒が自らが何を信じているかについて

どう考えているかにかかわらず，イスラム教徒が信じていると過激派が考えていることは何であれ，それをイスラム教徒は信じていることが過激派にとって真になる．

この見解に対する以上のような深刻な問題があるとすれば，そもそもなぜ相対主義に惹かれる人がいるのだろうかと疑問に思うかもしれない．しばしば，相対主義を受け入れてしまう人々は，過剰な一般化という誤りを犯しているがゆえに相対主義を受け入れてしまうのだ．その真理が人々が信じていることに相対的であるような事柄というものが存在するのは確かだ．例えば，ある冗談がおかしいことが真かどうかは，人々がそれをおかしいと信じているかどうかに依存しているかもしれない．そして，おかしさについてはいかなる絶対的な事実もおそらく存在しないだろう．ある冗談をおかしいと考える人たちにとっては，それがおかしいことは真である．しかしながら，いくつかの主張の真理が相対的にみえるというだけですべての主張の真理が相対的であると考えるのは誤りである．

相対主義に有利な別の考え方としては次のようなものがある．

(1) 「真であること」と「たまたまあなたが信じていること」あるいは「あなたの特定の観点から真にみえること」の違いは見分けられない．
(2) 「真であること」と「たまたまあなたが信じていること」あるいは「あなたの特定の観点から真にみえること」の違いを見分けられないならば，「真であること」と「たまたまあなたが信じていること」あるいは「あなたの特定の観点から真にみえること」に違いはない．
(3) そして，そのような違いがないのなら，真理は人々が信じていることに相対的である．
(4) それゆえ，真理は人々が信じていることに相対的である．

この議論は形式的には妥当だが，その最初の2つの前提には深刻な問題がある．最初の前提は多義的である．それは次の2つのことを意味しうる．

(1a) もしあなたが何かを信じている，あるいはそれがあなたの観点から

真とみえるならば，あなたが信じていることと真であることの違いを見
　　分けることは決してできない．
　(1b)　もしある時点においてあなたが何かを信じている，あるいはそれ
　　があなたの観点から真とみえるならば，あなたが信じていることと真で
　　あることの違いを見分けることはその時点ではできない．

解釈(1a)では，この前提は明らかに偽である．以前は私たちが信じていたことが真とみえていたとしても，しばしば私たちはそれらが真でなかったことを発見する．つまり，私たちは「真であること」と「私たちがたまたま信じていたこと」あるいは「以前は私たちに真であるようにみえていたこと」の違いを見分けられるし，現にそうしている．同様に，私たちがいま信じていることが真でないことを未来の私たちは発見するかもしれない．このことはまた，私たちが結果的には少なくともいくつかのことについて，私たちがいま信じていることと真であることを結局は区別できるだろうことを意味する．

　それゆえ，もしこの議論に望みがあるとすれば，最初の前提は(1b)を意味するとせねばならない．しかしそうすると，議論が妥当となるためには，2番目の前提が次のことを意味せねばならない．

　(2b)　「ある時点において真であること」と，「その時点においてあなた
　　がたまたま信じていること」，あるいは「あなたの観点から真とみえる
　　こと」の違いをその時点において見分けられないのであれば，「ある時
　　点において真であること」と，「その時点においてあなたがたまたま信
　　じていること」，あるいは「あなたの観点から真とみえること」の違い
　　はない．

しかし今度はこの前提が怪しくなる．繰り返しになるが，私たちは自らが誤っていることを直接経験している．「ある特定の時点において真であること」と「私たちがたまたま信じていること」の違いを見分けられないと認めたとしても，なお私たちが物事のありようについて誤っていることはありうる．おそらく，この瞬間においては，「私の家が火事であることが真であること」と「私

の家が火事だと私が誤って信じていること」の違いを見分けられないかもしれない．それにもかかわらず，この世界の中には，ある時点において，「家が火事だと私が信じていること」と「家が実際に火事であること」のあいだの違いがある．そのゆえに，家が火事になっていると私が考えていたとき（あるいは他のどのときでも）私の家が火事になっていなかったことが後になってわかって安心するのだ．

相対主義を支持する別の議論を与える人たちもいる．その議論は，私たちは物事が本当にどうなっているか知ることができず，知ることができるのはただ物事が私たちにどうみえるかだけだということにもとづいている．しかし，この前提は実際には相対主義を支持しない．そうではなく，それはたんにある形態の相対主義を含意するだけだ．すなわち，もし物事がどうみえるかとは別の物事のありようがあるならば，それについては私たちは多くを知ることはできないだろう，というものである．これとは別に，私たちが「真なること」とみなしているものは何であれ，常に誰かが信じているものか，誰かが私たちに信じてほしいと望んでいることであるという根拠にもとづき，相対主義を支持する議論を与える人もいる．しかし再び，誰かがそれを真だと考えていないかぎり，何も真ではありえないということを想定しないかぎり，この前提から相対主義は導かれない．この想定は論点先取であるばかりでなく，明白に偽である．誰かがそうだと考えていないかぎり何ものも真ではありえないならば，まだ発見されていない真理は存在しえない．誰も以前は信じていなかったことが真であることを発見することは不可能になってしまい，そして人々はすでにすべての真なることを信じていることになってしまうだろう．はっきりと言ってしまえば，相対主義は実在論の妥当な代替案とはならない．

2.4 　反実在論

私たちはある主張が真か偽かがわかるというのはありふれたことだ．私たちは「冷蔵庫に牛乳がある」が真か偽か知るために冷蔵庫を覗く．「4517 は素数である」が真か偽か知るためには計算をすればいい．しかしながら，原理的にその真理値を見いだせないような主張が存在する．哲学者は個別事例のいくつ

かについて意見を異にするかもしれないが，次はもっともらしい事例だ．

(5) ポール・ジアマッティは禿げである．
(6) 地球からちょうど630億光年離れたところに奇数個の水分子がある．
(7) 最後の恐竜は水曜日に死んだ．
(8) 整数の集合より多くの要素をもつが，実数の集合よりは少ない要素をもつ集合は存在しない．

例(5)は曖昧な語「禿げである」を含んでいる．ポール・ジアマッティは確実にダニエル・ラドクリフよりは髪の毛が少ないけれども，ヴィン・ディーゼルよりは髪の毛が多い．それなら，ポールは禿げなのか，禿げでないのか．ポール・ジアマッティの頭のすべての髪の毛の数とそれらの位置について私たちが完全に合意していたとしても，私たちはこの問いに決着をつけられないかもしれない．ポール・ジアマッティが禿げであることが真か偽か知ることはできないと思われる．

例(6)と例(7)は時間的あるいは空間的にあまりに離れすぎていて誰も見いだせない事柄に関係している．最新の科学によれば，620億光年以上離れたところの情報を得ることはできないが，宇宙はそれよりずっと大きい．そのため，私たちは原理的に，(6)が真か偽か知ることができない．そして最後の恐竜はずっと以前に死んでいるので，その日が水曜なのかどうか確かめるべく，その死の正確な日付を見いだすために私たちができることは何もない．

例(8)は連続体仮説として知られているものだ．数学者クルト・ゲーデルは，通常の集合論の公理からは連続体仮説を証明することも反証することもできないことを示した[1]．ゲーデルはまた，すべての既知の数学的真理を導くことができるほど強力な任意の無矛盾な数学体系においても，常にその体系において証明も反証もできない文が存在することを証明した〔第1不完全性定理〕．

実在論者の真理のとらえ方によれば，ある主張が真であるかどうかを知ることができないことによって，それが真であるかどうかが変わることはない．ときとして，たんにその事柄に関していかなる事実も存在しないがゆえに，ある主張が真かどうかを知りえないことがある．曖昧性の事例で起こっているのは

そういったことかもしれない．ポール・ジアマッティが禿げかどうかに関しては いかなる事実も存在せず，その事柄に関していかなる事実も存在しないのならば，それについての真理も存在しないのだから，ポールが禿げであることが真か偽かを私たちは知ることができない．しかしながら，実在論によれば，事実としては存在するものの，その事実が私たちに応答してくれないことがありうる．最後の恐竜が水曜日に死んだことは真かもしれないし，偽かもしれない．しかし，いずれにせよ，その問いは，誰かが原理的にどちらなのか知りうるかどうかとは何の関係もない．

　反実在論者にとって，こういった事実は何らかのかたちで私たちに対して応答しなければならない．反実在論者は，真理とはまともな人々が信じていることであるという相対主義者には同意しない．その代わり，ある文が真か偽かを私たちが見いだせないなら，いかなる事実も存在しないと反実在論者は考える．そのような文は真ではないが，偽でもない．私たちが一方なのかもう一方なのか見いだす方法をもたないかぎり，ポール・ジアマッティが禿げかどうか，地球からちょうど630億光年離れたところに偶数個の水分子があるかどうか，最後の恐竜が水曜日に死んだかどうか，あるいは整数の集合よりは大きいが実数の集合よりは小さい集合が存在するかどうかについて事実というものは存在しないのである．

　実在論は，世界とは私たちから独立してあちらにあり，私たちの運がよいときにはその世界を探求して物事がどうなっているかについての知識を得ることができるものだという直観を反映している．反実在論者は別種の考察に動機づけられている．反実在論者は私たちの真理概念の内容について問うことから始める．「冷蔵庫に牛乳がある」とか「4517は素数である」といった，その真偽を私たちが知ることができる主張を考えよう．冷蔵庫に牛乳があるのは真だと想定しよう．正確には，あなたが想定しているのは何なのか．私たちがその主張が真であることを想像しているならば，私たちは例えば，冷蔵庫まで歩いていって冷蔵庫を開けた人が空でない牛乳パックを見つけることになるような状態に世界があると想像しているように思われる．パックの中身を注ぐ人は，それが牛乳のような味と香りと見た目であることを見いだすだろう．その中身の化学的分析は，牛乳に期待される結果を出すだろう．そのパックと中身の由来

を調べてみれば，最後はそのパックが牛の乳房から搾り出された液体で満たされたことを見いだすだろう，などなど．「冷蔵庫に牛乳がある」という主張が真であることを想像しているとき，冷蔵庫に牛乳があることが真であることを見いだすことができるようなさまざまな仕方をあなたは想像しているのである．

　ここで，4517 が素数であることが真だとしよう．素数というのはそれ自身か 1 によってしか割り切れない数のことである．4517 が素数であると想定することは，1 と 4517 のあいだのそれぞれの数を確認すれば，そのどれもが 4517 を割り切れないことを見いだすだろうと想定することである．「4517 が素数であることが真であると想定すること」と「4517 が素数であることが証明可能であること」のあいだには何らの違いもないように思われる．

　私たちがその真偽を見いだせないような主張を取り上げてみよう．反実在論者の見立てでは，その主張が真であると想定することには，それが真であることを見いだすのはどのようなことだろうかを想像すること以外には何もない．そして，それが偽であると想像することには，それの否定(例えば，「ポール・ジアマッティは禿げではない」，「最後の恐竜は水曜日に死んではいない」など)が真であることを見いだすのはどのようなことだろうかを想像すること以外には何もない．しかし，その主張が真であることを見いだせないのであれば，それが真であると想像している際に，私たちは何も想像してはいないことになる．(集合論の通常の公理から)連続体仮説は証明も反証もできないのだから，それが真であるとか偽であるとか想定するときに想定すべきものは何もない．

　反実在論者によれば，「ある主張が真であると想定すること」と，「その主張が真であることを見いだすことが原理的に可能であると想定すること」のあいだには何の違いもない．これに加えて，私たちがこれらの 2 つの場合において想定していることのあいだに違いがないのであれば，「主張が真であること」と「主張が真であることを見いだすことが可能であること」のあいだには違いがないと，反実在論者は考える．反実在論者の見解では，まさに真理の概念とは認識可能性の概念なのであり，それゆえ，何であれそれが真であるならば，原理的にはそれは知りうる．

　このような考え方は次のような議論として表すことができる．

(9) ある主張が真であることを想定することは，それが真であることを見いだすことに伴っていること，つまり，それを知るようになることを想像することである．
(10) ある主張が真であると私たちが想定しているときに私たちが想像していることが，ある主張が真であることに伴っていることのすべてである．
(11) それゆえ，ある主張が真であることは，それが知られうることである．

　もちろん，真であることがたんに知られうることであるならば，知りえない真理は存在しないことが帰結する．
　実在論者はこの議論にどのように応答できるだろうか．いずれかの前提を実在論者は退けるかもしれない．前提(9)に反対して，「ある主張が真であることを想定すること」と「それが真であることを見いだすこと」のあいだには違いがあると実在論者は主張できるだろう．例えば，私たちは宇宙において何らの知的生命も生じないことを想像できる．それでも世界の多くのことは，現にそうあるのと変わらないだろう．星や惑星，水素原子やダークマターは，それらを見いだすものが決して存在しなかったとしてもなお存在しているだろう．そして，私たちは知的生命のいない宇宙を想像しているのだから，私たちはこれらのものを見いだすことを想像しているのではない．それゆえ，「これらのことが真であることを想像すること」と「それらが真であることを見いだすことを想像すること」は結局のところ2つの異なったことだと思われる．しかし，反実在論者は次のように答えるだろう．宇宙について何かを見いだす私たちが決して存在しなかったならば宇宙がどのようであっただろうかと想像することには何らかの不整合がある．それを想像しているときに私たちは何を想像しているのか．世界がどのようであっただろうかを，その人にとって世界がそのようにあっただろうという人を想像せずに，どうやって想像できるというのだろうか．
　実在論者はまた，議論の2番目の前提である前提(10)を退けることもできるだろう．「ある主張が真であることに伴っていること」は「私たちがそれが真

であることを想像している際に想像していること」と同じではない，と実在論者は主張するかもしれない．私たちの知らないことがあることを私たちはみな気づいている．それこそが私たちが新しいことを学ぶ過程や以前誤ってもっていた信念を根絶する過程で学ぶ教訓なのである．知られていない真理が存在し，私たちは「知られていない真理であること」とは何を意味するのかについて明確な考えをもっている．これは，世界のある側面は私たちが見いださないとしてもそのままであるという考えを私たちがもつのに十分だろう．恐竜は化石が最初に発見されたときに存在しはじめたのではない．恐竜は私たちよりも何百万年も前に生きていて，たとえ私たちが恐竜について何も見いださなかったとしても，そうだっただろう．しかし私たちが決してそれについて何も見いださなかったとしてもそうだったであろうことがある，ということをいったん理解するならば，私たちがそれについて何も見いだすことができないとしてもそうであろうことがあると想定することは容易だと思われる．結局のところ，私たちは恐竜が絶滅したことを知っているので，最後の恐竜が死んだ日のあることは知っている．しかし，最後の恐竜がどこかの日に死んだのであれば，「その恐竜は日曜日か，月曜日か，火曜日か，水曜日か，木曜日か，金曜日か，土曜日に死んだ」ことが真でなければならない．週のそれぞれの日について最後の恐竜はその日に死んだことは真でも偽でもないと考えるにもかかわらず，私たちはそれがどの日かは知りえないとしても，最後の恐竜はどこかの日に死んだのだと考えるのはほとんど意味をなさない，と実在論者は指摘するだろう．

　こうなると反実在論者は古典論理の修正を要請するように思われる．古典論理では，AかBであるという形の言明が真であるのは，Aが真であるかBが真であるという場合に限られる．しかし，最後の恐竜の事例を取り上げてみよう．私たちはその恐竜が死んだ日のあることは知りうるし，現に知ってもいる．それゆえ，私たちは次のことを知りうるし，知っていることにもなる．

(12)　最後の恐竜は日曜日か，月曜日か，火曜日か，水曜日か，木曜日か，金曜日か，土曜日に死んだ．

しかし，どの日に最後の恐竜が死んだのかは知りえないかもしれない．それは

つまり，次のどの主張も知りえず，そして反実在論者はそれらのいずれもが真でも偽でもないのだと主張せざるをえないかもしれないということを意味する．

　　（日）　最後の恐竜は日曜日に死んだ．
　　（月）　最後の恐竜は月曜日に死んだ．
　　　　　　　　⋮
　　（土）　最後の恐竜は土曜日に死んだ．

古典論理では，(12)は(日)から(土)までのいずれかが真でなければ真ではありえない．しかし，(日)から(土)が知りえないとしても(12)を知ることはできる．それゆえ，反実在論者は(日)から(土)までのそれぞれが真でも偽でもないが，(12)が真であることを許容する論理を採用せねばならないだろう．実在論者はもちろん，古典論理を諦めるよりも反実在論を諦めるほうがよいオプションだと考える傾向にある．

　実在論者と反実在論者との論争では，一方がもう一方の見解のうちで無意味にみえる点がしばしば指摘される．反実在論者の考えでは，私たちはただ，それが真であると見いだす方法がないにもかかわらずある主張が真であるという概念をもってはおらず，知りえない文が真か偽である（が私たちがどちらとは知らないのだ）と考える人は誰であれ，自分を欺いていることになる．実在論者の考えでは，反実在論がコミットしている類のギャップが実在にあると想定するのは無意味であり，「最後の恐竜がどの日かに死んだ」といった文が，その恐竜が死んだ特定の日が存在しないにもかかわらず真でありうると想定することも同様に不整合であることになる．

　アロンゾ・チャーチは反実在論に対する非常に深刻な問題を発見し，その問題はフレデリック・フィッチのある論文で報告されている．チャーチは匿名でフィッチにこの問題に注目させたので，最近になって「認識可能性のパラドクス」と呼ばれるようになるまで，この問題は「フィッチのパラドクス」として知られてきた．その問題とは端的に言うと，「すべての真理は知りうるという主張はすべての真理は実際にすでに知られているという非常に驚くべき帰結をもつように思われる」というものだ．

2 客観性

　認識可能性のパラドクスの背後にある推論を追うのは少し大変かもしれない．この問題はいくつかの原理を前提として含んでいるから，議論を検討する前にそれらの原理を提示しておくのがよい．第1の原理は，知識の事実性である．

　　知識の事実性：あらゆる主張 p について，もし p が知られているならば，p．

非形式的に述べれば，「あなたは実際にはそうではないことを知ることはできない」というのが知識の事実性の言わんとすることだ．冷蔵庫には牛乳がないのならば，冷蔵庫に牛乳があることは知られえない．そして，誰かが冷蔵庫に牛乳があることを知っているのならば，冷蔵庫に牛乳はある．
　第2の原理は単一前提閉包としばしば呼ばれるものだ（なぜそう呼ばれるのかは私たちの目的には重要でない[2]）．

　　単一前提閉包：もし連言「p かつ q」が知られているならば，p は知られており，q も知られている．

例えば，もしジャックとジルが丘を登ったことが知られているならば，ジャックが丘を登ったことが知られており，またジルが丘を登ったことも知られている．もし雪は白く草は緑であることが知られているならば，雪が白いことは知られており，また草が緑であることも知られている．一般的には，ある2つの主張の連言を知ることは，それらの主張のそれぞれを別々に知っているということを導く，ということだ．
　さてここからがパラドクスの背後にある推論だ．「反実在論を仮定するとすべての真理が知られていることになる」ことを示すために，私たちはその反対が真になりえないことを示すようにしよう．つまり，反実在論は「真ではあるが知られてはいない主張がある」という主張と矛盾することを示してみよう．p を，真ではあるが真であることが知られていない主張だとしよう．つまり，

　　(13) 「p は真であり，かつ誰も p が真であることを知らない」ことは真

である.

と想定してみよう.さて,反実在論とは「何であれ真であることは知られうる」という見解だから,(13)と反実在論は次のことを含意する.

(14) 「「pは真であり,かつ誰もpが真であることを知らない」ことを誰かが知っている」ことは可能である.

(14)は本質的には,「もし何かが知られていない真理であるのならば,それが知られていない真理であることも知られうる」と述べている.問題は(14)と単一前提閉包とが次を導くことから生じる.

(15) 「「pが真である」ことを誰かが知っており,かつ「pが真であることを誰も知らない」ことを誰かが知っている」ことは可能である.

ここで,知識の事実性から,もし「誰もpが真であることを知らない」と誰かが知っているのであれば,「誰もpが真であることを知らない」ことが導かれる.それゆえ,(15)は次のように矛盾が可能であることを導く.

(16) 「pが真であることを誰かが知っている,かつpが真であることを誰も知らない」ことは可能である.

だが,矛盾は可能ではない.それゆえ,矛盾が可能であるという結論に導く何らかの前提が間違っていることになる.知識の事実性と単一前提閉包は無害にみえる.それならばこの問題は,反実在論か,あるいは「知られていない真理がある」という前提から生じているに違いない.そして,もし私たちが反実在論を受け入れるならば,私たちは知られていない真理が存在するという想定を退けることにコミットしていると思われる.すべての真理は知りうるだけではなく,知られてもいるのだ.

　認識可能性のパラドクスは反実在論を決定的に論駁するものではないかもし

れないが，反実在論の払うべき代償を目立たせる．反実在論者は，他の点では完全に正常な文が真でも偽でもないという考えにすでにコミットしている．そのことだけで，反実在論者は「すべての主張が真か偽のいずれかである」という，古典論理の二値原理を退けることにコミットしていることになる．認識可能性のパラドクスによってさらに，反実在論者はとくに魅力的にはみえない次の選択肢から選択することを迫られることになる．

- 知識の事実性か単一前提閉包を否定する．
- 知られていない真理の存在を否定する．
- 二値原理を侵犯するだけではなく，「知られていない真理はない」と「すべての真理は知られている」が同値でないような非古典論理を採用する．

2.5 客観性と同値性原理

相対主義，実在論，そして反実在論には，それぞれ不利な点がある．相対主義は自己論駁的であるだけでなく，ある種の誤りを不可能としてしまう．実在論は懐疑主義による挑戦に直面する．反実在論は，すべての真理は認識可能であるとして懐疑主義を回避するものの，古典論理を犠牲にしなければならず，認識可能性のパラドクスによる挑戦に直面する．

同値性原理についてそれぞれの見解はどうなるかを明示的に考慮しておこう．第1章では，同値性原理は真理が信念とはどのように異なるのかを説明するのに役立つことをみた．驚くべきことではないが，同値性原理はまた，相対主義の問題点を説明するのにも役立つ．

相対主義を仮定すると，同値性原理自体が不適切に定式化されてしまう．同値性原理のスキーマは「__が真であるのは，__というときであり，そのときに限る」と述べるのだが，ここでは誰にとって真であるのかが明示されていない．真理は個人に相対的だと主観主義者は考えるのだから，それぞれの人に同値性スキーマのバージョンがあることになろう．すなわち，次のようなバージョンだ．

(17) __ということがアリスにとって真であるのは，__というときであり，そのときに限る．

(18) __ということがボブにとって真であるのは，__というときであり，そのときに限る．

(19) __ということがチャーリーにとって真であるのは，__というときであり，そのときに限る．

しかしながら，もしある主張がある人にとって真であることが，その人がそれを信じていることであるならば，間違った信念の可能性を考えれば，これらのスキーマに対する反例を容易に考えだせる．エイブラハム・リンカーンが月に立った最初の男であったとアリスが考えているとしよう．仮に(17)が成り立つとしたら，次が得られるだろう．

(20) 「エイブラハム・リンカーンが月に立った最初の男であった」ことがアリスにとって真であるのは，エイブラハム・リンカーンが月に立った最初の男であったときであり，そのときに限る．

「エイブラハム・リンカーンは月に立った最初の男であった」とアリスが考えているとすると，エイブラハム・リンカーンが月に立った最初の男であったということが帰結してしまう．こうして，主観主義は同値性原理によるテストで失敗する．合意相対主義も同様の理由で失敗する．何ものかが(人，文化，階級，人種，性，宗教でも何でもよいのだが)「エイブラハム・リンカーンは月に立った最初の男であった」と信じていることからは，エイブラハム・リンカーンは月に立った最初の男であったことは帰結しない．そして，エイブラハム・リンカーンは月に立った最初の男であったことから，「エイブラハム・リンカーンは月に立った最初の男であった」とある人や集団が信じていることも帰結しない．

　反実在論もまた，同値性原理による挑戦に直面することになる．反実在論にとって困難な事例は次のようなT双条件文から生じる．

(21) 「最後の恐竜が水曜日に死んだ」ことが真であるのは，最後の恐竜が水曜日に死んだときであり，そのときに限る．
(22) 「最後の恐竜が水曜日に死んだのではない」ことが真であるのは，最後の恐竜が水曜日に死んだのではないときであり，そのときに限る．

このようなT双条件文は，たんに知りえないだけではなく，その否定もまた知りえない主張についてのものだ．（最後の恐竜は水曜日に死んだかどうかを私たちが知りうると考えるなら，この章の前のところで出てきた事例〔p. 29〕から好きなものを代入してほしい．）

もし，反実在論者の主張するように，真理が認識可能性と同じならば，(21)と(22)は次と同じことを意味することになる．

(23) 「最後の恐竜は水曜日に死んだ」ことを知りうるのは，最後の恐竜は水曜日に死んだときであり，そのときに限る．
(24) 「最後の恐竜は水曜日に死んだのではない」ことを知りうるのは，最後の恐竜は水曜日に死んだのではないときであり，そのときに限る．

ここで次の問題が起こる．排中律という古典論理の法則によれば，最後の恐竜は水曜日に死んだか，最後の恐竜は水曜日に死んでいないかのいずれかである．すべての主張Cについて，Cかその否定（Cではない）が成り立っている．しかし，(23)と(24)と合わせると，これは結局のところ，最後の恐竜は水曜日に死んだのかそうでないのかを知りうることを含意する．(23)によって，そうであるならば私たちはそうであると知ることができる．(24)によって，そうでないならばそうでないと知ることができる．そして排中律によると，これらですべての可能性は尽くされている．そうであるかそうでないのかのいずれかだ．

このように，反実在論と古典論理は回答不能な問いの存在と矛盾するが，回答不能な問いが存在することには議論の余地はないだろう．それゆえ，同値性原理を満たすためには，反実在論者は古典論理を退けねばならない．排中律を欠き，真でも偽でもない主張を受け入れることができ，そしてとくに「＿」を

真でも偽でもない文で埋めたときの「＿ということが真であるのは，＿ということときであり，そのときに限る」という双条件文を理解できるような非古典論理を反実在論者は用いなければならない．

　反対に，実在論はこれらのいずれの問題にも直面することはない．実在論者は，心から独立した世界が存在し，いくつかの主張の真偽は，誰が何を考えるかや誰が何を知りうるかには関係なく，その世界での物事のあり方に依存していると考える．最後の恐竜が水曜日に死んだことは知りえず，また最後の恐竜が水曜日に死んだかどうか誰も意見をもっていないとしよう．実在論者にとっては，最後の恐竜が水曜日に死んだという主張の真偽は，まさにその最後の恐竜とその恐竜が死んだ時間に依存している．もし最後の恐竜が水曜日に死んだことが真でないのならば，その恐竜は水曜日に死んではいないのだ．このことはまさに反実在論者が保証できないことであった．

　相対主義は疑わしい．反実在論にしたがうと，古典論理を放棄せねばならず，曖昧性の事例においてだけではなく，一部の数学や遠い過去と未来，そして遠く離れた場所において，世界には驚くべきギャップがあると考えざるをえなくなってしまう．実在論はこの章で検討してきたこれらの代替案より見込みがあるようにみえる．

　しかし，実在論には何ら問題がないというわけではない．真理の本性について実在論的な見解を採用するためには，哲学の他の場所，とくに認識論において重荷を負わなければならない．懐疑主義の挑戦に対して，「心から独立した世界について多くを知ることはできない」という考えを受け入れるか，あるいは物事がどうみえるかを超えて，物事が本当はどうあるかをどのように知りうるのかを説明することで応答するという重荷を負うことになる．知識をもつためには十分によく根拠づけられている信念をもたなければならない．だが，その信念が論理的に可能な誤りをすべて排除するほどよく根拠づけられていることまでは要求されていない．もちろん，どれくらいよければ「十分によい」のかを正確に述べるのは容易でないのは認めなければならないけれども．

　実在論者にのしかかる重荷は我慢できる．「知識をもつにはすべての論理的に可能な誤りを排除するような根拠ではなく，十分によい根拠をもった信念をもたなければならない」という考えは説得的だ．どれくらいよければ「十分に

よい」のかは完全には明確でないが,ある程度は明確だろう.「私たちが原理的に排除できない方法で私たちが欺かれている可能性を含め,すべての誤りの論理的可能性を排除せよ」という懐疑主義の要求は不合理である.「懐疑主義者は知識に対して高すぎる要求をしているのが問題なのであって,私たちが知識に対する要求を満たしていなかったり,満たしえなかったりすることが問題なのではない」と懐疑主義的でない実在論者は主張できる.

文献案内

ルネ・デカルトは『省察』(Descartes 1641)において邪悪な悪魔の思考実験を提示し,懐疑主義の問題に取りくんだ.デイヴィッド・ヒュームは『人間知性研究』(Hume 1777)と『人間本性論』(Hume 1739)において,自身の懐疑主義哲学のあらましを述べるとともに,それを擁護した.とくに『人間知性研究』のII-V節を見るとよい.形而上学におけるカントの偉大な著作は『純粋理性批判』(Kant 1781)であり,その最も重要な部分は『プロレゴメナ』(Kant 1783)において要約されている.懐疑主義の問題についてのより最近の作品についてはテッド・A.ウォーフィールドとキース・デローズの論集(Warfield & DeRose 1999)に収められている論文を参照するとよい.

プラトンは『テアイテトス』においてプロタゴラスの相対主義に取りくんでおり,アリストテレスは『形而上学』第4巻($\varGamma$)でそれに反論している.アリストテレスの議論についてのよい検討としては,J. D. G. エヴァンス(Evans 1974)を参照せよ.また認識可能性のパラドクスについての近年の論文としてはジョー・サレルノ(Salerno 2009)を参照せよ.

『スタンフォード哲学百科』(*The Stanford Encyclopedia of Philosophy*)にはこの章の話題に触れているいくつかの記事と,広範な参考文献表がある.とくに「真理」(Glanzberg 2009),「実在論」(Miller 2012),「相対主義」(Swoyer 2010),「懐疑主義」(Klein 2011),「フィッチの認識可能性のパラドクス」(Brogaard & Salerno 2012),そしてヒュームとカントについての記事を見るとよい.

〔1〕 正確に言えば，ゲーデルが示したのは反証できないことであって，証明できないことを示したのは，ポール・コーエンである．なお「あることの証明」とは「その否定の証明」を意味する．

〔2〕 「単一前提閉包」は「複数前提閉包」との対比で使われる．「複数前提閉包」は「pとqという複数の前提からrが論理的に帰結するとき，ある人がpを知っており，またqも知っているならば，その人はrを知っている(あるいは知りうる)」という原理である．「閉包」と言うポイントは，「知識が論理的帰結について閉じている」というところにある．

3
真理と価値

　ウィリアム・ジェイムズ (James 1907a: 38) は「真なるものとは，何であれ，信念としてはよいものであるとともに，確定的で指定可能な理由のためによいということが示されるものの名前である」と述べた．真理の本性をその価値から切り離すことはできない，とジェイムズは考えているように思われる．すると，「真である」とは信念にとっての特定の種類のよさの名であり，真理が何を意味するか説明するとは，信念がよいとはどういうことか説明することになる．

　マイケル・ダメット (Dummett 1958) のような哲学者たちは，真理と正しくなされた言明のあいだの関係についてジェイムズと似たような見解をとっていた．真理とは何か理解することは，言明のある種の正しさ，間違いのなさを理解することであると彼らは考える．真理の本性とはその種の正しさなのだ．

　「真理は本質的にある種のよさや正しさである」という哲学者の考えが誤っていたとしても，真理はなお気にかけるに値するものとは思われよう．ある意味では，偽であることよりも，真であることを信じたり主張したりすることのほうがよい．真理はそれ自体のゆえによいのかもしれないし，それとも何か他のもののゆえによいだけなのかもしれない．いずれにせよ，真理の本性についての理論は真理の価値を理解するのに役立たねばならない．なぜ自らの信念や言明が真かどうかを私たちは気にかけるべきなのかを明らかにしないまま放っておいてはならない．

　この章では真理と価値についての2つの問いに取りくむ．第1に，ジェイムズやダメットが考えているように，真理は本質的にある種のよさなのだろうか．第2に，もし真理が本質的にある種のよさであるわけではないとすると，なぜ真理は気にかけるに値するのか．およそ真理が何らかの価値をもつとすれば，それはどのような種類の価値なのか．

3.1 真理は本質的にある種のよさなのか

　球体のテニスボールは，立方体のテニスボールよりもよいテニスボールである．だが，このことは球であることの本質に含まれるわけではない．停止信号は緑であるより赤であるほうがよい．だが，このことは赤さの本質には含まれない．しかし，形や色の性質とは違って，価値や責務などが組み込まれている性質もあると思われる．殺人の本性には，殺人は道徳的に悪いということが含まれており，道徳的に悪いということは，殺しを殺人たらしめているものの一部である．正義の本性には，正義にかなった政策は人々を正しく扱うということが含まれているかもしれない．美しさもこの特徴をそなえているようにみえる．美とはたんに美的に望ましいのではなく，それはある種の美的なよさなのだ．「ある種のよさがその本質に含まれているような性質」を哲学者は「規範的性質」と呼ぶ．

　何らかの意味で，信念や言明が真であるということはそれらが偽であるということよりもよい．しかし，このことは真理の本性に含まれるのだろうか．真理は，正義や美や殺人のように，規範的性質なのか．それとも，真理は赤さや丸さのような規範的でない性質なのか．

　真理は規範的性質であると考える人はしばしば次の推論を行っていると思われる．

(1) もし真なる信念や言明が偽なる信念や言明よりもよいということが真理の概念に含まれるのであれば，真理は規範的な性質である．
(2) 真なる信念や言明が偽なる信念や言明よりもよいということは真理の概念に含まれる．
(3) それゆえ，真理は本質的にある種のよさである．

この議論の第1の前提を疑う余地もあるかもしれないが，哲学者たちは前提(2)に注目することが多い．

　まずは前提(2)が何を言っていないのかに注目しておくのが大切だ．前提(2)

は，「いかなる主張であれその主張が真でないよりも真であるほうがよい」と述べているのではない．例えば，次の主張は真であるが，それが真であることはよいことではない．

(4)　およそ10億人が絶対的貧困の状態で生活している．

前提(2)は信念や言明に関するものであって，信念や言明の表現する主張に関するものではない．また前提(2)は，すべてのことを考慮して，信念や言明は常に真であるほうが偽であるよりもよいと言っているのではない．危険であるがゆえにもつべきではない信念もあるし，有害であるがゆえになすべきではない真なる言明もある．前提(2)で重要なのは，「ある特定の信念や言明が，すべてのことを考慮すると，他の根拠から好ましくないものだということになるかもしれないが，信念は，それをたんに信念としてみれば，真であるほうが偽であるよりはよく，言明は，それをたんに言明としてみれば，真であるほうがよい」という考えである．

　ウィリアム・ジェイムズは，「何が真であるかを決めるということは何を信じるべきかを決めることに他ならない」という事実に感銘を受けた．そして，真理の概念の眼目は，検証に耐え，有用であることがわかるような信念として分類することにあると考えた．この見解では，「真である」がちょうど信念としてよいものの名前であるから，真なる信念は偽なる信念よりよいという考えを真理の概念そのものが含んでいることになる．ジェイムズの見解は，「信念はそれが真でないときであっても，(ジェイムズが念頭に置いている仕方で)よいものでありうる」ことによってなおさら，深刻な問題をこうむることになる．これについては次章で詳しく検討する．

　マイケル・ダメット (Dummett 1958) も，真理が本質的にある種のよさであるというアイデアの影響力のある典拠となっている．ある有名な一節で，彼は次のように書いている．

　　真偽を盤上ゲームの勝ち負けになぞらえてみよう．ある特定のゲームに対して，われわれはまず，はじめの配置と許された動きを特定することによ

って，その規則を定式化するものと考える．そのゲームは許された動きがなくなるときに終わりになる．するとわれわれは，「勝チ」(先手が勝つことを意味する)「負ケ」(同じく先手の)，そして場合によっては「引キ分ケ」，とよぶ二(ないし三)種類の最終配置を区別できる．だがこのとき，われわれが「勝つ」「負ける」「引き分ける」という語の通常の意味にひそかに訴えるのでなければ，この描写は1つの死活の点を見落とすことになる——つまり，勝つことが競技者の目的だ，という点である．競技者は勝つためにプレーするのだ，ということがゲームに勝つという概念の不可分の一部なのであり，その概念のこの部分は，最終配置を勝ちのそれと負けのそれに分類することによっては，伝えられないのである．われわれは，王手詰めにされることが各競技者の目的であるような，そういうチェスの変種を想像できる．それはまったく別種のゲームであろう．だがそれを，いまわれわれが考えたかたちで形式的に描写すれば，その描写はチェスの形式的描写と一致するであろう．チェスの全理論は形式的描写を引き合いに出すだけで定式化されようが，しかし，この理論のどの定理が関心を引くものであるかは，われわれがチェスをやりたいのか，それとも変種のゲームをやりたいのか，に依存するであろう．同様に，われわれが真なる言明をなすことを目指すということが，真理概念の不可分の一部である．
(143：邦訳『真理という謎』p. 3-4)

「われわれは真なる言明を目指す」と述べることによって，どの種の言明をなすのがよいか，あるいはどの種の言明をなすべきかについて何かのことを述べていることになる．あなたがある言明をなすとき，あなたは，自分の言っていることが真であるようにすべきだ．そうでなければ，あなたは何らかの点で間違ったことをしていることになる．もしあなたが騙そうとしているのであれば，あなたのしていることは言明をなすというゲームにおけるズルのようなものだ．あなたがたんに，自分の言ったことが真であるか偽であるかを気にしないとしよう．このとき，あなたの言明というのは，勝とうとすることなく，駒をつつき回しているだけで，ゲームをしているとは言いがたいプレイヤーの指し手と同じようなものだ．

すべてのゲームでどの局面が「勝ち」や「負け」と呼ばれるかをアリスは完璧に熟知しているが、「一般にゲームにおいてプレイヤーは勝とうとするものだ」とアリスは知らないとしよう．アリスは勝ちと負けの違いについての記述的な部分は習得しているが、勝ちの概念をまだ理解してはいない〔一般に「記述的」は「規範的」や「評価的」の対義語として使われる〕．つまり、アリスは勝ちと負けの規範的な違いを把握していないということだ．「勝ち」は勝ちと負けのうちではよいほうであり、ゲームにおいて人が達成しようとする状態だ．「負け」は悪いほうで、ゲームにおいて人が避けようとする状態だ．真理と虚偽についても状況は同様だとダメットは考える．ボブは「ある与えられた言明が真とされるにはどうなっていなければならないか」を完全に理解しているかもしれない．しかし、もしボブが「私たちは偽なる言明ではなく真なる言明をなすことを目指しているのだ」と知らないのであれば、ボブは真理と虚偽の規範的な差異というものを把握できていないことになる．言明が聞き取れることがよいことだということ、言明が判読できないことは悪いことだということ、言明が朝になされることはよくも悪くもないということとはまったく違う意味で、言明が真であるのはよいことである．このことをボブは知らない．ダメットの見解では、真理を真理として理解するには、「真理は言明をなすときの目的である」ことを理解しなければならない．

　しかし、たとえゲームでの勝利についてのダメットの見解が正しいとしても、ダメットの真理についての見解を否定する余地は大いにある．ダメットに反対して、ボブは真理の概念を完全に理解しているが「言明をなすということが何を意味するのか」を適切に理解していないのだと言うこともできよう．「真なる主張や言明をなすことを私たちが目指している」ことは、主張や言明の概念の一部であるかもしれないが、真理の概念の一部ではまったくないかもしれない．

　ゲームとの別の類比を考えてみよう．チェスでは、「相手のキングがチェックメイトされているという盤面を達成する」のが目的である．ここで、「自分自身のキングがチェックメイトされている盤面を達成する」のが目的であるが、その他のルールは通常のチェスとまったく同じであるような、「自滅チェス」を考えてみよう．キャロルは、キングがチェックメイトされているかどうかを

どう見分けるかを完全に知っているが，チェックメイトがチェスと自滅チェスにそれぞれどのように関わっているかを知らないとしよう．問題は，キャロルがチェックメイトの概念を欠いていることではなくて，彼女がチェスとは何か，自滅チェスとは何かをいまだ理解できていないということだ．チェスという概念と自滅チェスという概念を彼女は把握していないのである．ボブの状況もキャロルの状況と類比的に考えることができる．ボブは，ある言明が真であるためにはどうなっていなければならないかは知っているが，真理は私たちが言明をなす際の目的であることを把握していない．これは，ボブは真理や虚偽の概念をよく理解しているものの，言明とは何かを十分に把握していないことによるのかもしれない．

　チェックメイトと真理は，規範的に重要な性質であるかもしれない．一方はチェスをする際の私たちの目的であり，もう一方は言明をなす際の私たちの目的である．しかし，このようにして規範的に重要であるからといって，それらの性質が規範的な性質でなければならないわけではない．チェスと自滅チェスの違いは，チェックメイトというものが勝つ方法とされているのか負ける方法とされているのかの違いにある．誠実に主張することとはったりをまくしたてることの違いは，真であることだけを言うことを目指しているかどうかにある．

　真理が本質的にはある種のよさなのだという結論を支持するために異なった筋の議論を与えている論者もいる (Engel 2005; Wright 1992; Lynch 2005b, 2009a)．ある言明が真であるとき，私たちはそれを「正しい」と呼び，偽なる言明を「間違っている」と呼ぶ．「正しい」と「真である」が言明に適用されるとき，それらは同じことを意味するようにみえる．こうして，次のように議論する人もいるかもしれない．

(5)　言明に適用されるとき，「真である」と「正しい」は同意味である．
(6)　ある2つのタームが同意味であるならば，それらは同じ概念を表す．
(7)　「正しい」は正しさの概念を表すが，正しさの概念は規範的である．
(8)　それゆえ，「真である」は，言明に適用されるとき，正しさの概念を表すが，この正しさの概念は規範的である．

この議論はうまくいくだろうか.

「正しい」とか「間違っている」,「誤り」,「間違い」といった言葉が真理と虚偽に結びつけて使用されていることは否定できない.あなたが言うことが真であるときは,それは「正しい」のであるし,あなたが言うことが偽であるときは,それは「間違って」いる.

しかし,これらのことはいずれも,「真である」と「正しい」が同じ概念を表すことを示すのには十分でない.食器の配置について皿の左にフォークが置かれていると記述するかもしれないし,フォークが正しい位置にあると記述するかもしれない.フォークが正しい位置にあるのは,それが皿の左にあるときであり,そのときに限るとしても,「皿の左にある」と「正しい位置にある」が同じ概念を表していないことは明らかである.前者はただどこにフォークがあるかを記述しているだけだ.後者はある一群のルールを適用し,そのルールに従っているかどうかでフォークの位置を評価している.

言明が正しいのは,それが真であるときであり,そのときに限るとしても,「正しい」と「真である」が同意味でなければならないわけではない.ある言明についてそれが真であると述べることはたんにそれを記述しているだけかもしれないが,それを正しいと呼ぶことはある一群のルールに照らして肯定的に評価することである.すると,議論の第1の前提(5)が正しいかどうかは明らかでなくなる.

だが仮にその前提(5)を仮定するとしても,(「真である」と同意味であるとするのが妥当な意味においての)「正しい」は規範的な概念を表しているという主張(7)には疑いの余地がある.私たちが行為を正しいとか間違っているとか呼ぶときは,ある一群のルールや基準(多くは道徳的な基準)に照らしてそれを評価している.しかし,「正しい」が言明に適用されるときには,ちょうど「正午」のような表現で「正」が規範的な概念とは異なる概念を表すと同様に,「正しい」が行為や食器の配置に適用されたときとは異なる概念を表現しているかもしれない.「1週間には7日だ」とあなたが言ったら,「それは正しい」と私は言う.こう言っているとき,私はたんに1週間に何日あるかについてはあなたに同意していることを表現しているのであって,あなたの言明がよいとか悪いとか,許容できるとかできないとかいう規範的な評価を行ってい

るのではないと考えるのはもっともだろう.

こういった議論が「真理が規範的な性質ではない」ことを証明するわけではないが, 哲学者が真理が規範的だと考えてきた主な理由に疑問を投げかけることはできるだろう. しかし, たとえ真理それ自体が規範的な性質ではないとしても, 真理を気にかける価値があると私たちは考える傾向にあることは確かだ. では何によって真理は気にかけるに値するものになっているのかを考えてみよう. 真理はいかなる種類の価値をもっているのか.

3.2　何が真理を価値あるものにするのか

きわめて多様な種類の価値について哲学者は議論してきた. だが真理の価値を考えるにあたっては, 5つの種類の価値がとくに重要になる. そのそれぞれが, 真理は価値あるものだとか, 気にかけるに値するものだと哲学者たちが主張するときの論法を代表している.

- 内在的な価値.
  信念が真であるということはそれ自体でよいことである.
- 最終的な価値
  真理は, 合理的な存在者が真理を気にかけるかぎりにおいて価値あるものである.
- 道具的な価値
  真理は, 真理が信念をより役に立つものにするがゆえに価値あるものである.
- 構成的な価値
  真理は, 真理がよい生を送ることの不可欠の部分であるがゆえに価値あるものである.
- 目的的な価値
  真理は, 真理を気にかけることが私たちに恩恵をもたらすがゆえに気にかけるに値するものである.

以上の5つを1つずつ検討していこう．

3.2.1 真理は内在的な価値をもつか

真理は「それ自体のために」価値あるものだとされることがある．1つには，それによって「真理は内在的に価値あるものである」ということが意味されているのかもしれない．何かが内在的な価値をもつとき，それはそれ自体で，その本性からして価値あるものであり，何か他のものとの関係によって価値あるものとなっているのではない．人に親切にすることは，その人があなたを世話したり親切にしたりすることがより確かになるかどうかとは関係なく，それ自体でよいことかもしれない．一方で，普通のハンマーの価値は，ハンマーそのものではなく，人がハンマーを使ってできることに由来する．おそらく普通のハンマーは内在的に価値あるものではないだろうが，親切はそうだろう．

「真理は内在的に価値あるものだ」というアイデアは，「真理が「それ自体で」価値あるものだ」というアイデアの1つのバージョンだ．つまり，他のことが同じであれば，真なる信念は偽なる信念よりもよく，真理がよりよいのはたんにそれが真であるからだ，というわけだ．真なる信念は，真理の本性そのものに由来する価値をもつのであって，それはたんに真なる信念が他の価値あるものに対してもっている関係に由来するものではない．

何かが内在的に価値あるものだという結論を支持する1つの方法としては，事実として，私たちはそれをそれ自体のために気にかける傾向にあると論じるという方法がある．それ自体のために何かを気にかけることには通常，それが内在的に価値あるものだと考えることが含まれている．それゆえ，私たちが価値に関して大きな誤りを犯していないとすれば，私たちがそれ自体のために気にかけるものは内在的に価値あるものである傾向にあるだろう．このようにして，とりわけ，私たちが真理をそれ自体のために気にかける傾向にあること，あるいは信念が真であるがために私たちは偽なる信念よりも真なる信念を好むことを根拠にして，真理に内在的な価値があることを論証しようとするかもしれない．私たちは真理をそのように気にかけているだろうか．

マイケル・リンチ (Lynch 2005b: 15-19) は（ノージック (Nozick 1977) に由来する）次のような思考実験を提示し，「ほとんどの人々は真理をそれ自体のために

気にかけている」ことを示そうとした．あなたはその後の人生の成り行きとして2つのあり方から選ぶという状況を想像してみよう．選択肢Aを選べば，何も変わることはない．選択肢Bを選べば，あなたは『マトリックス』に出てくるようなコンピューターにつながれて日々を送ることになる．そのときあなたの主観的な経験は，あたかもAを選んだかのようになり，自分がBを選んだことを忘れてしまう．あなたには，自分が現実の世界に生き，現実の人々と交流し，現実の食べ物を食べているようにみえる．しかし，これは錯覚だ．あなたに物事がどうみえるかに何ら違いはなく，あなたがどれくらい幸福を感じているかにも違いはないが，Bを選べば外部の世界についてのあなたの信念は大半が偽になる．この場合ほとんどの人は選択肢Bより選択肢Aを好むだろう，とリンチは考える．そして，これはほとんどの人が真理をそれ自体のために気にかけており，真理を内在的に価値あるものと考えていることを意味するのだ，と彼は考える．

　リンチの思考実験はこのように多くのことを証明しはしない．問題は，選択肢Bより選択肢Aを選ぶ理由には，真理の価値と何ら関係のないものが含まれているということだ．例えば，ボブが死にゆく母親を愛しているとして，母親の最後の日々を楽にしてあげようと思っているとしよう．ボブはたんに母親を楽にしているようにみえるようにしてあげようと思っているのではなくて，実際に楽にしてあげようと思っているのである．まさにボブが母親を楽にしてあげているかのような経験をボブがしている一方で，母親がひとりで死んでいくことを，ボブは望んではいない．たとえボブが真理に無関心だったとしても，選択肢Aでは自らが望んだことを得ているようにみえるだけではなく，実際に自らが望んだことを得るので，ボブには選択肢Aを選ぶ理由があることになる．

　あなたが選択肢Bを選ぶことによって失うものは真なる信念だけではない．さらに，自らの目的の達成を，その目的の達成の錯覚と交換することになる．結果として，たんに人々が選択肢Bより選択肢Aを選ぶということだけでは，人々が真理をそれ自体のために価値あるものとしていると結論することはできない．

　ジョナサン・クヴァンヴィグ (Kvanvig 2008) は別の思考実験を使って，私た

ちが真理をそれ自体のためによいと考える傾向にあることを示そうとする．自らの必要とするものが満たされ，目的が達成されていることに関してはまったく同等の2つの存在を想像しよう．そのうちの一方の存在は全知である（つまり，すべての真なることを信じており，いかなる偽なることも信じていない）が，もう一方の存在はそうではない．全知である存在のほうが，全知でない存在よりよいように思われる．自らの必要とするものが満たされ，目的が達成されているということに関してはまったく同等であるから，全知であるほうがよいというのは，ただ真なる信念をより多くもっているからだと思われる．全知の存在の真なる信念によって，その信念がただ真であるという理由で，全知の存在がよりよいものとなると考えるなら，このことは，真理はそれ自体のためによいと私たちが考えていることを示唆する．

　真理の内在的な価値をこのような方法で擁護することには，主に2つの欠点がある．第1に，この議論に望みうるのはせいぜい，真理が何らかの内在的な価値をもつことを示すということであり，真理がどのような価値のあるものなのかは教えてくれない．第2に，なぜ全知の存在のほうがよいのかの最良の説明は，真理の価値とは何ら関係ないかもしれない．

　第1の欠点は，はじめは些細なものにみえるだろう．だが，クヴァンヴィグの思考実験の変種を考えてみよう．この変種では，全知でない存在は，必要なものが満たされ，目的が達成されていることにおいて，少しだけ全知の存在よりよい．全知の存在はより多くの真なる信念をもっているが，たとえ少しであっても，全知でないほうの存在が全体としてよりよくみえる．2つの存在がその他のすべての点で同等であれば，全知の存在のほうがよいようにみえるものの，もし全知でない存在のほうが他の点でいくらかでもよりよいのであれば，全知の存在のほうが結局のところよりよいということはもはや明らかでなくなる．たとえ全知の存在がもっていて全知でない存在のもっていない真なる信念が何らかの価値をもつとしても，他のよさはその価値を非常に容易に上回るように思われる．

　真理の内在的な価値がこのように容易に他のものに上回られるようなものなのであれば，そもそもその価値は錯覚だったのではないかと疑われるかもしれない．おそらく，元の思考実験で全知の存在がよりよいという印象を私たちが

もつことに対して,「真理に内在的な価値がある」という説明とは異なる説明を与えることもできるだろう．偶然にも,代替となる説明として説得的なものが2つある．

　第1の説明は,「真理は信念の目標である」というアイデアからスタートする．つまり,信念をもっていることの意味には,偽であることを信じるよりも真であることを信じることを好むということが含まれる．もしこのアイデアが正しいのであれば,元の思考実験に対する私たちの反応は驚くべきものではない．信念をもつものとしては全知の存在はよりよい．だが,それは信念の本性のゆえによいのであって,真理の本性のゆえによいのではない．この見解では,真なる信念は早く走ることと似たようなものになる．早い走者は遅い走者よりも,走者としてはよい．しかし,これは走ることが,その走ることの本性からしてスピードを目的としているからであって,スピードというものが,スピードの本性からして走ることの目的であるからではない．

　信念がこのようなかたちで真理を目的としているかどうかについては論争の余地がある．代替となる第2の説明は,この論争の的となる前提の代わりに,2つの重要な心理学的な事実に依存している．第1に,人々は成功を外的な状況よりも,(彼らの能力や彼らの真なる信念といった)内的な要因に帰属させる傾向にあるが,失敗については反対の説明を与える(de Jong et al. 1988)．第2に,私たちがあるものを自分たちが価値を認めている別のものに結びつけるとき,私たちはそのあるものもまたそれ自体のために価値あるものとみなす(De Houwer et al. 2001)．第1の事実に照らしてみると,真なることを信じるということを成功した行為に人々は結びつけていると想定すべきだろう．そして,第2の事実に照らせば,このように,真なることを信じることと,成功した行為とを結びつけていることで,人々は真理をそれ自体のために価値あるものとみなしているのだと想定すべきだろう．すると,私たちは真理をそれ自体のために価値あるものとみなすだろうこと,そして,たとえ真理に内在的な価値は何らないとしても,私たちは全知の存在をよりよいものとして考えるだろうことを当然想定すべきであろう．真理が内在的に価値あるものであろうとそうでなかろうと,クヴァンヴィグの思考実験を動かしている直観をそんなに信用すべきではない．

もちろん，以上の議論は，「真理には内在的な価値はない」ということを証明するものではない．だが，真理に内在的な価値があると考える説得力のある理由を私たちはもっていないということを示唆するものではある．上記の心理学的な説明は，真理の内在的な価値の擁護のための議論のうち，「私たちが事実として真理をそれ自体のために価値あるものとする傾向をもっている」ということに依拠している議論に疑問を投げかける．その説明が正しいのであれば，真理の内在的な価値の支持者は自らの立場を支えるために異なる根拠をもちださねばならなくなるだろう．

価値の種類には内在的な価値以外のものもあるから，真理を気にかけるに値するものとするのは真理の内在的な価値だけではない．真理はその他の，外在的なタイプの価値をもつのだと主張する哲学者もいる．外在的なタイプの価値の1つである「最終的な価値」は，真理が「それ自体のために」よいということで意味されていることを，内在的な価値とは別の仕方で表現する．

3.2.2 真理は最終的な価値をもつか

最終的な価値というアイデアは，クリスティン・コースガード（Korsgaard 1983）に由来する．彼女は，内在的な価値をもたないが，それ自体のためによいものがありうると議論する．コースガードはカントの伝統に属している．カントの伝統では，合理的な存在が目的をもち何かをそれ自体のために欲求しているということはひどく道徳的に重要だとされる．それ自体のために何かを欲求するというのは，それがそれであるところのもののために，そして何か他のものを得るために役に立つとか助けになるかもしれないという理由のためにではなく，それを欲求することであることを思い出してほしい．

例えば，切手の収集家は多様な切手のコレクションを作成することを望むかもしれないが，切手のコレクションの作成はそれを売るためだとかその他の目的のためにあるのではない．そうではなく，たんにそれ自体のために切手のコレクションを望んでいるのである．収集家の人生の目的の1つに，そのような切手のコレクションの作成がある．多様な切手のコレクションを作成することの価値は，それに内在的なものではないが，その切手収集家が多様なコレクションの作成という目的を達成することには何らかのよいことがあるように思わ

れる．さらには，無法者がそのコレクションを破壊してしまったら，何か価値あるものを破壊することによってその無法者は収集家に害をなしたかのようにみえるし，世界の他の誰もまったく切手を気にかけないとしてもそれは変わらないようにみえる．たんに収集家がそれ自体のためにそれを価値あるものとしている，という事実からそのコレクションは価値を得ているようにみえる．「最終的な価値」とはコースガードの用語で，「あるものがそれ自体のために欲求されていることによって，それがもつような類の価値」を表す．

　真理が最終的な価値であると議論するには2つの方法がある．第1に，事実として人々は真理をそれ自体のために気にかけていると指摘されるかもしれない．クヴァンヴィグが提示した思考実験に対する私たちの反応にこのような態度は反映されている．また真理が最終的な価値であるということは，(庭の草の葉の枚数についての真理のような)ささいな真理を学ぶよう気にかけない唯一の理由はなすべきものとして他に差し迫ったものがあるからだという(リンチ(Lynch 2009a)やクヴァンヴィグ(Kvanvig 2008)の表明している)態度に反映されている．

　真理が最終的な価値をもつことを支持する第2の議論では，より大胆な主張がなされる．私たちは真理をそれ自体のために気にかけているだけではなく，私たちはそうしなければならない．信念が世界を正確に表象するものとみなし，そして外部の世界に信念が応答するようにしておくのでないかぎり，私たちは信念をもつことができない．信念をもつためには，「心から世界への適合の向き」をもつように信念に強いるとともに，偽なる信念を偽であるという理由だけで捨て，真なる信念をそれが真であるという理由だけで維持したり，形成したりするのでなければならない．合理的な生き物であることの一部には，信念をもつことが含まれる．それゆえ，合理的な生き物が真理をそれ自体のために価値あるものとすることは避けられない．それなら，真理が最終的な価値であることも同様に避けがたいものになるだろう．

　第2の議論は，「真理をそれ自体のために気にかけるのでなければ信念をもつことができない」というアイデアに依拠している．この見解の潜在的な問題は，真理という概念をもつ生き物だけが真理をそれ自体として価値あるものとみなすことができることから生じる．そのため，この見解では，真理の概念を

もっている(とともに，真理を価値あるものとすることのできる)生き物だけが，そもそも信念をもちうるのだということになる．信念をもつための要件として真理の概念をもつことがあると喜んで主張する哲学者もいるものの，この見解はきわめて直観に反する帰結をもつ．つまり，この見解は人間以外の動物(そして，多くの小さな子供)は信念をもたないことを含意する．例えば，犬は自らの追いかけているリスが木に駆け上がったことを信じることができないし，リスはドングリをどこに埋めたのかについての信念をもっていないことになってしまう．犬やリスやよちよち歩きの子供が信念をもつことを否定するよりも，信念をもつことは真理をそれ自体のために気にかけることを要求することを否定するほうがもっともらしいだろう．

　第2の議論を脇に置いてみると，第1の議論の誤りがどこにあるのかもみてとりやすい．私たちは一般的には真理をそれ自体のために気にかけるかもしれないが，それ自体のために気にかけられているということは真理がよいものであるというあり方ではほとんどない．正義から珍しい切手，果ては他人の痛みまで，人々は何であれ，それ自体のためにそれを価値あるものとみなすことができる．コースガードの主張にもかかわらず，人々があるものを価値あるものとするというただそれだけでは，それは価値あるものにはならない．切手の収集と拷問は，人々がそれらをそれ自体のために価値あるものとみなしているということだけでは特別な種類の価値を得ることはない．いわゆる「最終的な価値」とは本当のところは価値の一種ではまったくない．もしあるとすれば，それは価値あるものとされていることのあり方の1つであり，価値をもつことのあり方の1つではない．

　最終的な価値というアイデアには微妙な混乱が含まれている．人々が望むものを得ることには何かよいもの(内在的なよさですらあるかもしない)がある．人が望むものが切手のように退屈なものや，赤ん坊を痛めつけるといった不快なことであるとしてもそうかもしれない．しかし，そのことを認めるために，人々の欲求の現実の対象が特別な種類の価値をもつと想定する必要はなく，ただ欲求されているものの価値とは別に，人々の欲求が満たされるということには何かよいものがあると想定すればよいだけである．

　内在的に価値あるものであることによってであれ，最終的な価値であること

によってであれ，真理が「それ自体のために」よいと想定すべき理由はほとんどない．しかし，真理は他の仕方で価値あるものかもしれない．真理の価値に関心をもつほとんどすべての哲学者は，真理は少なくとも道具的に価値あるものだと考えている．すなわち，私たちが望むものを得るにあたって，信念はそれが真であることによって役に立つか助けになるものとなる，ということだ．次はこのアイデアを考えてみよう．

3.2.3 真理は道具的な価値をもつか

ハンマーはくぎを打ちつけるのに役に立つ．ハンマーは，ものを組み立てるための道具的な価値をもつ．お金も道具的な価値をもつ．お金の価値は，私たちがお金で買うことのできるものの価値に由来する．哲学者たちは，真理も同様に道具的な価値をもつと考える傾向にある．真なる信念が，食べ物を得るとか，病気を治すとかをするのに重宝するだけではなく，偽なる信念は破滅的な帰結をもたらしうる．例えば，銃に弾が入っていないと信じているがために，誤って自らを撃って怪我をする人もしばしばいる．真なる信念はとても役に立ち，偽なる信念はとても危険なのだから，真理そのものは道具的価値をもつのだと考える人がいることに不思議はない．

しかし，真理の道具的価値をめぐる議論はこれよりもずっと複雑である．ときとして，真なる信念は私たちを傷つける．あなたの乗る飛行機が山で墜落することになっているのであれば，飛行機がいつ離陸するのかについての真理を信じることは命取りになりかねない(Stich 1990)〔この例については，Stich の p. 78 と p. 80 を見よ〕．とくに「ポジティブ幻想」と心理学者が呼ぶような (Taylor 1989)，有益な偽なる信念もある．さらには，私たちは典型的には，真なる信念と偽なる信念の混ぜ合わせにもとづいて行為する．ある個別の信念が役に立つかどうかは，それが真であれ偽であれ，あなたが他に信じていることとあなたが行為する外的な状況とに依存する．ある個別の信念の真偽がある特定の行為の成功や失敗にどのように寄与しているのかを取り出して考えることは，困難であるか不可能である．

妥当な代案としては，真理とは，行為の成功につながる，信念と振る舞いと環境のあいだのある種の複雑な適合の兆候であり，ラフな近似なのだとするも

のがある．そうであれば，真理には道具的な価値があると述べるのは誤りだろう．真なる信念がたとえしばしば私たちの行為において成功をもたらす助けになるとしても，真であることが信念を役に立つものにしているのだということにはならない．類比として，丈夫なハンマーはすべて青色に塗られているが，脆いハンマーは黄色く塗られているとしよう．青いハンマーは，くぎを打つには黄色よりよいものであるが，青く塗られていることがくぎを打つのに助けになっているわけではない．同様に，真なる信念は偽なる信念よりも私たちの助けになる傾向があるが，信念が真であることがそれらを役に立つものにしているということにはならない．ハンマーの青さと同様に，すべての仕事をしているのは，その特徴ではなくて，その特徴とたまたま相関する別の特徴であるかもしれない．その場合，厳密に言えば，真理という性質は道具的な価値をもつものではない．

　たとえ，私たちが望むものを与えてくれるのに何らかの役割を果たす，という厳密な意味で真理は道具的な価値をもつものでないとしても，私たちの信念がより正確であるときのほうがそうでないときよりも私たちの望むものを得やすくなるようにみえる．このことは真なる信念をもつことに関して何らかのよいことであるようにみえる．この種のよさを正しく特徴づける方法を見いだすのが難しいところなのである．

　近年，真理の価値に関心をもつ哲学者のうちで，真理の価値そのものから，真理を気にかけることの価値に焦点をずらした人もいる．その1人がマイケル・リンチである．リンチは，真理を気にかけることはよい人生を送ることの一部であるから，真理は気にかけるに値するものだと論じる (Lynch 2005b)．

3.2.4　真理を気にかけることは構成的なよさなのか

　リンチの用法では，「構成的なよさ」とはよい，豊かに繁栄した人生の本質的な一部であるもののことである (Lynch 2005b: 128-129)．例えば，愛のある態度は（それによって人々があなたを好きになるという理由で）道具的に価値があるだけでなく，そうした態度をとることは人としてよく生きることの意味の本質的な部分であるだろう．すると，愛のある態度は，リンチの用語では，構成的なよさとみなされるだろう．

真理をそれ自体のために気にかけるという態度，短く言えば「真理を気にかけること」は構成的なよさであり，そのために真理は気にかけるに値するものとなる，とリンチは考える．リンチの考えでは，よい人生を送るためには真理を気にかけなければならないがゆえに，真理は気にかけるに値するものとなる．
　リンチは真理を気にかけるということについて次のように考える．

> 〔真理を気にかけることは〕真理に向けられた特定の性格特性を表明することを意味している．対立する見解の双方に耳を傾けようとすること，他者の意見について偏見をもたず寛容であること，詳細に気を配ったり敏感であったりすること，そして証拠に細心の注意を払うことが真理を気にかけることには含まれている．そしてまた，想定に疑問をもち，理由を与えたり求めたり，公平であり，そして知的に勇敢であることもそれに含まれる．(Lynch 2005b: 129-130)

リンチが言及している類の特性に加えて，意見を形成する方法の信頼性を査定しようとすること，その信頼性を高めようとすることを目指して方法論を調整するといった他の要素を加えることもできるだろう (Wrenn 2005)．
　リンチは次のように議論する (Lynch 2005b: 136)．

(1) 知的な誠実さがよい生を送ることの本質的な部分であるならば，真理そのものを気にかけることもそうである．
(2) 知的な誠実さはよい生を送ることの本質的な部分である．
(3) それゆえ，真理そのものを気にかけることはよい生を送ることの本質的な部分である．
(4) 真理そのものを気にかけることがよい生を送ることの本質的な部分であるならば，真理そのものはそれ自体のために気にかけるに値するものである．
(5) それゆえ，真理そのものはそれ自体のために気にかけるに値するものである．

「知的な誠実さ」ということで，リンチは「必要となれば真理についての最もよい判断にしたがって行為しようとすることで，その判断のために立ち上がろう」とすることを意味している (Lynch 2005b: 131)．リンチによれば，真理を気にかけることなしに知的に誠実であることは不可能だ．そのため，真理は知的誠実さの本質的な一部であり，それゆえよい生を送ることの本質的な一部であるとリンチは考える．

リンチはまた，真理を気にかけることがよい生の一部であると考える第2の理由も与えている．リンチの考えでは，よく生きるには幸福が必要だ．幸福には自尊心が必要であり，自尊心をもつには，自らが正しいと信じることのために犠牲を払おうとしなければならない．そのためには，真理を気にかけるということを構成しているような傾向性をもたなければならないとリンチは主張する (Lynch 2005b: 135)．

リンチの説明は2つの深刻な問題を抱えている．第1に，リンチの説明は知的な誠実さについての誤った考えにもとづいている．第2に，自尊心がリンチの言うように真理を気にかけることを必要としているかは怪しい．

リンチによれば，知的に誠実であるということは，真理のために「立ち上がろう」とすることである．これは，必要に迫られれば，何が真であるかについての自らの判断にしたがって行為しようとすることを意味する．しかし，何が真であるかについてのあなたの判断は，あなたがたまたま信じていることに他ならない．あることが真だとあなたが信じているのであれば，それはたんにあなたがそれを信じていることを意味する．それゆえ，リンチの言う「知的な誠実さ」とは，必要となれば自らの信じることにもとづいて行為することに相当する．しかし，人が行為するときはいつであれ，自らが信じることにしたがって行為するのである．たとえ（私の信じていない）2＋3＝6であるかのごとく行為せよと銃を突きつけられたとしても，「私が2＋3＝6であるふりをしなければ私は殺されるだろう」との私の信念にしたがって私は行為する．それゆえ，リンチが「知的な誠実さ」と呼ぶものは，たんに必要に応じて行為しようとすることにすぎない．これは美徳かもしれないが，知的な誠実さではない．それはむしろ，勇気や良心，あるいは勤勉に近いものだろう．

このように，リンチの議論の第1の前提は疑わしい．どうして人が勇気や良

心や勤勉さをもつためには真理を気にかけなければならないことになるのだろうか．ある行為をしなければならないときにそれをするために，証拠や他人の意見を気にかけなければならないのだろうか．

　リンチはまた，自尊心をもつためには真理をそれ自体のために気にかけなければならないと考えている．真理を気にかけるということを構成している傾向性をもたないかぎり，あなたが正しいと信じることのために犠牲を払おうという気にはならない，というのが彼のアイデアだ．これもまた誤りにみえる．全体主義のイデオロギーの熱狂的な信奉者を考えてみよう．その人は偏見をもっていて不寛容で，党に歯向かう見解を抑圧し，検閲することが正しいと信じている．そんな人は自らが正しいと信じることのために大きな犠牲を払う気を大いにもっているだろう．この人の場合では，自らが正しいと信じることのために立ち上がることは，真理を気にかけることを構成するものとリンチが同定した傾向性とはまさに真逆のものである．

　よい生には真理をそれ自体のために気にかけることが必要とされるのであれば，それはその態度が自尊心のために必要だからとか，自らが正しいと考えることのために立ち上がるのに必要だからではない．構成的な価値や真理を気にかけることがよい生の本質的な部分だというアイデアに集中するのではなくて，別種の価値に着目しよう．それを私は「目的的な」価値と呼ぶ．あるものは，それを気にかけることが有益であったり，利点をもっていたりするときに目的的な価値をもつ．

3.2.5　真理は目的的な価値をもつか

　美味しい食事や親切な性格のようなものは，もっとよいものであり，それを目指して努力するとよいものである．登山者を考えてみよう．山に登ることは，頂上に到達しようとすることであり，山の頂上に立つことには何らかの価値があるかもしれない．しかし，実際に頂上に到達することにどんな価値があるのであれ，それに加えて，登山者にとっては頂上に到達しようとすることに満足と喜びがある．

　山の頂上に到達することには，登山者にとって2種類の価値がある．第1に，頂上に到達することによって登山者には何らかのよい感情が引き起こされるの

で，それは道具的な価値をもつ．しかし第 2 に，それは目的的な価値をもつだろう．頂上への到達を目的とすることによって，登山者は他の仕方で恩恵をこうむる．頂上に到達する満足や山腹を適当にぶらつく満足とは異なる，登山をしていることの満足を登山者は得る．

　目的的な価値という概念をもちいれば，真なる信念そのものの価値に関する問いを脇においておくか，それに中立的なまま，真理を気にかけることで得られる恩恵に着目することができる．真理を気にかけることは，偏見をもたないことや，自らの探求の方法論の信頼性を気にかけることといった，さまざまな傾向性をもつことを意味する．そういった傾向性がよい生を送ることに必須でないとしても，そういった傾向性は私たちに恩恵をもたらすかもしれない．もしそうであるなら，真理は目的的な価値をもつことになる．では，そういった傾向性をもつことで恩恵は得られるのだろうか．

　心理学者であるナンスーク・パークと彼女の同僚であるクリストファー・ピーターソンとマーティン・セリグマンによってなされた研究から，「そうだ」という暫定的な答えが出てくる (Park, Peterson, and Seligman 2004)．好奇心や偏見のなさ，批判的な思考や学習を好むことを高く評価する人々は同時に生活の満足度が高いと答えていることを彼女たちは発見した．こういった特性が真理を気にかけることを構成しているものならば，真理についてより気にかける人々はまた，より満足のいく生活を送っているということになろう．

　しかし，この心理学者の発見が最終的な意見となるわけではない．心理学者の結果は代替となる多くの可能性と矛盾しない．おそらくよい生を送ることによってより好奇心をもち，より偏見をもたなくなる，あるいは学ぶことを好むようになり，批判的に物事を考えるようになるのかもしれない．あるいは，真理を気にかけることは，自らの生活をありのままに受け入れようという気にさせ，暮らし向きがよくならなくとも満足感を増加させるかのかもしれない．さらなる研究をすることなしには，そういった代替の可能性を排除することはできない．

　心理学者の結果は多義的であるものの，真理を気にかけることによって得ることのできる恩恵のいくつかを挙げることができる．真理が厳密な意味では道具的に価値あるものではないとしても，私たちは，自らの目的に関連する信念

がより正確になると，その目的を達成するにはよりよい状態になるように思われる．これこそが真理を気にかける理由なのであるが，これは頑丈なハンマーが青い傾向にあることが使うハンマーの色を気にかける理由となるのと同様である．真理を気にかけることは，物事がどうあるかについて正確な見解を得てそれを維持する助けとなることによって，私たちの目的を達成できる状態になることの助けになる．

　また，真理を気にかけることによってまた，私たちが「共同のよさ」を享受することがより容易になる．共同のよさとは，それを獲得するのにチームワークが求められるようなよさのことである．四部合唱をなすには，他に3人の人が要る．それゆえ，四部合唱は共同のよさである．言語やバスケットボールや，すぐに得られて信頼できる医療といったものも共同のよさに含まれる．

　共同のよさを享受するには，私たちはしばしば非常に複雑に私たちの活動の活動を調整しなければならない．私が真理を気にかけ，あなたもそうするのであれば，お互いの行動を予期して自らの活動を調整するのに非常に役に立つ道具を手にしていることになる．自らの信念が真であるかどうかをとくに気にかけない友人と計画を立てようとしていると想像してみてほしい．2人はチャックのカフェで会うことで合意するかもしれないが，友人はチャックのカフェがどこにあるのかについて誤った信念をもっているかもしれない．友人が正しい場所にたどり着くためには，自らの偽なる信念を正すのに十分なほど真理を気にかけていなければならない．そうでなければ，あなたがチャックのカフェで待っていても，友人は運輸局のロビーに座っていて，あなたはどこにいるのかと首を傾げ，自分が間違ったところにいるという証拠をまったく無視しているかもしれない．

　もしあなたも私も真理を気にかけているのであれば，私たちは同じ状況に置かれればまったく同じことを信じる傾向にある．私たちの意見が異なるときには，偏見をもたずに証拠とその重要性を考慮することによって，合理的に意見の相違を解消できる状態にいる．このことによって私たちの振る舞いを調整するのが容易になる．あなたが私の振る舞いを予期できるのは，あなたは私の信念を予期できるからであり，あなたが私の信念を予期できるのは，私の信念があなたの信念とまったく同じものになるだろうからだ．

真理を気にかけることに関する傾向性は誤りを一掃し，自らの信念が正確であることの助けになるような傾向性である．こうした傾向性は自らの目的の追求にとって役に立つだけではない．こうした傾向性はまた，他の人の振る舞いを予期し，共同のよさを追求するために私たちの振る舞いを調整する助けにもなる．

3.3 結　論

　私たちは真理を気にかけている．ごまかしのない真理を伝えてくれることを私たちは望んでおり，私たちはみな，少なくともある程度は偽であることよりも真であることを信じようとしている．真理を気にかけることは，「真理とは何か」という問いに対するよい答えを望む理由を与えている．この問いへのよい答えは，少なくとも，真理がもつ類の価値と両立可能なものでなければならないし，さらに真理は信念や言明にとってどのようにしてよいものとなっているのかを明らかにするものでなければならないだろう．

　この章では真理の価値を理解するいくつかの方法を概観してきた．1つは，真理とは規範的な性質である，すなわち，信念や言明が真であるということはそれがある特定の仕方でよいというものであった．ダメットの提示した議論は真理が規範的な性質であることを示すことには失敗しているものの，そのアイデアは後の章でみるように，真理の本性についての近年の研究で影響力をもってきた．

　真理が規範的であろうとなかろうと，真理はなお内在的な価値，最終的な価値，道具的な価値，あるいは目的的な価値をもつかもしれないし，真理を気にかけるという態度はよい人生の一部であるかもしれない．この章は哲学者たちがこれらのうちのいずれかの方法で真理の価値をとらえてきた理由を考察してきた．ほとんどの場合で論拠は脆弱だったが，少なくとも真理が目的的な価値をもつと考えるよい理由のあることをみた．

文献案内

マイケル・リンチの『True to Life』(Lynch 2005b)は真理の価値をめぐる近年の議論のうちで最良で最も読みやすいものの1つだ．

勝利と真理とのアナロジーについてのダメットの議論は彼の論文「真理」(Dummett 1958)にある．「真理が本質的には何らかの成功である」という考えはジョン・R. サール(Searle 1995)の最終章で議論されている．クリスピン・ライト(Wright 1992)はダメットのアイデアを利用し，ある種の真理の多元主義理論を展開し(7章)，実在論と反実在論の論争にアプローチした．パスカル・エンゲル(Engel 2002)も同じくダメットの洞察を利用しているが，その結果はライトのものとはきわめて異なったものになっている．

真理の内在的な価値についての議論としては，リンチ(Lynch 2009a)とクヴァンヴィグ(Kvanvig 2008)を見よ．チェイス・レン(Wrenn 2010)では真理が道具的に価値あるものとする見解が批判されている．M. マクグレース(McGrath 2005)は「真理を気にかけることは構成的な価値をもつ」というリンチの考えへのさらなる反論を含んでいる．

4
真理の認識説

さてこの章からは「真理とは何か」という問いへの解答をいくつかみていく．それぞれの解答は，次のそれぞれの論点を考慮することで評価される．

- その理論はそれ自体で妥当か，それを支える強力な議論は存在するだろうか．
- その理論は同値性原理のパラドキシカルでない事例を保持できるだろうか．
- その理論は実在論と両立可能か，その理論は反実在論と両立可能か．
- その理論は真理の価値を理解する助けになるか．

この章では，いわゆる「真理の認識説」を扱う．「認識的(エピステミック)」という言葉は知識を表すギリシャ語〔エピステーメー〕に由来する．認識説は，知識の概念や，より一般には正当化された信念という概念に訴えることによって真理の本性を説明する．

4.1 懐疑論と私たちのテストがテストするもの

真理の認識説の諸理論の背後には核となる1つの洞察がある．それをテスト原理と呼ぶことにしよう．

> テスト原理：真理とは何であれ，私たちが，主張が真かどうかテストするときにテストしているものであり，真理とはそうしたテストをパスするときに主張がもっていて，そうしたテストに失敗するときに主張がもっていない性質である．

「真かどうかのテスト」はさまざまに異なる．牛乳が残っているか見るために冷蔵庫を覗くことから，現代科学のとても複雑な実験装置まで，何らかの真理を見いだすためのありとあらゆる方法が「真かどうかのテスト」には含まれる．しかし，それらのテストはある共通の目的のために役立っている．私たちは自らが気にかける問いに対する真なる解答を見いだすために，そういったテストを用いているのである．

　テスト原理が偽であるとしたら，そもそも知識というものがどうやって可能になるのかが理解しがたくなる．私たちの探求の方法を適用するというのは，知識を獲得する唯一の方法である．こうした方法が真かどうかのテストとならないのであれば，私たちの探求の方法によって推奨される主張を真として受け入れる理由はとりたててないことになろう．もし真なる主張が私たちのテストをパスし，私たちがそれを受け入れるならば，私たちは幸運かもしれないが，その主張が真であると知っていることにはならないだろう．知識というものは幸運以上のものを要求するものだ．しかし，懐疑論は説得的な立場ではない．さまざまなことを私たちは知っており，それらを知っているのは，私たちの探求の方法によってである．そのため，テスト原理やそれによく似たものが真でなければならないと思われる．

　テスト原理を仮定するならば，「真かどうかのテストがテストするものとは何か」と問うのはもっともなことだろう．私たちのテストをパスする主張が共通してもっており，テストに失敗した主張から区別するような性質とは何だろうか．そういった性質を特定すれば，真理の本性について理解できるだろうと認識説論者は考える．さらには，認識説論者はこう考える．その性質は何かという問いには単純な答えがある．つまり，それは真かどうかのテストをパスするという性質である．

　「整合説」と「プラグマティズム」とは最も重要な２つの認識説だ．「真かどうかのテスト」をどう理解するか，そして「テストをパスする」というのが何を意味するのかの詳細に関しては整合説とプラグマティズムは異なる．ただし，「真かどうかのテストにパスすることが，ある主張が真であることのすべてである」というアイデアはこの２つの理論に共通している．

これらの理論がどうはたらくかを理解するには，別の事例とのアナロジーを考えてみるとよいだろう．「色とは何か」についてのある理論によると，赤さとはものを見るときの通常の条件のもとで通常の観察者に赤く見えるという性質に他ならない．あるものの赤さをテストするには，それを通常の条件で見て，それが赤く見えるかどうかをみる．色についてのこの見解にもとづけば，赤いことと，このテストをパスすることのあいだには何ら違いはない．認識説論者は真理についても同様に考える．私たちはさまざまな方法で主張が真かどうかテストする．そして，こうしたテストをパスすることと真であることのあいだに差異はない．

4.2 真理の整合説

真理の認識説として歴史的に重要なのは整合説である．整合説は次のように述べられる．

> 真理の整合説：ある主張が真であるとは，適切なかたちで整合的で包括的な信念の集合に含まれるということである．

この整合説を評価するまえに，整合性と包括性が何を意味するのかを明らかにしなければならない．

伝統的には，整合的であるためには少なくとも論理的に無矛盾でなければならないと哲学者は考えてきた．信念の整合的な集合はそれ自身矛盾しないはずだ．「地球は何百万年以上前にできた」と「地球は何百万年以上前にできたということはない」の両方を含む信念の集合は矛盾しているから，整合的とはいえない．しかし，単なる無矛盾性では，真理を生じさせるとされている整合性としては不十分だ．諸々の信念はさらに，正しい仕方で辻褄が合っていなければならない．通常，「正しい仕方で」というのは信念のあいだの説明的なつながりを含む．例えば，次のような信念の集合は無矛盾であるものの，真理に要求されると整合説論者が考える類のつながりをもってはいない．

(1)　すべてのプードルには毛がない．
(2)　1 + 1 ＝ 12
(3)　電子は正の電荷をもつ．

　整合的であるためには，信念の集合のそれぞれの要素が，その集合の他の要素によって説明され，またそれを説明する役割を果たしていなければならない．
　真理の整合説はとくに倫理にはぴったりだと考える（クワインのような）哲学者もいる（Quine 1981）．道徳についての私たちの信念には，ある行為や事態の道徳的な価値についての特定の判断だけでなく，どのような特徴をもつものがよく，どのような特徴をもつものが悪いのかに関する道徳的な原理もある．こういった道徳的な原理を引き合いに出すことで，私たちは自らの個別の判断を説明し，正当化できる．そして，諸々の道徳的な原理がどのようにして辻褄の合ったかたちで整合的な道徳の理論になっているか，そしていかにして事例ごとの個別の判断と合っているかを示すことによって，私たちは道徳的な原理を説明し，正当化することができる．道徳についての真理に関しては，これが言うべきことのすべてだと考える哲学者もいる．究極的には，道徳についての信念が真になるのは，それが他の諸々の信念と辻褄が合っているときに他ならず，道徳についての信念が偽になるのは，他の諸々の信念と辻褄が合わないときである，とそうした哲学者は考える．
　整合説論者はまたしばしば，問題の信念の集合が，範囲において包括的であることも要求する．つまり，信念の集合はあらゆる話題をカバーしているシステムをなしていなければならない．もしある主張が真でありえたり偽でありえたりするのであれば，その主張かその主張の否定のいずれかがそのシステムに含まれなければならない．この要求によって，適切に整合的な信念のシステムは真理値をもちうるすべての主張に対して真理値を定めることが保証される．
　だが，そもそもどうして真理を整合性とみなすべきなのか．ブランド・ブランシャード（Blanshard 1939）はその主要な理由を明確に述べている．彼の議論は次のように進む．

(4)　ある主張が真かどうかについて私たちがなしうる唯一のテストは，

私たちが(理想的な状態で)信じている他のことにうまく適合するかどうか，それらと整合するかどうかをみることである．私たちは(観察によって得られるものを含め)自らの信念と整合的な主張を真として受け入れるのであり，私たちの他の信念と矛盾する主張を偽として退ける．
(5) 真であることは，真かどうかの私たちのテストをパスすることであり，偽であることはそのテストに失敗することである．
(6) それゆえ，真であることは，私たちが(理想的な状態で)信じていることの残りと整合することである．

第1の前提(4)は私たちが「理想的な状態で」信じていることに言及している．これは，どの人の実際の信念も無矛盾ではないし，包括的でもないからである．ある主張が誰かの実際の信念と整合してはいるが真ではないことは大いにありうる．たとえそうだとしても，ブランシャードの見解では，ある主張が真であるかの唯一のテストは，私たちが信じていることにうまく適合するかどうかをみることであり，私たちは徐々に自らの信念の集合を調整し，全体にわたる整合と包括性という理想にだんだんと近づいていく．真とみなすことは，私たちの目指す理想的な信念のシステムに含まれるとみなすことなのである．

4.3 整合説の問題

整合説に対する最も重要な反論の1つに，代替となる整合的システムの問題がある．この世界は別様であったかもしれないと考えるかぎり，この問題は生じてくる．例えば，冷蔵庫に牛乳があるとしても，そのことは形而上学的に必然的だというわけではない．世界は，冷蔵庫に牛乳がない，あるいは冷蔵庫さえまったくないといったような，さまざまな仕方でありえたのである．

世界の完全な記述を2つ考えよう．それぞれミルキーとドライと呼ぶことにする．ミルキーは，冷蔵庫に牛乳がある世界のあり方をすべての点で完全に記述したものである．ドライは，冷蔵庫に牛乳がない世界のあり方をすべての点で完全に記述したものである．ミルキーとドライのどちらも可能であり，包括的であり，そして整合的な信念のシステムである．

代替となる整合的システムの問題とは次のようなものだ．次の主張(7)はミルキーに適合する．

(7) 冷蔵庫に牛乳がある．

ミルキーは適切なかたちで包括的であるだけでなく整合的でもある信念のシステムだから，整合説からは(7)が真であることが帰結する．しかし，(7)はドライに適合してはいない．だが，ドライもまた適切なかたちで包括的であり整合的な信念のシステムである．それゆえ，整合説を仮定すると(7)は偽でなければならない．こうして，私たちは「冷蔵庫に牛乳がある」は真でもあり偽でもあるという馬鹿げた結論を押しつけられる．（同様にして，「冷蔵庫に牛乳はない」はドライに適合しミルキーに適合しないので，真でも偽でもあることになる．）

この問題は一般化できる．ほとんどの無矛盾な主張に対して，その主張を含む，可能であり整合的であり，そして包括的な信念のシステムが存在し，またその主張の否定を含む可能で整合的で包括的な信念のシステムもまた存在する．したがって整合説は，ほとんどすべてのことが真であるとともに，ほとんどすべてのことが偽であることを含意すると思われる．これは明らかに間違っている．

この問題を整合説論者が回避するには，ある１つの特別な信念の集合を特定したうえで，その集合と整合することが真理を構成するのであり，他の集合との整合が真理を構成するのではないのだ，としなければならない．しかし，その集合とは何なのか．ある人が実際にもっている信念と信念の理想的な集合という２つが最もポピュラーな選択肢だ．

ある人が実際にもっている集合は，代替となる整合的なシステムの問題を解決できない．どの人の実際の諸信念も整合的でないし，包括的でない．誰であれ矛盾した信念をいくつかはもっているし，真理値をもちうるすべての主張に関して意見をもっている人などいない．私の裏庭の草の葉の枚数は素数であるという主張を考えてみよう．その主張とその否定のいずれもが他に私の信じていることに同じくらい適合する．それにもかかわらず，一方が真で，一方は

偽である．

　ブランシャードの戦略は，ある人の実際の信念ではなく，信念の「理想的な」集合に訴えるものである．このアプローチは主に2つの問題を抱えている．
　第1に，何が信念の集合を理想的なものとするのかを説明しなければならない．それは，たんに整合性や包括性といった，その集合の内的な特徴がどうなっているかではない．なぜなら，競合する別の信念の集合もその点では同じくらいうまくいっているだろうからだ．しかし，「物事の実際のあり方と対応していること」や「真なる信念からなる唯一の包括的な集合に含まれること」といった，信念の集合の外的な特徴を当てにするならば，真理の整合説にまったく見切りをつけていることになる．

　バートランド・ラッセル (Russell 1912) が指摘したように，整合説論者はある信念のシステムを恣意的でないかたちで「理想的」として選び出せない．ミルキーが理想的なシステムであり，それゆえ，ミルキーが理想的なシステムであることは真だとしてみよう．整合説を仮定すると，「ミルキーが理想的なシステムであることは真である」は，この場合にはせいぜい次の(8)を意味するにすぎない．

　　(8)　「ミルキーは理想的なシステムである」はミルキーに適合する．

だが，だから何だというのだろう．結局のところ，「ドライは理想的なシステムである」も同じくドライに適合するのである．たんにミルキーがそれ自体からみて理想的であるという事実は何ら特別なものではない．それゆえ，この事実は無限に多くある，同様に整合的で包括的なシステムのうちから，ミルキーだけを真理を構成するシステムとして選び出す根拠にはならない．ラッセルが指摘するように，何が真であるのかを決めるにあたって世界が役割を果たす余地を残していないことが整合説にとっての問題なのだ．

　信念の「理想的なシステム」に訴えることには別の問題もある．それは，理想的なシステムに訴えるのであれば，ブランシャードの議論の第1の前提が妥当でなくなるという問題である．「ある信念が真かどうかをテストするには，私たちが実際にもっている他の信念によく適合するかどうかをみなければなら

ない」と考えるのはもっともらしいだろう．しかしながら，ブランシャードの議論の第1の前提は，私たちは信念が真かどうかをテストするときに，ある信念が何らかの理想的な信念の集合に適合しているかどうかをみていると述べている．この信念の理想的な集合は私たちが実際にはもっていない信念を含むだろうし，私たちの実際の信念のうち偽であるものは排除しているだろう．「私たちの信じていることに適合するかどうかをみることによって私たちは主張をテストする」というのが説得的だとしても，ブランシャードの議論の第1の前提はそれとは異なり，「私たちが信じていないことに適合するかどうかみることで私たちは主張をテストする」と述べている．この前提は誤っているようにみえる．

　ブランシャードが整合説に与えた議論には少なくとも1つ偽なる前提が含まれていると思われる．私たちが実際に信じていることの多くは偽である．それゆえ，真理は「私たちが実際に信じていることに適合するかどうか」というテストをパスすること以上のものでなければならない．「真であるかどうか」についての私たちのテストというものが「私たちの実際に信じていることと信念が整合するか」をみることに他ならないとすれば，ブランシャードの議論の第2の前提は誤っていることになる．真理は「私たちが実際に信じていることと信念が整合するか」というそのテストをパスすることと同じではない．一方，信念の理想的な集合に訴え，その理想的な集合に適合することが真理を構成するとするならば，今度はブランシャードの議論の第1の前提が誤っていることになる．私たちは自らの信じていないことによく適合するかどうかをみて主張が真かどうかテストするのではない．真であるかどうかのテストが，信念が互いに整合するかをチェックすることに相当するのであれば，妥当な選択肢は，私たちが実際にもっている信念との整合性をテストするということの他にはない．

　以上の問題によって，真理の整合説は維持できないことが示唆される．だが，整合説以外の真理の認識説もある．プラグマティズムは整合説の代案を提示してくれる．

4.4 真理のプラグマティズム

プラグマティズムはアメリカの哲学者 C. S. パースとウィリアム・ジェイムズたちに結びつけられている．プラグマティズムの特筆すべき特徴の1つに，概念についての理論がある．パースは次のように述べる．

> 我々が持つ概念の対象は何らかの効果を及ぼすと，我々が考えているとして，もしその効果が行動に対しても実際に影響を及ぼしうると想定されるなら，それはいかなる効果であると考えられるか，しかと吟味せよ．この吟味によって得られる，こうした効果について我々が持つ概念こそ，当の対象について我々が持つ概念のすべてをなしている．（Peirce 1878/1982: 88, 邦訳『プラグマティズム古典集成』p. 182）

別の言葉で述べれば，ある概念の意味は，その概念を何かに適用すること，適用しないことによってもたらされる実践的な差異にある，ということだ．実践的な差異とは，物事が私たちの行為にもたらす結果の差異のことである．

パースはこのアイデアを，硬さという概念を例にとって説明している．私たちが何かを硬いと考えているとき，私たちがそれとさまざまに相互作用することによってある特定の結果がもたらされるだろうと考えていることになる．他の多くの物質でそれを引っ掻いても疵(きず)がつかないだろう．それに触れたところで粉々に砕けることもなかろう．パースの見解では，硬さという私たちのもつ概念は，硬いことによってもたらされる，以上のような「実践的な」帰結によって尽くされている．

真理の概念も同様の仕方で説明できる，とパースは考える．ある主張が真であることの実践的帰結とは何だろうか．「もしその主張を私たちが熱心に偏見なく探求するとしたら，結果として私たちはみなその主張を受け入れることになるだろう」というのがパースの答えだ．「あらゆる探求者が最終的に同意するように運命づけられている見解こそ，我々がいう真理ということの意味なのであり，この見解によって表現されている対象こそ，実在なるものなのであ

る」とパースは述べている(Peirce 1878/1982: 97，邦訳 p. 193)．重要なのは，真理は私たちの皆が事実上信じていることではなく，すべてを徹底的に調査し，私たちの意見が疑いの余地のない同意に収束するとき，すべての探求の理想的な結末において信じるであろうものこそが真理であるということである．

　パースは，ブランシャードと同様に，「真理とは私たちの真かどうかのテストに通るかどうかの問題である」という想定からスタートする．しかし，パースにとっては，こうしたテストというのは，私たちの科学的な探求において進行中の実践に具現化されるのであり，そのテストに通るということは，理想的に長い目でみれば，その主張を調査するすべての人が受け入れることになることである．パースは，「真理とは私たちのテストに通ることである」というアイデアを，「いかなる概念の意味も，その概念を何かに適用するということがどのような実践的な違いをもたらすかの問題である」という，より一般的なアイデアに基づいている．ある主張を科学的に調査することは，その主張が真だとしたら私たちの行為がたどるであろう成り行きを本当にたどるかどうかみることである．こうして，ブランシャードが整合説に与えた議論と同じように，パースが真理のプラグマティズムに与えた議論を述べることができる．

(9)　ある主張が真であることの実践的帰結によって「真である」の意味が尽くされており，ある主張が真であることの実践的帰結はただ，私たちのテストに通るだろうということにすぎないのだから，私たちのテストに通ることが真理にとってのすべてである．

(10)　ある主張が真であるかどうかの私たちのテストに通るというのは，その主張が徹底的に調査され，疑いのない合意に意見が収束するときに，その主張が私たちの探求の理想的な結末においてすべての人が信じることになるということである．

(11)　それゆえ，ある主張が真であるというのは，探求の理想的な結末においてすべての人が信じることになる主張であるということである．

パース流のプラグマティストの立場は理想的な「探求の結末」に訴える．これに訴えることによって，科学的合意が変わるときはいつでも真理は変わるのだ

という馬鹿げた帰結を避けられる．コペルニクス以前では，太陽は静止した地球の周りを1日に1周することが探求者たちのあいだで合意されていた．のちになると，地球は地軸を中心に回転するとともに，太陽の周りを回っていることで合意された．理想的な「探求の結末」に訴えることによって，科学的な合意が変わったときには，地球と太陽の運動も変わったのだと言わずにすむ．

　だが，理想的な探求の結末とはいったい何なのかを正確に理解するのは難しい．とくに，「十分に偏見のない人々が十分に長いあいだ探求すれば，その人々の意見は究極的にはある合意に収束するとなぜ考えるべきなのか」は理解しがたい．時間的・空間的に非常に離れたことについての真理の場合にはとくにそうだ．最後の恐竜は死ぬ10分前に歯を折っただろうか．おそらく，その恐竜が歯を折っていようといまいと，探求を続ければそのどちらなのかを決めたり，それについて合意に至ったりすると考えるべき理由は何らない．

　パースはこの問題に気づいていた．だが，パースの応答は脆弱だ．パースによると，

> （いやしくも明晰な意味を持つ）ある問題に関して，探求が十分進展しても，その問題は解決しないなどと想定するのは，哲学的ではない．（Peirce 1878/1982: 98．邦訳『プラグマティズム古典集成』p. 195）

たとえ「哲学的でない」ことがある見解が間違っていると考える理由になるとしても，どんな問題に対しても調査する人が十分に長いあいだ努力しさえすれば常にそれを解決できると端的に想定するのも同様に「哲学的でない」だろう．

　ウィリアム・ジェイムズのバージョンの真理のプラグマティズムは，パースのバージョンとは異なるものの，同様に「真理の意味はある主張が真であることの実践的な帰結から成る」というアイデアに依拠する．しかし，ジェイムズは真理の実践的な帰結についてはパースとは異なった見方をする．ジェイムズの見解では，「真理」とはその信念にもとづいて，私たちは行為すると成功するだろうという意味で，ある信念を役に立つことがわかったときにその信念に適用するラベルに他ならない．

ちょうど「正しいもの」が私たちの振る舞いとしては都合のよいものにすぎないのと同様に,「真なるもの」とは私たちの思考としては都合のよいものにすぎない.ほとんどあらゆる仕方で都合がよく,もちろん,長い目でみて,そして全体として都合がよいということである.というのも,間近のすべての経験に都合よく合うものが,同じくらい満足のいく仕方で,さらなる経験のすべてと合うとは限らないだろうから.(James 1907a)

ジェイムズの見解は,理想的な探求の結末において探求者たちが合意することに訴えるのを避けているが,それ固有の深刻な問題に直面する.ジェイムズの見解に対するよくある反論は,単刀直入に言ってしまえば,偽なる信念が都合のよいことはしばしばあり,真なる信念が私たちにとって悪いこともしばしばあるというものだ.そのため,真理は都合のよさではありえない.

スティーヴン・スティッチによる,かわいそうなハリーの例を考えてみよう(Stich 1990).ハリーが乗った飛行機は山で墜落し,搭乗者はみな死んでしまった.いつ飛行機が離陸するかについてのハリーの真なる信念は,「長い目でみて,そして全体として」ハリーにとって都合のよいものではまったくない.ハリーを飛行機に乗せる分にはその信念はよいかもしれないが,その便を逃したほうが彼にとってはよかっただろう.通常は,真なる信念にもとづいて行為したほうが偽なる信念にもとづいて行為するよりは私たちの目的を達成しやすくなるとしても,ジェイムズのように真理を都合のよさと同一視するのは誤りである.

4.5 認識説と同値性原理

整合説であれプラグマティズムであれ,それ自体で妥当な真理論とは思われない.これらの理論がうまくいかないことは,同値性スキーマ「__ということが真であるのは,__というときであり,そのときに限る」を使って示せる.もし整合説が正しいなら,このスキーマの「真である」に「整合的で包括的な信念のシステムに適合する」を代入し,次の(12)を得ることができる.

(12) ＿＿という主張が整合的で包括的な信念のシステムに適合するのは，＿＿というときであり，そのときに限る．

そして，このスキーマの諸々の事例が正しいことになるはずだ．

代替となる整合的なシステムの問題を考えれば，このスキーマの偽なる事例をとても簡単に思いつく．何であれ論理的に無矛盾な信念は何らかの整合的で包括的な信念のシステムに含まれる．こうして，「スミスはシボレーを所有している」と「スミスはシボレーを所有していない」のそれぞれで空欄を埋めると，次の(13)と(14)という同値性スキーマの2つの事例を得る．

(13) スミスはシボレーを所有しているという主張が整合的で包括的な信念のシステムに適合するのは，スミスはシボレーを所有しているときであり，そのときに限る．

(14) スミスはシボレーを所有していないという主張が整合的で包括的な信念のシステムに適合するのは，スミスはシボレーを所有していないときであり，そのときに限る．

「スミスはシボレーを所有している」と「スミスはシボレーを所有していない」のいずれもが何らかの整合的で包括的な信念のシステムに適合するので，スミスはシボレーを所有しており，そしてスミスはシボレーを所有していないと結論できる．このように，整合説は同値性スキーマと合わさると，多くの矛盾を導く．

プラグマティズムにとっての主要な問題も似たようなものだ．パース流のプラグマティストのバージョンの同値性スキーマは次の(15)である．

(15) ＿＿という主張が探求の結末における合意となるのは，＿＿というときであり，そのときに限る．

しかし，どれほど探求しても発見できないことがあるかぎり，右から左への方向は失敗する．そして，探求する人々が誤りうるのであれば，理想的に長い目

でみてその人たちが合意に至るとしても，左から右への方向も失敗する[1]．

ジェイムズのバージョンの同値性スキーマは次の(16)である．

(16) ＿という主張を信じるのが都合がよいのは，＿というときであり，そのときに限る．

(16)には明らかな反例がある．(16)の事例として次の(17)がある．

(17) ハリーの便が午前8時15分に離陸するという信念を信じるのが都合がよいのは，ハリーの便が午前8時15分に離陸するときであり，そのときに限る．

ハリーの便が山で墜落し，乗客がみな死んでしまったとしよう．すると，その便が午前8時15分に離陸すると信じることは都合が悪いことになる〔なぜなら，その便が午前8時15分に離陸すると信じている人は時間通りに搭乗して死んでしまうであろうからだ〕．しかし，同値性スキーマの上の事例からは，ハリーの便が午前8時15分に離陸するという信念を信じるのは都合がよいということが導かれる．こうして，〔ハリーが死を望んでいないかぎり，墜落する飛行機に乗せてくれる信念，つまり飛行機は午前8時15分に離陸するという信念をもつことは都合のよくないことになるので〕飛行機は墜落するのだから，飛行機は午前8時15分に離陸しないと結論できてしまう．

4.6 認識説と実在論と反実在論

真理の認識説(とくにパース流のプラグマティズム)を何らかのかたちの実在論と結びつけることで，認識説の問題をいくらか緩和できるかもしれない．反実在論とは，真理が心に依存している，とくにすべての真理が認識可能であるという意味で心に依存しているという見解だった．パース流のプラグマティズムでは，ある主張が真であるとは，探求する人たちの共同体が理想的な探求の結末においてその主張に同意するだろうということである．明らかに，この見

解はすべての真理が認識可能であるという見解にコミットしている．

　反実在論は，（「最後の恐竜は死ぬ10分前に歯を折った」という主張のような）知りえない主張に関する反論をパース流のプラグマティズムが扱う手段を提供している．反実在論を仮定すると，これらは真理のプラグマティズムへの反例とはならない．こういった知りえない主張は真理値をまったく欠いている．

　一般的には，真理の認識説は反実在論にコミットすることになるだろう．これは，認識説の支持者が真理を真かどうかのテストにパスすることと同一視しており，そして，認識可能な主張だけがこのテストをパスできるからだ．このことから2つの重要な帰結が導かれる．

　第1に，第2章で論じた問題などの，反実在論へのいかなる反論も自動的に真理の本性についての認識説への反論になる．反実在論は真理値をもつようにみえるいくつかの主張は真理値をまったくもたないとみなし，そして，排中律（「PあるいはPでない」）を論理的な原理としては放棄するという問題を反実在論は抱えていることを思い出そう．さらには，反実在論は，認識可能性のパラドクス，すなわち，「すべての真理が知られうるものならば，すべての真理は実際に知られている」という信じがたい結果に直面する．

　第2に，実在論者は逆に，真理の本性の理論としては別のものを探さなければならないことになる．実在論者は，真理を知識や，真かどうかのテストとあまり緊密に結びつけない真理論を必要とする．次の章では，実在論の見解ととくによく合う一群の真理論をみる．しかしまた，私たちは真理の認識説のもともとの動機の1つが次のことであったことも心に留めておくべきだろう．つまり，真理と認識に緊密なつながりがないかぎり，懐疑主義は深刻な問題となる，ということだ．

4.7　認　識　説

　真理の認識説はいろいろと問題を抱えているものの，真理の価値ということになるとくに，とてもうまくいく．実際，ウィリアム・ジェイムズのような認識説論者は，何にもまして，真であることを信じることはよいことだというアイデアに動機づけられているようにみえる．「真であるというのは，何であ

れ信念としてはそれ自体よいことがわかるようになるものの名前だ」とジェイムズは述べ，信念がよいということは，実践的な観点では，私たちが望んでいることを得るのに都合がよいとか助けになることであると論じる．ジェイムズの説明はまさに真理の本性に価値を組み込んでいる (James 1907b).

　整合説やパースの理論は，真理の価値についてはこれよりは明示的ではないものの，どうやればそれらの理論で真理の価値を説明できるかをみるのは難しくない．私たちの信念は正当化の規則について責任を負っているというアイデアから始めよう．自らの信念が正当化されていないとき，私たちは何か間違ったことをしており，自らの信念が正当化されているときは正しいことをしている．何によってある信念は正当化されるのか．認識論の研究者はさまざまな理論を提供しているが，整合説論者やパース流のプラグマティストが何と言うかはわかる．整合説論者は，信念はお互いのつながりによって正当化されると主張するだろう．諸々の信念が適切なかたちで整合的な信念の集合をなしているとき，それらは正当化されているのであり，残りの信じられていることと整合しない信念は正当化されていない．一方，パース流のプラグマティストは，私たちの信念を経験に照らしてテストすることが正当化において役割を果たすことを強調するだろう．私たちは信念を，その実践的な帰結を判定し，この帰結が起こるかどうかをみることでテストする．テストにパスするなら，信念が正当化されている度合いは高まる．

　もし真理とは正当化を理想化したり，入念に仕上げたりしたものに他ならないのなら，真理が規範的な性質であることは容易にわかる．ある人の信念が正当化されていることは，その人がその状況でそれを信じていることが合理的に許容可能であることである．すると真理とは，ある種の合理的な許容可能性を理想化し，入念に仕上げたものだということになろう．そして，真理は本質的にある種のよさや正しさだということになろう．

　認識論者は，真理が内在的に，道具的に，最終的にあるいは目的的によいかどうかについて，あるいは，真理を気にかけることが構成的に価値のあることかについて特定の立場をとる必要はない．もし正当化された信念が内在的によいものだと考えるのなら，同じことが真理についても考えられるであろう．そして真理を信念の目的とみなすのなら，認識論者が，真理は最終的な価値のあ

るものだという説明を与えられるというのは大いにありそうなことだ．なぜなら，最終的な価値というものは合理的な存在者によって目指されるものに他ならないからだ．これは認識説のアプローチの利点である．認識説は真理の価値のさまざまな説明と整合的であるし，真理がいくつかのかたちの価値を帯びているようにみえることの明確な説明を与えることもできる．私たちの信念は，正当化の規則に対して責任をもっていると私たちは思っている．そして真であることはとくに（あるいは理想的に）よく正当化されていることなのだ．

4.8 認識説の最終的な査定

真理についての整合説とプラグマティズムの問題を前にすると，より全面的な真理の認識説に惹かれるかもしれない．そのような全面的な認識説によれば，ある信念が真であるのは，それを信じている人に入手可能な証拠によって正当化されているか保証されているときであり，そのときに限る．しかし，全体的な認識説は深刻な欠点を抱えている．

第1に，異なる人は異なるものを信じることを正当化されていたり，保証されていたりする．すると，そのような全面的な認識説は主観的相対主義に近いものに相当することになる．あなたが信じることを正当化されているものは何であれ，あなたにとって真であり，私が信じることを正当化されているものは，私にとって真である．この種の主観主義は維持できない．「冷蔵庫に牛乳がある」という主張を考えよう．そして，あなたは（冷蔵庫を覗きこめるところに立っているので）それが真だというよい証拠をもっているが，（冷蔵庫を覗きこめるところにあなたが立っていて，「冷蔵庫に牛乳はない」と言ったので）私はそれが真でないというよい証拠をもっているとしよう．冷蔵庫に牛乳があることがあなたにとっては真であるが私にとっては偽であると想定するのは馬鹿げている．牛乳はそこにあるかないかであり，その位置は誰が何を信じることを正当化されているかには依存しない．

第2の問題は第1の問題に暗に含まれている．私たちは同値性原理を満たし，それゆえできるだけ多くのT双条件文を生むような真理論を望んでいる．そのT双条件文の1つに次の(18)がある．

(18) 「冷蔵庫に牛乳がある」が真であるのは，冷蔵庫に牛乳があるときであり，そのときに限る．

しかし，真理が保証された信念であるのならば，次の(19)を得る．

(19) ある人に入手可能な情報が冷蔵庫に牛乳があることを信じることを保証するのは，冷蔵庫に牛乳があるときであり，そのときに限る．

しかし，この双条件文は間違っているだろう．冷蔵庫に牛乳がないとしても，冷蔵庫に牛乳があると信じるのが保証されることはあろう（もしかすると最後に牛乳を飲んだ人が空のパックを冷蔵庫に戻したのかもしれない）．そして，冷蔵庫に牛乳があると信じるのが保証されていないとしても，冷蔵庫に牛乳があることはありうる．一般的に，保証とは真理のよいしるしや測定器かもしれないが，真理そのものではない．

　真理の認識説は究極的には満足のいく議論ではない．認識説を支持する論拠は脆弱であり，さらには認識説には内在的な問題があり，同値性原理によるテストに失敗し，反実在論のすべての問題を引き継いでいる．それにもかかわらず，認識説が真理の価値についての多くの見解と整合的であり，認識説では信念の規範としての真理の役割を明確に解明できることは指摘しておこう．そのため，認識説を退けるならば，真理の本性についての他の理論にとって，いかにして同値性原理と実在論を放棄することなく真理の価値を説明するかが重要な課題となる．

文献案内

　ブランシャード(Blanshard 1939)は整合説の論拠をとても明確に提示している．バートランド・ラッセル(Russell 1912)は認識説への古典的な反論の概略をいくつか述べている．F. H. ブラッドリー(Bradley 1914: 5章，7章)は整合説を擁護し，とくに対応説に反論している(5章)．ラッセル(Russell 1906)はブラッド

リーに従う見解を批判している．デイル・ドーシー(Dorsey 2006)は「倫理には真理の整合説が必要である」というクワイン(Quine 1981)の提案を詳細に展開している．無矛盾性の要求をゆるやかにした整合性の概念については，グレアム・プリースト(Priest 2006)とリンチ(Lynch 2009b: 8章)を参照せよ．

パースのプラグマティズムの真理論の古典的な文献は「私たちの観念を明晰にする方法」(Peirce 1878)である．ヒラリー・パトナム(Putnam 1981)は自分の見解を「真理とは理想的な状況において私たちが信じることを正当化されているものである」という言い方に仕上げているが，パトナムの見解はいくつかの点でパースのプラグマティズムの真理論と類似している．ウィリアム・ジェイムズ(James 1907a)は，彼のバージョンのプラグマティズムとその真理論の要点を述べている．

例によって，『スタンフォード哲学百科』にはこの章で扱った話題に関連する，広範な文献表付きの記事がある．とくに「真理」(Glanzberg 2009)，「プラグマティズム」(Hookway 2010)，「真理の整合説」(Young 2013)を見よ．

〔1〕 双条件文「PであるのはQであるときであり，そのときに限る」の「右から左への方向」は「QならばP」を指し，「左から右への方向」は「PならばQ」を指す．

5
真理の対応説

5.1 真理が世界に依存するというアイデア

「どの主張が真であるか」と「どの主張が偽であるか」を決めるにあたって実在にあまりに小さな役割しか与えないという点で真理の認識的理論は誤っていると前章で論じた．例えば，「雪が白い」という主張の真偽は雪に依存するのであり，他の主張や雪について私たちが信じていることに依存するのではない．いわゆる「真理の対応説」はこのアイデアを非常に重視する．すなわち，真理の対応説は，一方にある主張と他方にある世界とのあいだの関係として真理をとらえる．そのような理論は実在論的な見解であり，伝統的に認識的理論のライバルとなってきた．

この章では，「古典的対応説」，「因果的対応説」，そして「真理メイカー理論」という3種類の真理の対応説を扱う．真理の認識的理論を評価したときと同様の方針でそれぞれの見解を評価することにしよう．すなわち，理論の内在的な利点と欠点，同値性原理との整合性，その理論が実在論についてもつ帰結，そして真理の価値を理解可能にできるかという論点について，それぞれの見解を評価する．

5.2 古典的対応説

対応説の中心的なアイデアは，「真理とは主張が実在に対応する（あるいは「適合する」か「一致する」）ということに他ならない」というものだ．しかし，このアイデアはいくつかの異なる仕方で理解できよう．

例えば，「実在に対応する」をたんに「真である」の別の表現として理解して，「実在との対応」という表現に深淵な形而上学的重要性を与えないことも

できよう．整合説論者であれば，「真理とは実在との対応だが，この「実在との対応」は適切な整合的な体系に含まれることを意味する」と述べるだろう．あるいはプラグマティストであれば，「実在との対応というのは，探求の理想的な極限において一致する定めになっていることである」と述べるだろう．だが，真理の対応説論者はこのようなことを「実在との対応」ということで念頭に置いているのではない．

対応説論者は「実在との対応」や「事実に対応する」，「事実に適合する」，あるいは「世界と一致する」という表現や類似の表現を非常に重要視する．対応説論者は真理を関係的な性質，すなわち，「あるものが何か別のものに関係していることでもつことになる性質」だと解釈する．そのような関係的な性質の本性を説明するには，その関係を説明しなければならない．

いくつかの例をみればこのことはより明確になるだろう．配偶者であるという性質を考えてみよう．配偶者であることは，他の誰かと結婚していることである．それはある関係的性質である．兄弟であるという性質もまた関係的である．兄弟であることは，誰か他の人と同じ両親をもっていることだ．家族以外にも関係的性質を見いだせる．最も大きなケーキであるという性質も関係的性質だ．最も大きなケーキであるということは，他のすべてのケーキよりも大きいということだ．最も大きいというのは，たんに特定のサイズであるということではなくて，そのサイズが他のもののサイズより大きいということだ．

関係的な性質の本性についての理論は次の2つを説明しなければならない．第1には，「その関係の関係項が何なのか」，つまり，「どのような種類のものがどのような種類のものとその関係をもつのか」を述べなければならない．第2に，「それらのものがそのように関係しているというのは何を意味するのか」を述べなければならない．

配偶者であるという性質を再び考えてみよう．配偶者であることは他の人と結婚しているという関係をもっていることだ．結婚しているという関係の関係項〔「関係項」とは，ある関係において結びつけられるもののこと〕は人々であり，2人の人たちが結婚しているというのはその人たちはある文化的に制定された条件を満たしているということである．

今度は，運転者であるという性質を考えてみよう．運転者であることは，あ

る乗り物に対して運転するという関係をもっていることである．運転するという関係の関係項は，一方では（運転している）人であり，もう一方では（運転されている）乗り物である．ある人がある乗り物を運転するというのはその人がその乗り物の動きをコントロールしているということだ．このように，運転者であるという性質は，乗り物の動きをコントロールすることによって人がもちうる関係的性質ということになる．

対応説によれば，真理も同じように関係的性質に他ならない．対応説では，主張は何か他のものに対して「対応」関係をもっていることによって真になるとされる．〔古典的対応説，因果的対応説，そして真理メイカー理論という〕それぞれの対応説は「対応関係の関係項を何とするか」そして「対応関係の本性をどのように特徴づけるか」という点で異なる．だが一般的には，これらの理論は，真理を「ある主張が話題にしているものに対して，その主張が関係しているあり方によって，その主張がもつことになる性質である」と解釈している．

古典的対応説によれば，対応関係の関係項は一方では主張であり，もう一方では事実である．真であることは，ある事実に対して対応関係をもつことである．すると，古典的対応説は，「事実とは何なのか」と「ある主張が事実に対応するというのは何を意味するのか」を説明しなければならない．

日常会話では，「事実」という言葉はいくつかの異なった仕方で使われる．だが，「事実」という言葉の日常的な用法のうちの多くは古典的対応説論者が念頭に置いているものとは異なる．例えば，「事実」はときとして「真なる主張」や「真なる命題」といった意味で次のように使われる．

(1) アリスは経済について関連する事実をいくつか述べた．

もし事実を真なる主張とするなら，事実への「対応」とはたんに事実であることだと考えられるかもしれない．しかし，古典的対応説論者の考えでは，真理は主張が世界に対してもつ関係から生じるのであって，主張がそれ自身に対してもつ関係から生じるのではない．そのため，古典的対応説論者が念頭に置いているのはこのような意味での「事実」ではない．

「事実とは議論の余地のない知識である一方，意見とは事実にもとづいてい

るとしても議論の余地のある不確かな信念である」と考えて，「事実」を「意見」から区別することがある．例えば，私たちが「過去6カ月でGDPが減少していることは事実である」と言い，この状況への最善の対処法に関して経済に詳しい人たちの意見が食い違うといったことはあるだろう．また，「「事実と数字」こそが，理論や信念を基づけるデータなのだ」と言われることがある．この意味では，「事実」はなお何らかの類の主張のことを指しており，この意味での「事実」も，古典的対応説論者が念頭に置いているものではない．

　古典的対応説論者が念頭に置いているのは，世界のあり方，あるいは物事のあり方という意味での「事実」である．古典的対応説論者はルートヴィヒ・ヴィトゲンシュタインにならって，世界自体が「事実の総体」なのだ(Wittgenstein 1922, Sect. 1. 1)と考えるかもしれない．古典的対応説のアイデアは次のようなものだ．どのような真なる主張に対しても，それに対応する特定の世界のあり方がある．そして，世界がそのあり方をしていることでその主張は真になる．このアイデアによって次の単純なバージョンの古典的対応説に導かれる．

　　(2)　ある主張が真であるのは，その主張に対応する事実が存在するときであり，そのときに限る．

(2)からはさらなる疑問がわいてくる．第1に，真理はいいとして虚偽はどのように説明すべきなのか．第2に，何によってある主張はある事実に対応している(あるいは対応していない)のか．

　2番目の問いに対する自然な回答は，「主張は，世界を特定のあり方にあるものとして表象する」というものだ．ある主張は世界を特定のあり方にあるものとして表象している．そのあり方が，その主張が対応する事実である．例えば，「オーストラリアに有袋類がいる」という主張は，世界をオーストラリアにおいて有袋類を含んでいるものとして表象している．その主張に対応する事実は，オーストラリアに有袋類がいるという事実である．

　しかし今度は次の偽なる主張を考えてみよう．

　　(3)　すべての爬虫類は胎生である．

真なる主張が事実を表象しているとするなら，偽なる主張は何を表象しているのかを述べるのが課題になる．偽なる主張は事実を表象しえない．(3)が事実を表象するならば，すべての爬虫類が胎生であるという事実が存在することになってしまう．そして，そのために(3)は真になってしまうだろう．一方で，偽なる主張は何も表象しないと述べるのも同様に間違っている．もし偽なる主張は何も表象しないとするならば，2つの重要な区別を失うという代償を払わねばならない．次の偽なる主張を考えてみよう．

(4) 3辺しかもたない4角形がある．

私たちは(3)が表象するものと(4)が表象するものを区別できるはずだ．しかし，もしそれらのどちらもが何も表象しないのなら，この区別は消えてしまう．くわえて，(3)や(4)のように「有意味だが偽である主張」と，ルイス・キャロルの次のような「無意味である似非(えせ)の主張」との区別も失われてしまうだろう．

(5) モームなレイスたちがアウトグレイブする (The mome raths outgrabe).

(3)と(4)と(5)のいずれも事実を表象することはないが，(3)と(4)が何を表象するのかは述べなければならない．(3)と(4)は有意味であり，それゆえそれらは何かを表象していると思われる．対照的に，(5)は無意味であり，何も表象していない．

(3)が表象しているのは事実ではないが，それは事実でありえたものと思われる．この世界は，すべての爬虫類が胎生である世界でもありえただろう．そのため，(3)は世界のあり方を表象しているのではなく，世界がそうありえたようなあり方を表象していると思われる．

以上のように考えた上で，事態を主張が表象しているものとして措定するに至った哲学者もいる．すべての事態が「成り立っている」わけではないが，いくつかの事態は「成り立っている」．事態が成り立っているとき，それは事実

となる．それゆえ，「雪が白いという事実が存在する」ということは「雪が白いという事態が成り立っている」ということになる．「雪が白い」という主張は雪が白いという事態を表象し，その事態が成り立っているのでそれは事実である．この意味で，「雪が白い」は事実に対応しているのである．

　成り立っている事態もあれば，成り立っていない事態もある．「すべての爬虫類は胎生である」という事態は成り立っていない事態の一例である．この事態は(3)によって表象されているが，事実ではない．(3)を偽にしているのは，(3)が表象している事態が事実でないということである．対照的に，(5)のような無意味な似非の主張はいかなる事態も表象していない．ゆえに，それは真でも偽でもありえない．何らの事態も表象していないので，それは成り立っている事態を表象することもなければ，成り立っていない事態を表象することもない．

　事態のなかには，必然的な事態もある．必然的な事態とは，何があっても成り立つように決まっている事態のことだ．「すべての未婚男性は結婚していない」という事態はそのような事態の一例だ．また，不可能な事態というものもある．不可能な事態とは存在するには存在するのだが，成り立ちえない事態のことである．「3辺しかもたない4角形がある」という事態はそのような不可能な事態の一例として挙げられる．その事態は成り立っていないし成り立ちえない．しかし，それはなお存在していて，(4)はそれを表象しているのである．

　事態を表象するものとして主張をとらえるのであれば，「ある主張が別の事態ではなく，ある特定の事態を表象するのは何によってなのか」とさらに問うこともできよう．例えば，「雪が白い」は雪が白いという事態を表象しており，硫黄は黄色いという事態を表象していないのはどうしてか．そして，何によって(3)は，(3)と同様に偽である(4)が表象する事態とは別の事態を表象しているのか．

　主張を命題とみなそうと文とみなそうと，この問題は同様に生じる．もし主張を文とみなすのなら，この問題は，「何によって，ある文は世界を別のあり方にあるものとしてではなく，ある特定のあり方にあるものとして表象するのか」という問題になる．さて，もし主張を命題とみなすなら，次のように考えられるかもしれない．つまり，命題の同一性は命題がどの事態を表象するかに

依存するのだから，それぞれの主張はある特定の事態を本質的に表象しているのだ，と．例えば，「草は緑である」という主張は，雪は白いという事態は表象しえない．しかし，主張がある特定の事態を表象するのがその主張にとって本質的だとしても，その表象関係が何に相当するのか正確に説明されていることにはならない．

「ある主張が事実や事態を表象するのは何によってか」という問いに答える手段として次の提案は自然であるし，ポピュラーな答え方でもある．pという主張が表象する事実や事態が何であるのかを述べるときに，pという事実ないし事態に私たちは言及しなければならない．このことを重要視しよう．例えば，「雪が白い」という主張は，雪が白いという事態を表象する．「太陽が二輪戦車である」との主張は，太陽が二輪戦車であるという事態を表象する．「ボブはキャロルが出る場合にかぎってパーティに出る」という主張は，ボブはキャロルが出る場合にかぎってパーティに出るという事態を表象する，などなど．真なる主張は事実の像を私たちに与えていると思われる．「p」という部分が「pという事実」と「pという事態」において繰り返されているのが重要だ．それによって，主張と事態のあいだに同型性，つまり構造の同一性があることが示される．この同型性のために，主張が事態の像となることで事態を表象するということが可能になる．事態が成り立っているときには，その事態は事実であり，その主張は真である．事態が成り立っていないとき，その主張は偽である．

古典的対応説論者は重要な利点をいくつか享受している．最も重要な利点は，古典的対応説は次の強力な直観を味方につけていることだ．それは，「ある主張が真であるとき，その主張が真であるのは世界に（とくにその主張が話題としている世界の一塊に）特殊な仕方で関係しているからだ」という直観である．ある主張が偽であるときは，世界はその主張が述べているあり方にはない．アリストテレスはこの直観を，第1章で引用した『形而上学』のある個所で表現している．

> そうでないことについてそうであると言うか，そうであることについてそうでないと言うことは偽である一方，そうであることについてそうである

と言い，そうでないことについてそうでないと言うことは真である．

古典的対応説論者は，主張の真理や虚偽が「その主張は世界がどのようなあり方にあると述べているか」と，「世界がそのあり方にあるか」の2つに依存しているという直観を正しく扱っている．古典的対応説によると，何が真であるのかを決めるのは世界のあり方である．こう述べることによって，古典的対応説は，認識的理論が外的な世界に対して与えることのできなかった役割を世界に与えようとしているのだ．

　しかしながら，古典的対応説はいくつかの深刻な問題に直面する．1つの問題は，対応関係それ自体の本性に関係している．「ネコがマットの上にいる」という主張が，あるマットに対して相対的なある場所に位置している1匹のネコがいるという世界の事態に，どのように対応しているのかを私たちは直観的に把握しているかもしれない．しかし，数学や道徳や可能性などに関する主張がどのように世界に対応しうるのか不明瞭である．例えば次のような3つの主張を考えてみよう．

(6) 100の正の平方根は10である．
(7) ジェシー・ジェイムズがジョン・シーツを撃ったのは悪い．
(8) ガンディは誰も殺さなかったが，そうすることだってありえた．

古典的対応説の見解では，以上の真なる主張はそれぞれ事実に対応していなければならない．しかし，(6)や(7)や(8)が事実に対応しているというのは，いったい何を意味するのだろうか．

　対応を同型性と考えてみよう．すると，主張が事態に対応しているというのは，主張が事態と構造を共有していることによる．その事実が成り立っているときには，その主張は真である．だが問題は，この実在は文のような形をしたものの塊ではないということだ．文は像ではなく，哲学的に重要ないかなる意味においても，その文が話題にしているものとは同型ではない．結局のところ，「雪は白い」や「草は緑である」は，それぞれが雪の白さと草の緑に構造的に似ているよりもずっとお互いに似ている．

J. L. オースティン(Austin 1950)が論じているように，対応を同型性だと考えるときには，私たちは言語の錯覚に惑わされているのだ．私たちが主張を同定するのに用いる表現と事実を同定するのに用いる表現とは，互いに似た構造をもっている．「雪は白い」という主張や雪は白いという事実について私たちは語る．しかし，このことからは，その主張と事実それ自体がそれらの表現のもつ構造を共有していることは導かれない．さらには，主張や事実が構造を共有していると想定するならば，世界というものを，P. F. ストローソンが「文の形をした対象」と呼んで揶揄した(Rorty 1995)ものの大きな集まりとみなすという，信じがたい見解を採用しなければならなくなる．

 文の形をした対象とはいったい何なのかを明確にしようとすればするほど，そのような対象はもっともらしくなくなっていく．マットはネコの下にある何かであるという事態を取り上げてみよう．この事態はマットの上にネコがいるという事態と同じなのだろうか．「マットの上にネコがいる」という主張の構造は，「マットはネコの下にある何かである」という主張の構造と異なるようにみえる．しかし，これらの主張が異なる構造をもった異なる主張であるならば，それらの主張が対応するものとして2つの異なる事実，つまり，ネコがマットの上にいるという事実と，マットはネコの下にある何かであるという事実をもちださなければならないと思われる．似たような問題は(6)についても生じる．10が100の正の平方根であるという事実は，$10 \times 10 = 100$という事実，あるいは$5 \times 2 \times 2 \times 5 = 99 + 1$という事実とは異なる事実なのだろうか．それらが同じ事実なのであれば，同型性によって主張は事実を表象するのではないということになろう．それらが異なる事実であるならば，事実はまさに文のようなものであり，「言葉によって投じられた影」(Pears 1951)にすぎない私たちの言語の拵え物と考えざるをえない．

 古典的対応説の2番目の問題は，第1の問題に似ている．古典的対応説は過剰で余計な存在論にコミットしているようにみえる(ある理論の存在論とは，その理論によると存在するとされるものの集まりのことである)．ネコがマットの上にいるという事実だけではなく，マットはネコの下にある何かであるという事実があり，10が100の正の平方根であるという事実も$10 \times 10 = 100$という事実，あるいは$5 \times 2 \times 2 \times 5 = 99 + 1$という事実もある．もし主張が事態に

対応するのであれば，主張が対応するための事態が必要になってくるし，そのような事態がたくさん必要になってくる．真なる主張が対応するための世界のあり方が必要になり，そしてまた偽なる主張が対応するための，世界がそうでないようなあり方も必要になる．「3角形は4辺をもつ」が対応するような，成り立っていない事態や，「3角形は4辺をもたない」に対応する，成り立っている事態も必要になる．このような存在論的な過剰さを切り詰めて，必要な理論的仕事をもっと少ない存在者にやってもらえれば，それに越したことはない．

　古典的対応説の措定するいくつかの事実や事態の神秘性から，別種の存在論的な過剰さが生じてくることになる．10が100の正の平方根であるという事実やジェシー・ジェイムズがジョン・シーツを撃ったのは悪いという事実や，ガンディは誰も殺さなかったがそうすることだってありえたという事実が実在の構成物の1つとしてあるということが，何を意味するのかはまったく明らかでない．仮に世界をネコの居場所や草木や雪の色を含んだ塊に分けられるとしても，このような他の種類の事実がどんな実在の一塊であるのかはより神秘的になってしまう．

　成立していない事態が存在するという想定は，同じ類だが潜在的にはもっと悪い問題に直面する．おそらく，成立している事態が存在することが何を意味するかは理解できるかもしれないし，そのような成立している事態から世界が構成されていると考えられるかもしれない．しかし，成り立っていない事態とは何だろう．そして，ある事態は成り立ってはいないが，存在していることは何を意味するのだろうか．例えば，エイブラハム・リンカーンが月で生まれたという事態を考えてみよう．それが実在するものではあるが，成り立ってはいない事態であるという考えが理解できるとすれば，それはただ，「エイブラハム・リンカーンが月で生まれた」は有意味だが偽なる文だということによる．しかし，もし私たちが成り立っていない事態の存在によって虚偽を説明しようとしても何の助けにもならない．成り立っていない事態が何であるとされているのかが真理や虚偽の理解を前提せずに理解できるまでは，そのような事態は私たちの存在論への奇妙で招かれざる追加物ということになるだろう．

5.3 古典的対応から因果的対応へ

古典的対応説には2つの大きな困難があった．第1に，事実や事態が何であるのかについて満足のいく説明を与えることであり，第2には，主張がそのような事実や事態に対応するというのは何を意味するのかについて満足のいく説明を与えるということであった．1970年代以降，真理のいわゆる「因果的対応」説がその両者の問題を同時に解決しようと試みてきた．その説の一般的な戦略は2つの部分に分かれる．第1に，文の真理は言及あるいは指示という関係によって定義される．「雪」という語は世界にある何か，すなわち，雪を指示する．同様に，「白い」は白さという性質を指示し，「エイブラハム・リンカーン」はエイブラハム・リンカーンを指示する．第2に，因果的対応説では指示の因果説が採用される．指示の因果説によると，例えば「雪」が雪を指示するのは雪と私たちが「雪」という語を用いることとのあいだの特別な因果関係による．

第1の部分，すなわち，真理を指示によって定義する際には，数理論理学において決定的に重要なアルフレッド・タルスキの業績が利用される．現在の目的には，タルスキのプロジェクトの詳細はあまりにテクニカルだろうから，かなり単純化したバージョンを紹介しようと思う．（タルスキを読んでいる人には，このバージョンが彼のものとどう違うのか，そして彼のよりテクニカルな道具立てがなぜ必要になるのかを考えるのは教育的だと思うだろう．）

いくつかのタームは名前としてはたらく．「雪」は雪を名づけ，「エイブラハム・リンカーン」はエイブラハム・リンカーンを名づけ，「グランドキャニオン」はグランドキャニオンを名づけている，などなど．それらのタームは，それが名づけているものを「指示する」と言おう．「一般ターム」と呼ばれるその他のタームは，個体を選び出したり名づけたりするためにではなく，個体がもったりもたなかったりする性質を選び出すために使われる．例えば，「白い」は白さという性質を選び出し，「19世紀に生きた」は19世紀に生きたという性質を選び出し，そして「深い」は深さという性質を選び出す．一般タームはそれが選び出す性質を「指示する」と言おう．

これらの 2 種のタームを組み合わせることで単純な文を構成できる．例えば，「雪」と「白い」を（文法的に必要な繫辞と）組み合わせることで，「雪は白い」という文を形成できる．あるいは「19 世紀に生きた」と「エイブラハム・リンカーン」を組み合わせることで，「エイブラハム・リンカーンは 19 世紀に生きた」という文を形成できる，などなど．そのような文は「原子文」と呼ばれる．

　原子文からはより複雑な文をつくれる．例えば，原子文を否定することで「雪は白くない」や「グランドキャニオンは 19 世紀に生きていない」と言うことができる．あるいは「かつ」や「あるいは」，「もし…ならば〜」と原子文を組み合わせることもできる．さらには，名前をまったく用いず，「すべて」や「ある」といった，いわゆる「量化子」を用いて文をつくることもできる．例えば，「すべては白い」や「あるものは 19 世紀に生きた」と言うことができる．くわえて，似たような道具を用いて，より単純な一般タームから，複雑な一般タームをつくることもできる．「白い」や「深い」に加えて，「白いあるいは深い」や「18 世紀あるいは 19 世紀に生きた」や「冷蔵庫に 1 週間放置されていたならば駄目になっている」や「駄目になっていない」といった一般タームをつくれる．

　文や一般タームを組み合わせたり組み合わせ直したりすることで，際限なく複雑な文や一般タームをつくれる．2 つの文がどんなに複雑であっても，「かつ」や「あるいは」，「もし…ならば〜」とそれらを組み合わせることでより複雑な文をつくれるし，それらの文を否定することもできる．同様のことは一般タームにも言える．

　さて，私たちは単純なものと複合的なものという 2 つの種類の一般タームを特定した．そして 7 タイプの文を特定することもできる．

　　原子文：単称タームと一般タームを組み合わせている．
　　全称文：「すべて」と一般タームを組み合わせている．
　　存在文：「ある」と一般タームを組み合わせている．
　　否定文：ある文の否定である．
　　連言文：2 つの文を「かつ」で組み合わせている．
　　選言文：2 つの文を「または」で組み合わせている．

条件文：2つの文を「もし…ならば〜」で組み合わせている．

さて，ある対象が，一般タームの指示する性質をもつときに，その対象は一般タームを「充足する」と言うことにしよう．雪は白いという性質をもつから，それは「白い」というタームを充足する．エイブラハム・リンカーンは19世紀に生きたという性質をもつから，彼は「19世紀に生きた」というタームを充足する．そしてグランドキャニオンは月にあるという性質をもたないから，それは「月にある」というタームを充足しない．すべての文が上記のリストのうちのどれかのタイプに分類できると想定してみよう．すると，私たちは真理を次のように定義できる．

(9)　ある文が真であるのは，次の(a)から(g)のいずれかが成り立つときであり，そのときに限る．
　(a)　その文が原子文であり，単称タームの指示する対象が一般タームを充足する．
　(b)　その文が全称文であり，すべての対象が一般タームを充足する．
　(c)　その文が存在文であり，ある対象が一般タームを充足する．
　(d)　その文が否定文であり，否定されている文が真ではない．
　(e)　その文が連言文であり，それを構成する2つの文が真である．
　(f)　その文が選言文であり，それを構成する2つの文のうちいずれかが真である．
　(g)　その文が条件文であり，「もし」に続く文が真であるならば，「ならば」に続く文が真である．

「真」という語が(d)から(g)の条項に出てきているが，この定義は循環的にはなっていない．これは，すべての否定文，連言文，選言文，条件文は究極的には原子文，全称文，存在文から作り上げられており，それら原子文，全称文，存在文の真理は〔それぞれ(a)，(b)，(c)において〕「真」を用いることなく定義されているからだ．

このように真理を定義することで，真理とは私たちの主張がどのように世界

に関係しているかどうかの問題だというアイデアを保持できる．ある文が真であるかどうかは究極的には，どの対象がどの性質を充足しているか（あるいは充足しそこなっているか）に依存する．ここで〔古典的対応説とは異なり〕事実を新たな実在のカテゴリーとして導入せずともよい．一般タームを充足することはそれが指示する性質をもつことである．文の真理はこうして，文が何を意味するか，そしてどの対象がどの性質をもつかにかかっている．真理は実在に対する主張のつながりに依存しているのだが，そのつながりは「事実」や「事態」といった形而上学的に怪しげな存在者への対応ではない．

　因果的対応のアプローチは形而上学的に怪しげな存在者なしですませられるだけでなく，「対応」という同じくらい形而上学的に怪しい関係も使わずにすむ．〔古典的対応説のように〕真理を事実との対応という関係であると直接的にとらえる代わりに，この理論では指示という関係こそが真理にとって重要だとみなしている．しかし，特定の主張の真理は，〔原子文の場合は〕単称タームの指示する対象（あるいは，全称文の場合はすべての対象，存在文の場合はある対象）が一般タームの指示する性質をもっているかどうかに依存する．指示関係の理論があるかぎりは対応関係の理論は必要ないのである．

　指示関係の理論こそが因果対応説の第2の部分が与えようとしているものである．それによれば，指示の本性とは因果的なものである．あるタームが対象や性質を指示することは，そのタームがその対象や性質と正しい仕方で因果的につながっていることである．例えば，なぜ私たちの「雪」という語は草やエイブラハム・リンカーンではなく，雪を指示するのだろうか．指示の因果説によれば，「雪」が雪を指示するのはまさに，「雪」という語の私たちの使用は雪によってある仕方で引き起こされているものの，そのような仕方では草やエイブラハム・リンカーンには引き起こされていないからである．

　私たちの語の使用が，その語の指示する対象や性質と「正しい仕方で」因果的につながっているのは何を意味するのかを解明しようとして，哲学者たちはさまざまなバージョンの指示の因果説を提供している．しかし，結局のところ指示の因果説がどのようなものとなろうと，それは主張が実在にどのように対応しうるのかという神秘をとりはらうのに役立つ．タームが対象や性質をどのように指示するのかを明確に理解できれば，もはや〔古典的対応説によって〕主

張そのものと事実のあいだの関係とされていた．対応関係についての理論をもちだす必要はない．指示の理論が文と世界のつながりを説明するだろうし，真理の定義を生みだすにはそれで十分だ．

5.4　因果的対応の問題

　因果的対応説は古典的対応説のいくつかの問題を回避するものの，因果的対応説はそれ固有の問題を抱えている．そのうちのいくつかは，指示と充足によって真理を定義するという方法から生じる．他のものは指示の因果説にコミットすることから生じる．両群の問題はこの章の後のところで論じられる「範囲問題」の事例である．

　タルスキのもともとの業績は真理の因果理論を生みだすことを狙っていたものではなかった．タルスキの業績を採用して指示の因果説を加え，真理の因果対応説を最初に定式化したのはハートリー・フィールド(Field 1972)である．タルスキのプロジェクトはむしろ，どのようにすれば「真なる文」がある形式的な数学的言語について定義できるかを示すことだった．それどころか，タルスキにとっては，彼が真理一般の定義を提供するのではなく，どのようにすればある特定の性質をそなえた数学的言語Lのために「言語Lにおいて真」を定義できるかを示すことだけが重要だった．そのような性質のうちには，その言語のすべての文は上記の7タイプのうちのどれかであるとか，複合的な一般タームは一般タームを複合的な文がつくられるのと同じように，「かつ」，「あるいは」，「でない」，「もし…ならば～」と組み合わせることでつくられていること，そして，その言語がその言語の表現自体の指示や充足について語る資源をもっていないことが含まれている．

　真理定義へのタルスキ風のアプローチは，複合的な文の真理は，その構成物の真理，あるいは少なくとも，どの対象がその主張に含まれる単純な一般タームを充足するかに依存しているというアイデアに頼っている．このアプローチは上記のリストの7種の主張については適切だが，複合的な主張のうち，上記のタイプには含まれないものもある．例をいくつか挙げてみよう．

(10) バートが図書館にいたので，ジャックは公園に行った．
(11) グランドキャニオンがケンタウルス座 α 星のエイリアンによって創造されたことはありえない．
(12) エイブラハム・リンカーンは南北戦争の最中に人身保護令状を停止すべきではなかった．

　たとえジャックが「公園に行った」を充足していることと，バートが「図書館にいた」を充足していることを知っているとしても，これではバートが図書館にいた・ので・，ジャックは公園に行ったのかどうかを知るには情報が足りない．グランドキャニオンがケンタウルス座 α 星のエイリアンによって創造されなかったことは，それがありえたのかどうかを教えてくれない．エイブラハム・リンカーンが南北戦争中に人身保護令状を停止したことは，彼がそうすべきだったのかどうかを決めるのには十分ではない．

　「ので」，「べき」，「ありえた」などのさまざまな構成を含んだ複合的な文はタルスキの方針での真理の定義に問題を提示する．一方で，これらの文は真理値をもつと思われるそのような文に対して，指示や充足によって真理定義を与えることができるというのは疑わしいようにみえる．問題は，これらの文の部分の指示を確定したときでさえ，そしてどの対象がどの一般タームを充足するのか決めたときでさえ，それらの文の真理値を確定するにはなお十分でないということだ．例えば，(10)が真であるかどうかはおそらく，ジャックが図書館に行ったときのジャックの心の状態に関わるものに依存しているが，それは(10)に現れるタームによって指示される対象や性質のうちにはない．

　(10)は真か偽かのどちらかである．(11)や(12)も同様だ．真理の因果対応説を補強するタルスキの定義は，これらのような主張を扱うのには向いてない．どうみても，因果対応説はすべての範囲の真や偽な主張をうまく説明できていないということになるだろう．こうした失敗は，まさに真理の本性についての理論たらんとする理論にとっては深刻である．

　上記の問題を脇におくとしても，因果対応説が指示の因果説を用いるためにさらなる問題が生じる．指示の因果説によれば，タームがそれの指示するものを指示するのは，タームがそれに「正しい仕方で」因果的につながっているこ

とによる．しかし，あるタームがある対象や性質を指示しているものの，いかなる仕方でもそのタームが指示する対象や性質と因果的につながることがないということもあると思われる．

　悪さといった道徳的性質や数のような抽象的な対象を指示するタームが，主な例として挙げられる．数12は抽象的な対象であり，ドーヴァー海峡の断崖やリンゴや自動車のような具体的な対象とは非常に異なっている．抽象的な対象は時間や空間のうちには存在しない．物理的な世界を徹底的かつ包括的に調査しても，数12に遭遇することはないだろう．しかし，因果というのは厳格に物理的な事象である．数12は何もしないし，ましてや何かを引き起こすことはない．端的に言えば，私たちの「12」という語の使用は，いかなる仕方でも数12と因果的につながってはいないし，ましてやそれを指示するために「正しい仕方で」つながっていることはない．

　同様に，道徳的に悪いという性質は十分にリアルであるようにみえる．ホロコーストはその性質をもち，あなたが赤ん坊を愛することはその性質をもたない．そして，私たちはその性質を指示するような「悪い」というタームをもっている．指示の因果説によると，「悪い」は，私たちのこの語の使用がある特別な仕方で世界のうちにある悪さに因果的につながっていることによって，それを指示する．さて，未成年のグループがネコを痛めつけて楽しむといった，悪い行為を考えてみよう (Harman 1977)．私たちは，正確に何が起こったのか，そしてその結果は何かを述べることができる．そして，どのようにしてその出来事が，「それは悪いことだ」と人々が言うことを引き起こしたのかについての完全に物理的な説明を与えることもできる．そのような話をするとき，子供たちの脳における出来事やそのネコに起こったこと，そしてネコにあたって跳ね返った光子が視神経にあたり，「それは悪いことだ」という発話に至るさまざまな脳の出来事を引き起こしたこと，警察への通報，そして子供たちの逮捕についてさまざまに述べなければならないだろう．しかし，この物理的，因果的な話は，傍観者の「それは悪いことだ」との発言という物理的な出来事を説明するときにすら，件の行為の悪さに言及しているわけではない．子供たちがしたことは悪い．しかし，その悪さは因果的な交渉に参加するような性質ではない．指示の因果説は「どのようにしてそのような性質を指示できるのか」を

説明するという問題を抱える.

そのため,真理の因果対応説は,抽象的対象やその性質についての主張や,道徳的性質についての主張や,「ので」や「ありえた」,「べき」といったタームを含む複合的な主張に当てはまる真理や虚偽の説明をする際に困難に突き当たるのである.その理論を強固に支持する人は怯むことなく「それらは真理値をもつような真正の主張ではないのだ」と言うかもしれない.しかし,それは過激な一手だ.そうするには,何かが本当に道徳的に悪かったり良かったりするという考え,ある状況で何かがありえたり,ありえなかったりするということについての真なる主張があるという考え,そして数学的な真理があるという考えを放棄せねばならない.そう多くのことを放棄するような一手は,むしろ好みの理論を救うためのアドホックな策略にみえる.真理についての私たちの重要な直観のいくらかは真理の本性について私たちが学んできたことと両立不能だという発見がされたのだ,などということはもっともらしくない.

5.5 真理メイカー

古典的対応説も因果的対応説も,それぞれの仕方で,真理の意味論的理論である.すなわち,それらは真理と主張の意味のあいだに緊密なつながりをつける.古典的対応説では,対応とは主張とその主張が話題にしている事態とのあいだの関係であり,その事態が成立しているちょうどそのときにその主張は真である.

一方,因果対応説は,文の意味は「文の構成物が何を指示するか」と「それらがどのように一緒に組み合わされているか」によって定まるとして,指示によって真理を定義する.ある文における単称タームと一般タームの意味(つまり,それらが指示するもの)は,その主張の構造と一緒になって,その文が真であるためには世界がどのようになっていなければならないかを定める.

近年,真理を,対応と似ているものの,真理と意味のあいだのもっと緩やかな関係として理解する可能性を探求している哲学者たちがいる.ある主張の真理や虚偽はもちろん,その主張の意味に依存する.しかし,これらの新しい「真理メイカー」理論によると,真理の本性を理解するプロジェクトは第一義

的には意味論的なプロジェクトではなく，形而上学的なプロジェクトである．
　ある主張の真理メイカーとは，その主張を真にするような何かである．ここで問題となってくる「にする」の意味は，必然化という意味である．「雪の白さが「雪は白い」ということを真にする」というアイデア，つまり，「必然的に，もし雪の白さが存在するならば，雪は白いという主張は真である」というアイデアを考えてみよう〔「必然的に」は「もし雪の白さが存在するならば，雪が白いという主張は真である」という条件文全体にかかっている〕．真理メイカー理論によると，ある主張の真理は常にそのような何かの存在を要求する．つまり，ある主張が真であるならば，何かがあって，(a)それは存在し，(b)その存在はその主張が真であることを必然化する．

　真理メイカー論者のしばしば強調するところによると，真にする関係は，主張と存在するものの一対一関係でなくともよい．ある1つの主張は，多くのものによって真にされるかもしれない．例えば，それぞれの，すべての死すべき人間は，「死すべき人間がいる」という主張の真理メイカーであるかもしれない．また1つのものが多くの主張の真理メイカーになりうる．例えば，雪の白さは「雪は白い」という主張を真にするだけでなく，「雪は白いか，あるいは草は緑である」という主張や，「何かは白い」という主張を真にするだろう．このようなわけで，真理メイカー論者は真理の本性の問題を意味に関する問いから分離して扱う．「雪が白いか，4角形は5辺をもつ」は，雪が白いか，4角形は5辺をもつことを意味するが，雪の白さによって真にされるのであって，4角形が(そのようなものは存在しないが)5辺をもつことによって真にされるわけではない．

　古典的対応説の問題の1つの源は，対応を主張と(成り立っていない事態も含めた)事態のあいだの関係として扱う必要から生じていた．「どのようにして事態が成り立つことなく存在しうるのか」ということは神秘的に思われるし，対応関係の正確な本性も同様に神秘的であるように思われる．真理メイカー理論はこれらの問題を回避できる．ある主張を真にするのは，何かの存在である．そして，真にすることは必然化することなので，「死すべき人間がいる」を真にするときに世界が果たす役割を理解するには，死すべき人間の存在によって「死すべき人間がいる」は真である，ということさえわかればよい．

真理メイカー理論はまた，因果的対応説の困難をいくつか回避できる．「ジャックが小石を投げたので，あの窓は壊れた」のような主張の真理を説明する問題を考えてみよう．因果的対応説がそのような主張について問題を抱えるのは，その主張の真理がその主張を構成する部分の真理値や指示以上のものに依存するからだった．真理メイカー論者は一方で，「ジャックが小石を投げたので，あの窓は壊れた」の真理を，（例えば，その窓の破壊とその石を投げることのあいだの因果的なつながりといった）その主張が真であることを必然化する何かの存在を措定することで説明できるかもしれない．さらには，抽象的対象に関する主張の真理を説明する際に因果対応説が抱える問題には，真理メイカー論者はあまり関心をもたない．「私たちはどのようにして素数を指示できるのか」は，言語哲学にとっては困難な問題かもしれない．しかし，「2より大きな素数が存在する」という主張の真理となると，真理メイカー論者はその主張に真理メイカーが不足しているわけではないと指摘するだろう．2より大きな無限に多くの素数のそれぞれが，2より大きな素数が存在するという主張を真にするのである．

しかしながら，真理メイカーアプローチにも，それ固有の問題がある．最も重要な2つの問題は，(a)すべての真なる主張に真理メイカーを与えるというのは，奇妙な仕方で私たちの存在論を膨らませることを要求するようにみえることと，(b)真理メイカー理論は真理の本性についての理論とはまったく言えないかもしれないことである．

存在論的な問題(a)を最初に取り上げよう．もしジャックがパーティに行ったならば，モノポリーのゲームで負けただろうという主張を考えよう．真理メイカー論者によれば，もしこの主張が真であるのならば，それを真にする何かが存在しなければならない．これはそんなに問題ではないかもしれない．おそらくモノポリー，パーティ，ジャックのある複合的な性質というものがあって，それが存在することによって，もしジャックがパーティに行ったならば，モノポリーのゲームで負けただろうということは必然化されているかもしれない．
真理メイカー理論にとっての本当の困難は，否定的な主張と全称的な主張に関わる．例として，「ジャックは馬を所有していない」という主張を考え，それが真であると想定しよう．真理メイカー理論は，その主張を真にするような何

かが存在することを要求する．ジャックと馬のあいだの所有関係がどのようにしてジャックが馬を所有していることを真にするのかはある程度わかりやすいかもしれないが，いかなる類のものの存在がジャックが馬を所有していないことを必然化するのかは理解しがたい．

　「ジャックに所有されている馬はいない」といった存在否定の主張を考えてみれば，問題はより鮮明になってくる．真理メイカー理論では，すべての真理は真理メイカーを要求し，それゆえ，何が存在しないかについての主張ですら存在するものによって真にされなければならない．しかし，いかなる類のものの存在からある種のものが存在しないことが導かれるのだろうか．

　存在否定の問題は，全称的な主張に対して真理メイカーを見つけてやるという問題と関連している．「すべての人間が死すべきものである」という主張を取り上げよう．どの個別の人間も不死性をもたないということは，すべての人間が死すべきものであることを必然化する．それだけでなく，ジャックが，ジルが，ハンクが，サラが，そして他のそれぞれの人が死すべきものであることが一緒になっても，これらが存在するすべての人だという追加の但し書きなしには，すべての人間が死すべきものであることを必然化するのには十分ではない．しかし，では何が「これらが存在するすべての人である」を真にするのか．おそらくは，このリストに含まれている人の他には人間はいないことに帰着するのだろう．だが，それならばまた，その何か（この場合はより多くの人間）が存在しないことを真にするものの存在を措定せねばならないだろう．

　真理メイカー論者が否定的な主張や全称的な主張を扱うためのよくある手段としては次のようなものがある．彼らは基礎的な存在論，つまり，すべての肯定的主張や存在主張を真にするのに十分なもののカタログを容認する．このカタログに，彼らはこの基礎的な存在論の外には何もないということを真にするような，「これですべてだ」という事実を加える．この「これですべてだ」という事実はこうして否定的な主張と全称的な主張のために必要とされた真理メイカーを与えることになる．「それぞれの人が死すべきである」ことと合わさって，それはすべての人が死すべきものであることを真にする．ジャックが何を所有しているかに関するすべての主張と合わさって，それはジャックが馬を所有していないことを真にする．

「これですべてだ」という事実があるというアイデアに居心地の悪さを感じる哲学者もいる．1つには，それはアドホックでおそらくは役に立ちすらしないように思われる．もし問題が「何が全称的な主張を真にするのか」を説明することなのであれば，それをやってのける全称的な事実を措定することは役に立たないようにみえる．何が「これですべてだ」を真にするのか．「これですべてだ」という事実だ．では何が「これですべてだ」という事実なのか．それは「これですべてだ」という主張を真にするものに他ならない．

真理メイカー理論に対してはまた，それは本当は真理論ではなく，形而上学的な原理でしかないという不満が述べられる．真理メイカー原理は真理の本性について教えてくれるのではなくて，それはたんに「すべての真なる主張は少なくとも1つの真理メイカーをもつ」と述べているだけだ．これは便利で重要な洞察ではあろう．何が真であるか，何が偽であるかについての私たちがもっている見解が形而上学的な含意を深刻に受けとめるように，とこの原理は命じている．「工場畜産は動物を残酷で非道徳的な仕方で扱っている」が真であると考えているとしよう．真理メイカー理論は，どの存在者がその主張を真にしているのかを問うように勧める．何が動物をそのように扱うことを残酷で非道徳的にしているのだろうか．この問いに答えるのには，動物の扱い方がもつ平凡な物理的性質に加えて，特別な道徳的性質を措定せねばならないかもしれない．あるいは，道徳的真理の形而上学的基礎づけについての詳細な理論が要求されるかもしれない．いずれにせよ，真理メイカー理論は，何らかの主張を真として受け入れたり，偽として退けたりする際に私たちが受け入れねばならない形而上学的なコミットメントに注意を払うように忠告するだろう．

「真理とは何か」という問いに関心をもつ人に対して，真理メイカーによるアプローチは，何が真であるかは何が存在するかに依存するということしか教えてくれない．これはこれで前進かもしないが，ただ主題を変えているだけかもしれない．真理の本性とは何かを知りたいのであれば，どのようにして何かの存在がある主張の真理を必然化するのかを知りたくなる．このことについて真理メイカー理論はほとんど何も述べることはなく，それについて述べるべきことはそんなにない，と真理メイカー論者は言い張るだろう．必然化はな＼＼ま＼の形而上学的な関係であり，その類のものの本性は哲学的探求の対象とはならな

い．初期のルートヴィヒ・ヴィトゲンシュタインは，「必然化の本性とは何か」とか「真理の本性とは何か」といった問いは言語の誤用であるとみなした．デイヴィッド・アームストロングのように，この洞察から霊感を得る哲学者もいる．それらの問いへの答えはいずれも，言語の操作にとってとても根本的なことを語ろうとする試みであるから，それ自体は語ることのできないものなのだ（これは鏡を使うことなしに自分自身の眼を見ようとすることの言語的な等価物といえる）．「語ることのできないものについては沈黙せねばならない」とヴィトゲンシュタインは書いている (1922, Sect. 7)．

次章では真理の本性について理論化しないという主題の変奏をみることになるだろう．しかし，真理メイカー理論は，真理はものの存在が主張の真理を必然化するかどうかの問題だと述べるだけで，さらに真にする関係それ自体を説明することには重点を置いていない．真理メイカー理論はむしろ，さまざまなタイプの主張に真理メイカーを見つけてやることに重点を置いている．この時点ではこのことを指摘しておけば十分だろう．真理メイカー理論は真にする関係それ自体の本性についてはほとんど何も述べないので，真理の本性について本当はまったく何も説明していないとの誹りを受けかねないのである．

5.6　範囲問題

すべてのバージョンの対応説は「範囲問題」という問題に直面する．この問題が生じるのは，対応説がある種類の主張については適切にみえるけれども，他の種類の主張については不適切にみえるからである．完全に満足のいく真理論は，完全に一般的なものになるはずだ．そのような理論は，すべての真なる主張が共通してもち，真なる主張だけがもつような性質の本性について教えてくれるだろう．理想的には，すべての偽なる主張が共通してもち，偽なる主張だけがもつものについても光を投げかけるものになろう．しかし，真理の対応説はすべての真理が共通してもつものをうまく特徴づけられていないようにみえる．範囲問題は，さまざまな対応説のバージョンに応じてさまざまな仕方で生じてくる．

古典的対応説を取り上げて，「ビル・クリントンはジャガーではない」とい

う主張を考えてみよう．この主張は真であり，それゆえ古典的対応説は，その主張が何らかの成り立っている事態と対応していることを要求する．だがそれは何だろうか．主に3つの選択肢がありそうだ．1つめは，クリントンは人間であるという事態，クリントンは死すべきものであるという事態，クリントンは哺乳類であるという事態のようなものに加えて，クリントンはジャガーではないという事態，クリントンはカンガルーではないという事態，そしてクリントンは素数ではないという事態といったさらなる事態がある，というものだ．2つめは，「ビル・クリントンはジャガーではない」の真理を，ビル・クリントンはジャガーであるという事態が成り立っていないということによって説明するというものだ．しかし，これらのやり方はいずれも，純粋に否定的な事態（例えば，ビル・クリントンが人間であるという事態だけでなく，クリントンがジャガーではないという事態）が成り立っているか，成り立っていないが存在するような事態（ビル・クリントンがジャガーであるという事態）があることを要求する点で，私たちの存在論にいくぶん奇妙な存在者を迎え入れることを要求している．

　3つめの可能性は，ビル・クリントンが（彼がジャガーであることを排除するような性質である）人間であるという性質をもっているという事態を，「クリントンがジャガーではない」という主張が対応するものとみなすというものだ．これで存在論的な過剰を避けられるが，この解決は満足のいくものではない．「ビル・クリントンはジャガーではない」がビル・クリントンは人間であるという事態に対応するとしよう．もちろん，「ビル・クリントンが人間である」もまたその事態に対応する．しかし，同じ事態に対応する2つの主張は，正確に同じ状況のもとで真にならねばならないだろう．そのため，同じ事態に対応する2つの主張はお互いを含意すると考えられよう．もしそうなのであれば，「ビル・クリントンはジャガーではない」と「ビル・クリントンが人間である」と〔いう2つの主張はお互いを含意しないから，それら2つの主張〕が同じ事態に対応することはありえないことになろう．それゆえ，「ビル・クリントンはジャガーではない」という主張がビル・クリントンが人間であるという事態に対応することもありえないことになろう．

　さしあたっての結論としては次のようになる．古典的対応説は「ビル・クリ

ントンが人間である」のような肯定的な主張の真理を説明する際には何の問題もないと思えるだろうが，否定的な主張を扱うには適していない．さらには，倫理のような，特殊な領域の言説についても問題を抱えていると思われる．道徳的性質は，行為の純粋に記述的な性質とは別ものであると多くの哲学者は考えてきた．ベヴがメアリーの財布を盗ったことが悪いことだとしよう．〔道徳的性質は行為の記述的性質とは異なるという〕この見解では，純粋に記述的な性質の複合体に還元することで「悪さ」という性質を分析することはできない．この事例では，「ベヴがメアリーの財布を盗ったのは悪いことだった」という主張に対応するような，純粋に記述的な事態は存在しないことになる．その主張が対応する事実として，この窃盗に関する純粋に記述的なすべての事実に加えて，道徳的事実のようなさらなる事実が必要とされるだろう．またもや，この純粋に道徳的な事実というものが何であるのかは想像しがたいし，あるいはそのような事実が成り立っていたり，成り立っていなかったりすることが，心から独立した世界にどんな違いをもたらしうるのかも想像しがたい．

　古典的対応説によれば，すべての真なる主張はある事態に対応しなければならない．古典的対応説では，いくつかの種類の主張（とくに，否定的な主張や評価的な主張）のせいで，古典的対応説を保持するためだけに使われる奇妙な類の事態を措定せねばならなくなる．古典的対応説にとっての範囲問題は，「ビル・クリントンはジャガーではない」や「ベヴがメアリーの財布を盗ったのは悪いことだった」といった主張の真理を説明する際の困難から生じていた．

　因果的対応説にとっての範囲問題も同様であるが，さらに明確な問題になる．因果対応説は，指示によって真理を定義するタルスキ風の真理定義を用いることと，そして，指示の因果説を用いることの2つの点で問題に直面する．これらの特徴のために，ある種の主張，すなわち，通常の物理的対象や性質を指示し，「かつ」，「ない」，「あるいは」，「ある」などの論理的語彙で複合されている主張が真であることが何を意味するのかを説明する際には，その理論はきわめて具合がよい．しかし数や倫理的性質などの抽象的対象に関する主張の真理を説明する際には問題を抱える．なぜなら，指示の因果説では，どのようにしてタームが抽象的対象を指示しうるのかを説明するのが難しいからだ．さらには，起こりはしなかったが，起こったかもしれないことについての複合的な主

張の真理や,「ので」のようなタームを含んだ主張の真理を説明するのも困難である．なぜなら，指示を用いて真理を定義するタルスキ風の真理定義はこのような主張については行き詰まるからだ．このように，因果的対応説は，すべての種類の真理に有効な，真理について完全に一般的な説明を与えられないと思われる．

　真理メイカーのバージョンの対応説は，ほとんどどんな種類の真理についても適用できる．しかしなお，全称的な主張と否定的な主張については，それらを真にするものとして究極的には「これですべてだ」という事実が要求される点で難点を抱えている．繰り返しになるが，真理メイカー理論に必要であるということ以外に「これですべてだ」という事実を措定する動機がないから，その措定は純粋にアドホックであるように思われかねない．真理メイカー理論にとっての範囲問題は次のようなものになる．真理メイカー理論は，否定的な主張や全称的な主張よりも，肯定的で，全称的でない主張をうまく説明できる．だが，真理一般の理論としてはうまくいかない．

　範囲問題への応答として，対応説論者には主に3つの選択肢が残される．第1の選択肢は（古典的対応説と真理メイカー理論にとって有効な選択肢だが），開き直って，問題の主張の真理の説明に必要なものなら何でも措定してしまうというものだ．否定的な事態，評価的な事態，成り立ってはいないが存在している事態，そして「これですべてだ」という事態はみな奇妙に思われるかもしれないが，対応説論者は，とくにそれらを措定するのは対応説にとって不可欠であるから，それらの存在者が奇妙であるというだけではそれらをすぐに退ける理由にはならない，と指摘するだろう．

　第2と第3の選択肢は，古典的対応説と真理メイカー理論よりは因果的対応説にとって有効な選択肢だが，これらの選択肢は問題の主張についての実在論を退けることに関わっている．第2の選択肢として，実在論の代わりに反実在論が採用されるかもしれない．それによると，範囲問題で取り上げられる主張の真理は，人々が信じることや知りうることに依存している．（古典的対応説と真理メイカー理論にとっての問題を引き起こす）「ジャックはエミュに乗ったことがない」というような主張についてはそうした反実在論はもっともらしくないだろうが，数学的な主張や道徳についての主張，そして様相的な主張（つ

まり必然性や可能性に関わる主張）については反実在論はずっと魅力的な立場だろう．この見解がうまくいくには，対応説論者は，「どのようにして人々の信念（あるいは物事を知る能力）が，対応説論者の必要とするものを与えるのか」を説明しなければならないだろう．そのため，例えば因果的対応説の論者は，「悪い」という語を，行為それ自体の性質を指示する語として扱うのではなく，行為についての人々の判断の傾向によって行為がもつ，関係的な性質を指示する語として扱わなければならないだろう．

第3の選択肢は，問題の主張は端的に真理値をもたないとするものだ．そのような主張は真でも偽でもない．だが，これは古典的対応説や真理メイカー理論の助けにはならない．というのも，そうすることは「ビル・クリントンはジャガーではない」のような主張から真理値を奪うことになるからだ．しかし，この選択肢は，抽象的対象や性質についての主張，評価的主張，そして，〔「ので」のような語を含む〕説明的主張や〔「かもしれない」のような語を含む〕様相的主張が，厳密に言えば真でも偽でもないことだけを要求するならば，因果的対応説にとっては有効かもしれない．

いずれにせよ，以上の手法は同じ反論に直面する．「11 は素数である」，「空腹の人から食べ物を盗むのは通常悪いことだ」，「ビル・クリントンはジャガーではない」は文字通り，心から独立して真であると思われる．そうした直観を保持したいなら，数学的真理，道徳的真理，否定的真理についての実在論と両立可能な真理論が求められる．こういった，範囲問題に対する非実在論的な応答は対応説を救うかもしれないが，実在論を代償にしなければならないし，こんなに大きな代償は払うべきではないだろう．

5.7 同値性原理，実在論，真理の価値

ある真理論を適切に評価するには，その理論が，どのように同値性原理，実在論，そして真理の価値を公正に扱っているかを考えねばならない．これらのそれぞれについて対応説がどうなるか順番にみていこう．

一見したところ，対応説は同値性原理についてはうまくいくようにみえる．これは「事実への対応」はときとしてたんに「真である」の冗長な同義語とし

て使われるからだ．こうして，「__という主張が事実に対応するのは，__というときであり，そのときに限る」は「__ということが真であるのは，__というときであり，そのときに限る」と同じことを意味するので，その事例が成り立つことを期待するかもしれない．それにもかかわらず，「対応とは何なのか」，そして「主張が事実に対応することが何を意味するのか」をきちんと明確にしようとすると，物事はさらに不明瞭になってくる．

　成り立っているとされるすべての主張に対して事実を措定する古典的対応説は，この点ではうまくいく．成り立っている事態とは事実に他ならず，成り立つ事態についてそれらが成り立っていると主張することで，真なる主張は事実に対応することになる．否定的事実や道徳的な事実，数学的事実や様相的な事実のような，この理論が求めるすべての事実を措定する用意があるかぎりは，すべての真理，そして真理だけが事実に対応することがわかり，同値性原理が満たされるだろう．しかし，そのように求められる事実をすべて措定するのをためらい，そうしないなら，パラドキシカルでないT双条件文のうち，真でないものがあることになろう．

　因果対応説も同値性原理については問題ないかもしれないが，まったく問題がないわけではない．「真理論はT双条件文のすべてを含意すべきである」というのは実際タルスキのアイデアであり，タルスキの最も重要な貢献の1つには，指示による真理の定義が実際に，その定義の当てはまるすべての主張についてT双条件文を含意することを示したことがある．しかし，因果対応説にとっての範囲問題はすべて同値性原理に関連する困難を示唆している．「ジャックがハンマーで打ったのでグラスが壊れた」という主張を考えてみよう．このような種類の主張については指示による真理定義は問題に直面する．次のように言うことは真理の因果対応説と整合的ではある．

　　(13)　ジャックがハンマーで打ったのでグラスが壊れたのが真であるのは，ジャックがハンマーで打ったのでグラスが壊れたときであり，そのときに限る．

しかしながら，指示による真理の定義がこれを含意することはない．これがな

ぜなのかをみてみよう．「グラスが壊れた」と「ジャックがグラスを打った」の真理値が決まるように，「グラス」，「壊れた」，「ジャック」，「打った」，「ハンマー」が何を指示するのか決めたとしよう．これでも，「ジャックがハンマーで打ったのでグラスが壊れたのか」がわからない．「BだからA」という形式の主張の真理条件は，AとBの真理条件だけからは定まらないということだ．

しかし，完全に適切な真理論は，T双条件文と整合的であるだけでなく，T双条件文を含意すべきである．同様の問題は抽象的対象や性質についての主張にとっても生じる．というのも，それらについては指示の因果説はうまくいかないからだ．

だが，同値性原理について最も深刻な問題を抱えるのは真理メイカー理論である．この見解はT双条件文と整合的ではあるが，「なぜT双条件文が成り立つのか」を何も説明しないし，真理メイカー理論自体にはT双条件文を含意するものは含まれない．真理メイカー理論によれば，ある主張が真であるというのは，その存在がその主張の真理を必然化するものが存在するということである．T双条件文を得るにはしかし，より多くのものが必要になる．

「イヴはリンゴを所有している」という主張を考えてみよう．真理メイカー理論によると，「イヴがリンゴを所有している」という主張が真になるのは，その存在がその主張が真になることを必然化するものが存在するときであり，そのときに限る．それ自体としては，このことから次のことは導かれない．

(14) 「イヴはリンゴを所有している」という主張が真であるのは，イヴはリンゴを所有しているときであり，そのときに限る．

なぜならば，次の(15)はそれ自体で，その次の(16)を論理的に含意しないからだ[1]．

(15) その存在が「イヴはリンゴを所有している」という主張が真になることを必然化するものが存在する．
(16) イヴはリンゴを所有している．

あるいは，(16)「イヴはリンゴを所有している」はそれ自体では(15)「その存在が「イヴはリンゴを所有している」という主張が真になることを必然化するものが存在する」を含意しない[2]．真理メイカー理論がT双条件文を含意するためには，(15)が(16)を含意し，(16)が(15)を含意するという含意関係が成り立たねばならない．しかし，(15)はそれ自体では(16)を含意しないし，(16)もそれ自体では(15)を含意しないので，真理メイカー理論が，(15)と(16)のあいだの含意関係を保証するには，想定をいくつか加えなければならない．この場合では，次の2つを想定しなければならない．

(17) 「イヴはリンゴを所有している」という主張が真であるならば，イヴはリンゴを所有している．
(18) イヴがリンゴを所有しているならば，「イヴはリンゴを所有している」という主張は真である．

ここで次の問題が出てくる．つまり，(17)や(18)という想定を加えないかぎり，真理メイカー理論それ自体からはT双条件文を推論できない．しかし，このような想定を加えることは，T双条件文それ自体を加えることに他ならない．(17)と(18)は一緒になって，まさしく「イヴがリンゴを所有しているという主張が真であるのは，イヴがリンゴを所有しているときであり，そのときに限る」ということを述べている．このことは真理メイカー理論が同値性原理と整合的であるとしても，同値性原理を何ら説明することはないし，同値性原理が真理メイカー理論の論理的帰結として出てくることもない．

真理メイカー理論を何らか修正してこの問題を回避しようとするかもしれない．「ある主張が真であるというのは，その存在がその主張の真理を必然化するようなものが存在するということである」と述べる代わりに，真理メイカー論者は，ある主張の真理メイカーはその主張を必然化するものであると述べることもできるだろう．例えば，「イヴがリンゴを所有している」の真理メイカーは，「イヴがリンゴを所有している」という主張の真理を必然化するものであるというよりは，イヴがリンゴを所有していることを必然化するものである．

しかしながら,「それでは対応説の真理メイカーバージョンでは,真理はどこに行ってしまったのか」というのはもっともな問いだろう.イヴがリンゴを所有していることを必然化するものが,どのようにして「イヴはリンゴを所有している」という主張の真理を十分に説明するのかをさらに説明しなければならない.結局のところ,リンゴを所有しているというイヴの性質は件の主張が真であるという性質とは非常に異なるものだ.イヴによるリンゴの所有とその主張の真理を結びつけるには,同値性原理そのもののようなものに訴えざるをえないように思われる.それでは,同値性原理をどうやって説明するのかというもともとの問題は残ったままになる[3].

さて,対応説は実在論に関しては,同値性原理よりずっとうまくやれる.実在論的な直観は真理の対応説に主要な動機を与えている.実在論によれば,いくつかの主張は心から独立して真である.つまり,誰が何を信じているか,誰が何を知りうるかに関わりなく真である.対応説は心から独立した世界で物事がどのようにあるかによって主張は真であったり偽であったりする余地を残している.電子が負電荷であるという主張の真理は,電子の電荷に対してその主張がどう関係しているか次第であり,私たちが何を考えているか,何を知りうるかに対してその主張がどう関係しているか次第ではない.とくに,科学的な主張や物理的な対象や性質に関する主張について言えば,対応説はその真理を,主張とそれを信じたり主張したり知ろうとしたりする私たちとのあいだの関係ではなく,主張とその主題のあいだとの関係として説明することを約束してくれる.

それにもかかわらず,対応説の諸々のバージョンは実在論的な約束を果たせないかもしれないし,ときには実際に果たせないことを私たちはみた.評価的な主張,様相的な主張,説明的な主張,数学的な主張,そして否定的な主張や全称的な主張でさえもが,この章で検討してきた諸々のバージョンの対応説に対して困難な事例を提供する.対応説の支持者は対応説に問題をもたらすこれらの主張に関して反実在論的な選択肢をとることもできるが,このことは対応説の実在論の範囲を限界づけることになる.対応説は,いくつかの主張が心とは独立に真であることと整合的であるが,心から独立に真なる主張は私たちが最初に思っていたほど多くはないかもしれないのだ.

対応説がほとんどのかたちの反実在論と両立可能であることは指摘しておいてよい．真なる主張が対応するのは，心的な存在者や，その存在がそれについての私たちの考え方に依存しているものだという見解をとりさえすればよい．もしある事態が成り立っていることが人々の信じていることに依存するのであれば，反実在論バージョンの古典的対応説はすぐに定式化できるだろう．もし私たちのタームが指示する対象が，部分的には私たちが考えること，私たちが知りうることに依存しているものから構成されているのであれば，反実在論バージョンの因果的対応説もありうる．同様にすべての真なる主張の真理メイカーは心的な状態であるという，反実在論的真理メイカー理論もありうる．

　前章では真理の認識的理論は実在論と両立不能であることをみた．対応説は反実在論とも実在論とも両立可能である．この点に関しては，対応説は称賛に値する．それは，異なるタイプの主張が心に依存しているのかどうかという問いに1つずつ取りくんでよいことを意味している．真理は常に（あるいは決して）心に依存していないという主張から始めることを強要する真理論をもつのではなく，真理論は置いておいて，赤ん坊を痛めつけて楽しむのが悪いといったことが客観的に真かどうかといった個別の問いに直接取りくんでよい．しかし，この章でみたように，現実には物事はそううまくいかない．例えば因果的対応説によって，道徳について反実在論的な見解を採用せねばならなくなる．

　最後に，対応説が真理の価値をどれほどうまく説明できるか考えてみよう．ここでは対応説はとくにうまくいかないようにみえる．この章で論じてきた理論の1つの意味で，真理が対応であると想定しよう．それでもなお，私たちの信念がこの意味で実在に対応しているかどうかをなぜ私たちが気にかけるのだろうかと思うだろう．なぜ，信念が対応しているのは対応していないより，内在的，道具的，目的的によいのだろうか．認識的理論は真理の概念を非常に直接的によさの概念に結びつける（ジェイムズが「真なるものとは，信念としてはよいものの名前である」〔45頁〕と述べたことを思い出そう）．一方で，真理と価値のあいだのつながりは，対応説ではずっと緩いものになってしまう．

　対応説論者は真理の価値について説明を何らか与えようとするかもしれない．対応関係には明らかに内在的に価値のあることは何らないけれども，真理をさらに信念の目標として説明したり，道具的にあるいは目的的に価値のあること

を説明したりする余地は，対応説論者にも大いに残されている．通常，そうしたさらなる説明は真理の本性というよりも，信念や行為，主張の本性に関わってくる．つまり，真理の価値というものは，信念や行為，主張を導くことにおいて真理が果たす役割から出てくるのであって，真理の本性から直接に出てくるものではない．真理の本性の理論がその価値の説明を提供することを期待するならば，この結果に失望するかもしれないが，対応説論者は「その期待が間違っているのだ」と応じることができる．真理の価値はその本性の外にあるのだ，と対応説論者は述べることができる．

多くの点で対応説は認識説から改善しているかもしれないが，それでも深刻な問題に直面している．そうしたなか20世紀には，新しい種類の真理論が勃興してきた．対応説や認識説の代替案として最もポピュラーなのは，次の章のトピックである「デフレ主義」である．

文献案内

私たちが「古典的」対応説と呼んでいる理論のあるバージョンは，ヴィトゲンシュタイン(Wittgenstein 1922)やラッセル(Russell 1906; 1912)に擁護されている．アームストロング(Armstrong 1997)は事態の形而上学を詳細に述べている．そしてアームストロング(Armstrong 2004)は真理メイカーの理論を発展させている．ロドリゲス＝ペレイラ(Rodriguez-Pereyra 2006)は，真にすることについての良質な議論を与えている．

タルスキ(Tarski 1944)は指示によって真理を定義するというアプローチを試みている．フィールド(Field 1972)はこのアプローチを因果的対応説にまで拡張している．関心のある読者は，(この章でのまとめよりも多くの点で優っている)タルスキの真理定義のための戦略のより技術的な詳細をみるためにこれらの文献にあたるべきだろう．

フィリップ・キッチャー(Kitcher 2002)は，真理の因果対応説は「真なることを信じていること」と「成功する行為」のあいだのつながりを説明するのに必要になるという見解を擁護している．そしてレン(Wrenn 2011)はキッチャーのアプローチに反論している．

対応説へのオーソドクスではないアプローチとしては、テレンス・ホーガン(Horgan and Potrc 2000; Horgan 2001)によって擁護された見解である、「間接的対応」としての真理という理論がある．

この章で取り上げた話題についてさらに知りたければ、『スタンフォード哲学百科』の項目「真理の対応説」(David 2013)、「事実」(Mulligan and Correia 2013)、「真理メイカー」(MacBride 2013)、「事態」(Textor 2012)、そしてこれらの記事の文献表を参照してほしい．

〔1〕 (15)「その存在が「イヴはリンゴを所有している」という主張が真になることを必然化するようなものが存在する」をまわりくどい仕方で述べ直せば、「あるものについて(それは存在し、かつ、必然的に(もしそれが存在するならば、「イヴはリンゴを所有している」は真である))」となる．ここからは、(「必然的にP」から「P」が帰結するという、「必然的に」の論理を前提とすると)「「イヴはリンゴを所有している」は真である」が帰結する．だが、(16)「イヴはリンゴを所有している」が帰結するわけではないことに注意してほしい．「「イヴはリンゴを所有している」は真である」から「イヴはリンゴを所有している」を導くにはそもそも「「イヴはリンゴを所有している」が真であるならば、イヴはリンゴを所有している」を仮定しなければならない．こうして、(15)それ自体からは(16)は論理的に含意されない．

〔2〕 真理メイカー論者によると、「「イヴはリンゴを所有している」は真である」は(15)と何らかの意味で等しい．だが、(15)を(16)から導出できないかぎり、(14)の双条件文の右から左への方向「イヴがリンゴを所有しているならば、「イヴはリンゴを所有している」は真である」を導出することはできない(もし一般に(16)のような文から(15)のような文を論理的に導出できるのであれば、真理メイカー理論は論理的真理だということになってしまう．もちろん、そのようなことはない)．

〔3〕 ここでの修正版真理メイカー理論によると、イヴがリンゴを所有していることから、「イヴがリンゴを所有している」の真理メイカーが存在することが出てくる．だが、修正版では「イヴがリンゴを所有している」の真理メイカーが存在することから、「イヴがリンゴを所有している」が真であることが導かれない．それゆえ、(14)の双条件文の右から左への方向「イヴがリンゴを所有しているな

らば,「イヴはリンゴを所有している」は真である」を導くことはできないことになる.逆に,「「イヴはリンゴを所有している」は真である」からは,修正版では,「イヴがリンゴを所有している」の真理メイカーが存在するということが出てこないことになる.なぜなら,修正版では,その真理メイカーの存在を導くのは,イヴがリンゴを所有することであって,「イヴがリンゴを所有している」が真であることではないからだ.それゆえ,(14)の双条件文の左から右への方向「「イヴはリンゴを所有している」が真であるならば,イヴはリンゴを所有している」を導出することができない.

6

真理のデフレ理論

6.1 真理についての新しい考え方

　真理の認識説は「真理とは私たちが真かどうかテストする際にテストしているものに他ならない」というアイデアから出発する．そして，認識説は，何が真であるかを規定する際に心から独立した実在にきわめて小さな役割しか与えないことで困難に陥る．対応説は「真理は世界のあり方への対応による」というアイデアから出発する．対応説はある種の主張の真理を説明できないと思われるし，懐疑論的な問題にも直面する．

　20世紀になって，認識説の問題も対応説の問題も両方回避することを狙った，真理についての新しい見解が登場した．最も影響力のある一群の理論である真理のデフレ理論は形式論理における発展から着想を得ている．真理のデフレ理論は典型的に「ある主張を真と呼ぶことはたんにその主張そのものを主張することとほとんど変わらない」というアイデアを出発点にする．私はあなたに向かって「雪は白い」とも言うし，まったく同じことをより多くの言葉を使って「雪が白いというのは真だ」とも言うだろう．この同値性が真理について理解すべきことのすべてだとしたらどうだろう．

　哲学者はしばしば，ある性質の本質的な本性を記述しようとする．例えば，正義についての理論を与えようとするとき，何がある事態を正義にかなったもの（あるいは不正なもの）とするのか，そして「正義にかなった事態のすべてがもっており，そのような事態だけが共通してもつものは何か」ということの説明を目指す．デフレ主義者は真理に関してはこのようなアプローチを拒絶する．すべての真なる主張が真であることで共通してもっており，そして真なる主張だけがもっているものが存在するとは限らない．むしろ，「__は真である」といった表現の論理的振る舞いが，（それも大したものではないが）真理について

知るべきすべてを教えてくれる．真理を理解することは，「＿ということは真である」とその空欄を埋める主張とのあいだの論理的関係を理解することなのである．

「＿は真である」といった表現のもつ論理的機能についての説明の細部において異なるバージョンのデフレ主義がある．この章では，フランク・ラムジーの余剰説，W. V. クワインの引用符解除理論，そしてポール・ホリッジの最小主義という影響力のある3つのバージョンのデフレ主義を概観する．

6.2 余剰説

真理についてのデフレ主義的見解の最初期の提言は，フランク・ラムジー(Ramsey 1927)による．ラムジーの考えた2つの種類の真理帰属の事例をそれぞれ「直接的な」真理帰属と「間接的な」真理帰属と呼ぼう．直接的な真理帰属では，真とされる主張は省略されることなく明示的に述べられ，その主張が真だと言われる．例えば，「雪が白いというのは真だ」，「カエサルが殺されたというのは真だ」，「ジャガーは肉食であるということは真だ」のそれぞれが直接的な真理帰属である．対照的に，間接的な真理帰属では，真とされる主張の内容は明示的に述べられずに略されている．そして，他の何らかの仕方で主張が特定され，そしてその主張が真であると言われる．例えば，「脂肪の栄養価についてのジャック・スプラットの最新の主張は真である」，「ブルータスが昨日君に言ったことは真だ」，「ペアノ算術のすべての定理は真だ」などは間接的な真理帰属である．

直接的な真理帰属の場合では，ラムジーは「真である」(ないしはその変種)はまったく余剰なものだと考えた．「カエサルが殺されたというのは真だ」というのは「カエサルが殺された」というのとまったく同じことを意味する．こうして回りくどいかたちで述べるのはスタイルや強調のためでしかない．なぜなら，「カエサルが殺されたというのは真だ」と「カエサルが殺された」とのあいだには意味における違いがないからだ．

ラムジーの見解は，「カエサルが殺されたのは，カエサルが殺されたのが真であるときであり，そのときに限る」というトリヴィアルな観察よりも大胆だ．

ラムジーは「カエサルが殺された」と「カエサルが殺されたということは真だ」とのあいだの関係は，「誰かがお金を盗んだ」と「お金が誰かに盗まれた」のあいだの関係と同じだと考える．これは，厳密に同意味であるという関係であり，2つはまったく同じ意味をもっているのである．

ラムジーの主張の真の大胆さをみるために，「カエサルが殺された」と「カエサルが殺されたという主張は真だ」とのあいだの見かけ上の違いに着目してみよう．第1の文はある人(カエサル)が殺されたという性質をもっていることを述べている．表層構造から判断すると，第2の文はまったく違う．第2の文はある主張(つまり，「カエサルが殺された」という主張)が真であるという性質をもっていることを述べている．第1の文は真理や主張について何も述べてはいないし，第2の文はカエサルや殺人については遠回しにしか言及していない．これら2つの文の表層構造をみると，これらの文が非常に異なる内容をもつことが示唆される．

「真である」という表現が余剰であると提案している点で，これらの事例の表層構造は誤解を招くものであるとラムジーは提案しているのだ．結局のところ，「カエサルが殺されたということは真だ」は何かに真理という性質を帰属させているわけではない，ということになるからだ．この主張はたんに，カエサルに対して「殺された」という性質を帰属させる回りくどい方法でしかない．

「真である」といった表現(「真理述語」)は，もしすべての真理帰属が直接的だったとしたら必要とされなかっただろう．真だとされる主張や諸々の主張を何らかの理由で明示的に述べられないときに真理述語が必要となる．間接的な真理帰属を行う際，「彼がきみに言ったことは真だ」とか「ペアノ算術のすべての定理は真だ」などと私たちは述べる．しかし，ラムジーの考えでは，間接的な真理帰属という真理述語の使用を説明するために，そのような間接的な真理帰属での主張によって，主張に(真理という)性質が帰属されているとは想定しなくともよい．

ラムジーの見解では，間接的な真理帰属は主張の無限の連言を表現している．「彼がきみに言ったことは真だ」というのは，「もし彼が__ときみに言ったのならば，__ということは真だ」での空欄を同じ文で埋めた事例の無限の連言を表現する手段でしかない．

(1)　もし彼がきみに水に栄養があると言ったのならば，水に栄養があるということは真だ，
　　　　　かつ
もし彼がきみに空が青いと言ったのならば，空が青いということは真だ，
　　　　　かつ
もし彼がきみにピーターソンが横領したと言ったのならば，ピーターソンが横領したということは真だ，
　　　　　かつ
…

「かつ」でつながれているこれらの条件文の後件（「水に栄養があるということは真だ」や「空が青いということは真だ」など）はすべて直接的な真理帰属である〔条件文「PならばQ」において，「P」をこの条件文の「前件」と呼び，「Q」を「後件」と呼ぶ〕．つまり，ラムジーの見解ではこれらは余剰である．「彼がきみに言ったことは真だ」は次のような項目を含む無限の長さの連言と同じことを意味することがわかる．

(2)　もし彼がきみに水に栄養があると言ったのならば，水に栄養がある，
　　　　　かつ
もし彼がきみに空が青いと言ったのならば，空が青い，
　　　　　かつ
もし彼がきみにピーターソンが横領したと言ったのならば，ピーターソンが横領した，
　　　　　かつ
…

ラムジーのアプローチのうちで最も哲学的に重要な側面の1つには次のことがある．ラムジーのアプローチは「＿は真である」という述語を，ものに性質を

帰属させる述語として扱うことなしに，私たちの真理述語の使用を説明してくれると思われる．この提案がうまくいくのなら，真理のような性質の存在を実際に想定することなく，いかにして真理述語の論理と使用を説明できるかが示される．そのとき，「__は真である」やその変種は「ある」や「何も」や「かつ」といった通常の論理的な語彙の1つと変わらないことになる．

　以上がすべて正しいのなら，真理の本性を理解するという問題はそもそも存在しない．カエサルの殺害が完全に説明されたのなら，その他にはカエサルが殺されたという主張の真理を説明するものはない．というのも，「カエサルが殺されたという主張の真理」にはカエサルの殺害以上の何ものもないからだ．

　しかしながら，余剰説が間接的な真理帰属についてはうまくいかないとする理由が大いにある．まず，「無限の連言という考えが本当に意味をなすのか」を疑う余地がある．有限の数の部分だけをもつ主張にしか私たちは馴染みがない．余剰説によると間接的な真理帰属は無限の長さの連言なのだが，そのような無限の長さの連言を誰も発したこともなければ，理解したこともない．それならばどうして私たちは間接的な真理帰属を理解できるのか．

　余剰説にとっての別の問題も，私たちが間接的な真理帰属を理解できることと関わる．次の主張を考えてみよう．

　　(3)　ジョーンズの『魚類学』の42ページの3番目の文は真である．

直観的には，私はジョーンズの『魚類学』の42ページの3番目の文が何なのか知らずとも，(3)を完全に理解できると思われる．しかし，問題の文が次の文であったとしたらどうだろう．

　　(4)　漂泳性の魚の中には卵胎生であるものがいる．

この文を私は理解できないとしよう．このとき余剰説に問題が生じる．余剰説によれば，(3)は次のような形の主張の無限の連言を表現する．

　　(5)　ジョーンズの『魚類学』の42ページの3番目の文が__と述べている

なら，__．

この無限の連言で重要となる連言肢は次のものだ．

(6) ジョーンズの『魚類学』の 42 ページの 3 番目の文が漂泳性の魚の中には卵胎生であるものがいると述べているなら，漂泳性の魚の中には卵胎生であるものがいる．

私は(4)を理解できず，それゆえ(6)も理解できない．しかし，(6)は(3)が表現する無限の連言のなかで最も重要な連言肢である．ジョーンズの『魚類学』の 42 ページの 3 番目の文であるという条件を満たすのは(4)のみであるから，(6)は(3)が表すとされる無限の条件文のうちで，条件文の前件が成り立つ唯一のものだ[1]．ここで，余剰説が正しいとすると，(6)を理解することなしには(3)は理解できないことになるだろう．そして，(6)を理解できないのだから，結局(3)も理解できないということになる．余剰説は，「間接的な真理帰属が真であると述べている主張を理解することなしにどのようにして間接的な真理帰属を理解できるのか」を説明するという問題を抱える．

この問題は直接的な真理帰属にも拡張できる．私は「漂泳性の魚の中には卵胎生であるものがいる」を理解することができなくとも，「「漂泳性の魚の中には卵胎生であるものがいる」という主張は真である」を理解できる．もし真理述語が余剰であれば，真理帰属において真であると言われている主張を理解することなくしては真理帰属を理解できないことになる．

さらに，証拠について考えてみると，関連する問題が生じてくる．(3)の証拠となる種類のものを考えてみよう．ジョーンズ自身がめったに間違いを犯さない高名で慎重な魚類学者であることや，『魚類学』が独立の専門家によって厳しく審査され検討されていること，その本には 42 ページまで訂正がないことなどは(3)の証拠に含まれるだろう．「漂泳性の魚の中には卵胎生であるものがいる」が何を述べているのかを知ることなく，そして魚類学のデータをもちだすことなく，42 ページの 3 番目の文〔「漂泳性の魚の中には卵胎生であるものがいる」〕が真であるという証拠を多く集めることができる．一方で，これらの

証拠はいずれも，漂泳性の魚の中には卵胎生であるものがいる証拠とは思われない．漂泳性の魚の中に卵胎生の魚がいるかどうかを明らかにするには，魚について知らねばならないのであって，魚についての本の出版の経緯について知らねばならないのではない．しかし，余剰説によると，(3)は「漂泳性の魚の中には卵胎生であるものがいる」に帰着するか，あるいは(5)の事例の無限の連言を表現することになる．前者の場合では，ジョーンズの『魚類学』の出版の経緯についての証拠を，漂泳性の魚の中に卵胎生であるものがいるかどうかの証拠として扱うことにコミットすることになるが，これはどうも誤りのようだ．後者においても，状況はそうはよくならない．その場合，『魚類学』の出版の経緯は漂泳性の魚の中には卵胎生であるものがいる証拠にならないだろうが，漂泳性の魚の中には卵胎生であるものがいるか，あるいはジョーンズの『魚類学』の42ページの第3番目の文がそう述べていないことの証拠であるということになる．だが，これも同様に直観に反するものだ[2]．

余剰説は説明的主張に関しても問題を抱える．とくに実在論に肩入れしているのであれば，次の想定は自然だ．

　　(7)　水は室温では液体であるので，「水は室温では液体である」は真だ．

しかし，余剰説では，(7)は次の(8)と同じことを意味する．

　　(8)　水は室温では液体であるので，水は室温では液体である．

問題は，(7)は正しい説明にみえるが，(8)は偽であるか，どうみても循環的で情報量がないと思えることだ．もし(7)と(8)が同じことを意味するのであれば，(8)が真でないのに(7)が真であることもありえないし，(8)に情報量がないときに(7)に情報量があることもありえないことになる．余剰説を受け入れるならば，(7)は(8)と同様に受け入れがたいか，(8)も(7)と同様に受け入れられると結論せざるをえなくなる．いずれの選択肢も魅力的ではない．

6.3　引用符解除主義

　余剰説に近い理論として，引用符解除主義がある．W. V. クワインとハートリー・フィールドが引用符解除主義の最も傑出した擁護者だ．ラムジーと同じく，真理述語は純粋に論理的な機能を果たすとクワインは主張する．直接的な真理帰属では，その機能は「引用符解除」と「意味論的下降」である．

　引用符解除主義者は，文を第一義的な真理の担い手とみなす．さまざまな理由から，私たちは文について話すことがある．文について話すためには文に名前をつける方法がなくてはならない．その方法の1つとして，引用符を使うことができる．

　(9)　水は室温では液体である．

は水について何かを述べている．一方で，

　(10)　「水は室温では液体である」は11文字である．

とか，

　(11)　「水は室温では液体である」は日本語で文法的に正しい．

は水についてはまったく何も述べていない．(10)と(11)のいずれも「水は室温では液体である」という文について何かを述べている．引用符の効力とは文の名前を作り出すことに他ならない．

　クワインの言うように，真理述語は引用符の効果を打ち消せる．次を考えてみよう．

　(12)　「水は室温では液体である」は真である．

こう述べるとき，引用符がもともとしていた仕事は「は真である」を使うことで取り消されている．このように真理述語を使うことで，私たちは文について話すことから，再び世界について話すことに下降できる．「真理述語はいわば，文を通じて実在を指し示すはたらきをする．文が言及されているものの，なお実在が全般において重要であることを，真理述語は思い出させてくれる」とクワインは述べている (Quine 1970: 11)．

これまでのところでは余剰説と非常に似通っている．だが，引用符解除主義と余剰説には微妙な違いがある．余剰説論者は，「「水は室温では液体である」は真である」は「水は室温では液体である」と同じことを意味すると述べるだろう．だが，クワインのような引用符解除主義者は意味については何も述べることなく，それらの意味がどう関係していようと，「「水は室温では液体である」は真である」と「水は室温では液体である」は（「水は室温では液体である」が意味することを前提とすれば）論理的に同値であると指摘するにとどめる．

この違いを理解するために，次の (13) と (14) の関係について，アリス，ボブ，キャロルの3人で交わされる論争を想像してみよう．

(13) このボトルは空だ．
(14) このボトルが空ではないということはない．

アリスはこれら2つの文が別のことを意味すると考える．(13)はボトルが空だと主張している一方，(14)はボトルが空でないことを否認している．ボブによれば，文とその二重否定〔〜でないことはない〕は常にまったく同じことを意味する．そのため，ボブの見解では (13) は (14) と同じことを意味する．最後にキャロルは，皆が文とその二重否定は論理的に同値である（つまり，互いが互いを論理的に導く）ということでは一致しているのだから，(13)と(14)が同じことを意味するかどうかを問うのは無駄なことだと主張する．

ラムジーのような余剰説論者はボブと似たような立場をとる．ラムジーは，「水は室温では液体である」と「水は室温では液体であるということは真である」は同じことを意味すると考える．クワインのような引用符解除主義者は，少なくともこの文脈ではこれらの文が同じことを意味するかどうかを問うのは

無駄なことだと考えるだろう．(「水は室温では液体である」が意味することを前提として)「水は室温では液体である」と「水は室温では液体であるということは真である」が互いを論理的に導くことがいったんわかれば，これらの関係について重要なことはわかっていることになる．

　この違いは，余剰理論と引用符解除主義という2つのタイプのデフレ主義が間接的な真理帰属をどのように扱うかにとって重要となる．引用符解除主義者は，間接的な真理帰属が余剰説に引き起こした問題のいくつかを回避できる．上記の(3)「ジョーンズの『魚類学』の42ページの3番目の文は真である」を考えてみよう．余剰説論者はこれを(5)の事例の無限の連言を表すものとして扱う．引用符解除主義者にとっては，(3)に関して重要なのは，ジョーンズの『魚類学』の42ページの3番目の文と(3)が論理的に交換可能だということである．『魚類学』の42ページの3番目の文が何なのかが前提とされれば，それと(3)は互いを導く．同じように，「ペアノ算術のすべての定理は真だ」は，すべてのペアノ算術のすべての定理から(それらがペアノ算術の定理のすべてだという趣旨のことを想定しておけば)導かれるし，それを導きもする．この種の論理的な同値性は同意味性とは異なるが，引用符解除主義者は意味が同じであるかどうかについては何も主張しなくともよい．

　クワインの強調するところによると，真理述語とは，私たちの資源が限られているために，真理述語を使わなければ述べられないことを述べるためのメカニズムを与えるものだ．例えば，ペアノ算術の定理は無限に多く存在するが，それらを1つずつすべて主張することはできない．それでも，それらを一般化し，すべてのペアノ算術の定理はかくかくしかじかであると述べることはできる．真理述語によって，ペアノ算術の定理である文について一般化し，そしてそれらを一気に引用符解除することによって，まずはじめに数に関する文について話さずには述べられないことを数について述べられるようになる〔例えば，すべてのペアノ算術の定理は真であるということは真理述語を用いることなしに述べることはできない〕．

　余剰説と同じく，引用符解除主義は，真理述語が「緑である」のような述語よりは「すべて」や「かつ」や「でない」といった語と似たようにはたらく，論理的な語彙であることを重要視する．連言や全称の論理の他には私たちの理

解すべき「連言の本性」や「全称の本性」などない．同様に，引用符解除主義者にとっては，真理述語の論理の他には，私たちの理解すべき「真理の本性」は存在しない．さらには，真理述語の論理とは引用符解除の論理であると引用符解除主義者は考えている．「＿は真である」は空欄を埋める文が何であれそれと論理的に同値であり，「〜の文はすべて真である」は，〜であるすべての文を（それらが〜であるすべての文であるということを通常どおり想定すれば）論理的に導き，またそれらから論理的に導かれると言ってしまえば，真理について理解すべきことを私たちはすべて理解していることになる．

　しかし，引用符解除主義は余剰説の問題をすべて解決するわけではない．第1に，ハートリー・フィールドはこう論じている．引用符解除主義者は，人々は自らが理解していない文への真理帰属の意味を本当は理解していないということを受け入れざるをえない，と．例えば，「フランツが委員会へ証言したことは真だ」という文を考え，フランツの証言はすべて私がわからない言語であるドイツ語でなされたとしよう．引用符解除主義では，「フランツが委員会へ証言したことは真だ」を理解することは，それがフランツの証言（それらがフランツの証言であることを想定すると）を導き，またそれによって導かれることがわかっているかどうかの問題である．だが，私はその証言を理解していないのだから，それが何を導くか，何から導かれたりするかを理解できない．そのため，「フランツが委員会へ証言したことは真だ」という文の私の理解はどうみても不完全である．

　このことはさほど深刻な問題ではないと考える引用符解除主義者もいる．真理述語の眼目は，真理述語なしでは私たちが述べられないことを，真理述語を使うことで述べられるようになるということだった．真理述語によって，私たちの有限性のゆえに主張できない主張や主張の集まりを主張できるようになる，と通常は引用符解除主義者は指摘する．だが，真理述語の別の有用な機能として，さらに次のように指摘するだろう．真理述語は私たちが理解していない主張をなす（あるいは少なくともそれに同意する）ことを可能にする，と．

　引用符解除主義者の応答としてありうる別の応答としては，翻訳に訴えるものがある．「雪は白い」と私が言うとき，私の理解していないドイツ語と論理的に同値なことを私は述べている．だが心配することはない．なぜなら私たち

は，それらの日本語の文とドイツ語の文は相互に翻訳可能だと考えているからだ．私がドイツ語の文を理解しないとしても，その日本語への翻訳を理解しているならばどうだっていいだろう．引用符解除主義者は間接的な真理帰属も状況は同じだと言うかもしれない．もし私が（日本語で）「フランツが委員会へ証言したことは真だ」と述べるならば，私はフランツの証言の日本語訳と論理的に同値なことを述べているのであり，私がその翻訳を理解することができれば（そして，それがフランツの証言の翻訳であるということを理解できれば），その真理帰属を理解するには十分である．

　翻訳に訴えるとすぐに，いわゆる「翻訳の不確定性」の問題に突き当たることになる．翻訳の不確定性とは，真理の担い手として，そして文の意味として命題に訴えるのでないかぎり，ある言語を別の言語に翻訳する方法は不可避的に2つ以上存在し，その結果として生じる2つの翻訳は論理的に同値でないという（論争を呼んだ）見解である．クワインとフィールドは翻訳の不確定性を受け入れているが，これを前提とすると，私がフランツの証言は真であると述べるときに私が何を述べたのかが不確定であることになる．つまり，私が何を言ったのか，私の主張が正しいのかに関する事実問題が存在しないことになってしまうだろう．ここで，ドイツ語から日本語へのある「正準な」翻訳として何らかの翻訳を取り上げて，私の主張がフランツの証言の正準な翻訳と同値であるとすることで問題を回避することが試みられるかもしれない．

　しかし，正準な翻訳に訴えることはそれ固有の問題をもたらす．第1に，翻訳の不確定性を仮定すると，何らかの翻訳を正準な翻訳にしているのは，私たちがそれを正準だと受け入れているという事実のみである．フランツの証言が真であるかどうかは私たちが何を正準な翻訳とみなすかに依存している．これでは，実在論に肩入れしている人が受け入れがたく思うようなかたちで，真理が私たちに依存していることになる．第2に，私はドイツ語を話さないので，何がドイツ語から日本語への正準な翻訳なのかは見当もつかない．フランツの証言を日本語にどう訳すか見当もつかないのであれば，「フランツの証言が真である」と述べるときに自らが何を言っているのか私が知らないという状況に戻ってしまうことになる．

　翻訳の不確定性とは独立の別の問題としては，引用符解除主義者が翻訳に訴

えるのは本末転倒だというものがある．直観的には，翻訳を正しいものにするものは真理と関係していると考えられる．フランツの証言のよい翻訳とはフランツのもともとの証言と正確に同じ状況で真にならねばならないし，もしある翻訳の真理条件が，フランツが実際に言ったことの真理条件と異なるのであれば，その翻訳をよくないとか，意味を保存していないと批判できる．しかし，私たちの真理の概念を正確な翻訳によって間接的にのみフランツの証言に適用するのではなくて，それを直接的にフランツの証言に適用するのでないかぎり，こうした直観のいずれもが意味をなさないものになってしまうだろう．もしよい翻訳という概念が「外国語の発話が真でありうる」という私たちの理解に依存しているのであれば，真理述語がどのようにして外国の発話にも当てはまるのかを翻訳に訴えて説明することはできないだろう．

　引用符解除主義者にはいくつかの選択肢があるが，いずれも何らかの点で魅力的でない．引用符解除主義者は，私がドイツ語を理解することなしに「フランツが委員会へ証言したことは真だ」を理解できるという強力な直観を諦めるかもしれない．あるいは，「フランツが委員会へ証言したことは真だ」の真理値に関しては，事実問題は存在しないと主張するかもしれない．引用符解除主義者はまた，真理を言語と翻訳に相対化し，「フランツの証言の私の言語への翻訳は体系Sによれば真である」という形の文は確定的な真理値をもちうるが，Sの何らかの値ではその文は真であり，他の値では真ではないとすることもできよう．あるいは，真理の担い手として，そして文の意味として，命題を措定することによって，翻訳の不確定性の問題を回避するかもしれない．

　最後の選択肢が最もよいものにみえるが，引用符解除主義者は高い代償を払うことになる．引用符解除主義者は，文について語ることによって世界について語るための論理的な道具として真理述語をとらえる．もし命題が第一義的な真理の担い手であるならば，引用符解除主義は真理論の眼目を見逃していることになる．私たちは，命題が真であるというのはどういうことなのかという問いにすぐさま直面する．文に関して真理述語がどのようにはたらくかの理論は，命題が真であるとはどういうことなのかまったく教えてくれない．

　余剰説にとっての説明問題もまた，引用符解除主義に付きまとう．引用符解除主義によれば，次の(15)と(16)は論理的に同値である．

(15) 水は室温では液体であるので,「水は室温では液体である」は真だ.
(16) 水は室温では液体であるので,水は室温では液体である.

(15)と(16)が論理的に同値であるにもかかわらず, (15)は真にみえるが, (16)は真とは思われない. これは引用符解除主義と矛盾する.

　(15)が真であることを否定するか, (15)と(16)が論理的に同値であるということを否定するかのいずれかが, この問題に対する引用符解除主義者の応答としては最もよいだろう. (15)はいかにして偽になりうるのか. 引用符解除主義者は, (15)が真にみえるのは, 真理述語が純粋に論理的な道具ではないと間違って想定しているからにすぎないと主張できよう. それとは反対に,「箱の中には何もない」が何らかの無に場所を帰属させているのではないのと同様に, (15)は「水は室温では液体である」に真理という性質を帰属させているのではない. いったん「真である」が論理的な道具であることがわかれば, (15)が偽であることがわかるだろう.「水は室温では液体である」が真であるのは水が室温で液体であるからではない. むしろ, その文の真理の説明は, 水は室温では液体であることを説明するものと同じものである.

　別の選択肢は(15)と(16)が論理的に同値であることを否定するというものだ. 私たちが(15)を主張するときに次のように言うのであれば, より正確に述べられることを不正確に述べている.

(17) 「水は室温では液体である」が真であるのは, (a)「水は室温では液体である」が水は室温では液体であることを意味し, (b)水は室温では液体であるからである.

この主張は明らかに(16)と同値ではない.

　(15)の一部は「水は室温では液体である」が何を意味するかについての主張を含むことがわかれば, (15)を〔(16)のような〕なぜ水は室温では液体であるのかの誤った説明と同値だとみなさなくてもよいことになる.

6.4 最小主義

ポール・ホリッジ (Horwich 1998) は第3のバージョンのデフレ主義を擁護している．ホリッジはそれを最小主義と呼ぶ．最小主義はいくつかの重要な点で引用符解除主義と異なる．第1に，最小主義者は文ではなく命題を第一義的な真理の担い手とみなす．第2に，最小主義は真理が何らかの種類の性質であることと両立可能である．最小主義は真理述語を純粋に論理的な道具として扱うことはない．

最小主義は「真理は何らかの性質である」という見解と整合的であるが，最小主義がその見解にコミットしているわけではない．最小主義には次の3つの要となる主張が含まれる．

(18) 真理はせいぜいのところ論理的性質である．とくに，真理は哲学的理論によってその本性が説明されるような実質的性質ではない．
(19) いったん真理の概念を支配する規則を理解すれば，真理の本性について理解すべきことをすべて理解したことになる．
(20) 真理の概念は，「pという命題が真であるのは，pというときであり，そのときに限る」のパラドキシカルでない事例にアプリオリにコミットすることによって，その適用が支配される概念である．これらの事例の集まりが求められうるすべての理論である．

これらの主張を1つずつ考えていこう．真理はせいぜいのところ論理的性質であるという第1の主張によって，最小主義はデフレ主義の一種になる．「実質的な性質」とはその基礎となるような本性をもった性質のことである．性質の基礎的な本性は，その性質をもつものが他のものにどのように関係するかを説明する．例えば，温度が30℃であるという性質を考えてみよう．温度の本性は，ものを構成する分子の運動エネルギーの平均と関係している．あるものが30℃であるとき，それはその分子の運動エネルギーによってその温度をもっている．さらには，30℃のものの振る舞いがなぜ起こるのかを運動エネル

ギーによって説明できる．例えば，一定量の気体が 30℃ であるときに一定の圧力を示すことを説明するのに，その分子の運動エネルギーを用いることができる．

　最小主義者の見解(そして，実際あらゆるデフレ主義者の見解)では，真理はそのような性質ではない．世界の残りの部分に対して真なる主張がもっている関係を説明する，真理の根本的な本性を見いだそうとした点で対応説と認識的理論は誤った．最小主義によれば，そのような見いだすべき基礎的な本性は存在しない．その代わり，「真である」という述語は引用符解除主義者や余剰説論者が述べているのと同じ種類の論理的機能を果たすために存在する．間接的な真理帰属によって，「ペアノ算術の定理はすべて真である」や「お金の節約についてあなたのおばあさんが言ったことはすべて真だ」といった，真理述語がなければ述べられないことを言えるようになるが，間接的な真理帰属は真理述語によって可能になる．

　真理が実質的な性質ではなく，真理述語が純粋に論理的な役割を果たしているのならば，真理は論理的な性質であるか，あるいはそもそも性質ではないということになる．引用符解除主義と余剰説は，真理が何らの性質でもないことにコミットしている．最小主義者はそのことに同意することもできるが，同意しなくともよい．最小主義によれば，真理述語は単なる論理的なオペレーターというよりむしろ純粋に記述的な性質であるかもしれない．最小主義にとって重要なのは，すべての真なる命題が，そして真なる命題だけが，それが真であることによって共通してもつものはないということであり，最小主義者は真理が性質であるかどうかについて立場を決めずともよい．

　最小主義の第 1 の主張は第 1 の主張に緊密に関わっており，他のかたちのデフレ主義でなされる主張と類似している．最小主義では，真理を理解するためには，真理の概念がどのようにはたらくか，とくに命題にその概念を適用するときの規則が何かを理解しなければならない．この点は，真理述語の論理的役割が真理について理解すべきことのすべてだという，余剰説と引用符解除主義の考えと似ている．

　この点で，真理の理解と，例えば道徳的な正しさといった他の哲学的に重要な性質の理解とは異なる．最もポピュラーなメタ倫理的見解によれば，道徳的

正しさについての哲学的理論は，行為のどのような特徴が行為を正しいものにしたり，間違ったものにしたりするのかを述べなければならない．帰結主義的な理論は，ある行為を正しくしたり，間違ったものにするのはその行為の帰結のよさや悪さに関係しているとし，義務論的な理論は，ある行為を正しくしたり，間違ったものにするのはその行為が義務を果たしているか，義務に違反しているかであるとする．

　これを連言という論理的な概念と比べてみよう．この概念を理解するためには，次の2つの論理的なことを理解しなければならない．（i）AとBという2つの主張の連言は，その2つの主張が合わさって帰結するものである．（ii）AとBのいずれの主張も，それらの連言から帰結する．いったんこれらを理解すれば，連言について理解すべきことをすべて理解したことになる．

　最小主義の第3の主張は，どの規則が真理の概念を支配するのかについての具体的な見解である．ここで，最小主義はあるバージョンの同値性原理に中心的な役割を与える．最小主義によれば，真理の概念は，次のスキーマのパラドキシカルでない事例をすべて受け入れる私たちの傾向性によって支配されている．

　　　(21)　〈P〉が真であるのは，Pであるときであり，そのときに限る．

ここで「〈P〉」は命題の名前で埋められる空欄であり，「P」はその命題を表す文によって埋められる空欄である．(21)を命題的同値スキーマ（Propositional Equivalence Schema）あるいはPESと呼ぼう．ホリッジはこのスキーマのパラドキシカルでない事例の集まりを真理の最小理論と呼ぶ．そして，「この真理の最小理論が私たちの望みうる真理論のすべてだ」という見解が最小主義である．

　余剰説論者や引用符解除主義者と同じく，最小主義者は真理の概念の眼目を，真理の概念がなければ表現したり考えたりできないことを表現したり考えたりできるようにすることだと考える．「ペアノ算術の定理はすべて真である」という主張を考えてみよう．（ペアノ算術とは基礎的な算術の公理の集まりのことである．）この主張を表すには，真理述語が必要とされる．というのも，ペ

アノ算術の定理は無限に多く存在するからだ．PESとともに，件の主張は次の事例のすべてを含意する．

  (22) 〈P〉がペアノ算術の定理であるならば，P．

真理述語なくしては(22)の事例を厳密に含意する主張はできないが，真理述語はそう主張できるようにするのである．
 ((22)が文ではなくてスキーマであることを念頭に置いておくことは重要である．そこでの2つの「P」はそれぞれの場合で同じ文で埋められるべき空欄のためのラベルにすぎない．「__ということがペアノ算術の定理であるならば，__」と同じように簡単に書けただろう．これならば文にみえることはまったくない．)
 どのようにして真であるすべての命題だけが，それらが真であるがゆえに共通してもっているものがあると想定することなしに，PESによって支配される概念が私たちが真理の概念に望む仕事のすべてを果たせるのか．ホリッジはこのことを著書『真理』において長々と論じている．
 最小主義は，余剰説や引用符解除主義のいくつかの問題を回避している．最小主義者は間接的な真理帰属がどうはたらくかを説明するのに，問題含みの無限の連言に訴える代わりに，Tスキーマの事例を私たちが受け入れていることに訴える．最小主義はまた，理解されている文に真理述語を制限しなくともよい．最小主義が文ではなく，命題を使って理論を組んでいるからだ．フランツの委員会への証言を考えてみよう．私が「フランツのした委員会への証言は真だ」と言えば，同値性原理と私の主張は次の事例のすべてを含意する．

  (23) フランツが__と委員会に証言したなら，__．

 私がフランツのドイツ語の発話を理解していないとしても問題ない．重要なのは，フランツがどんな言語を使って主張したのであろうと，フランツが主張したすべての命題を含意することを私が述べたということである．
 この柔軟性は，直接どのように表現すればよいのかわからない命題を主張す

る方法を与えてくれる．私が「ジョーンズの『魚類学』の 42 ページの 3 番目の文が真である」と述べ，42 ページの 3 番目の文が，それを直接主張するための概念を私がもっていない魚類学の主張をしているとしよう．間接的な真理帰属によって私はかろうじてこの命題を間接的に主張することができる．

ただし，他の種類のデフレ主義のすべての問題を最小主義が回避しているというわけではない．説明の問題と証拠の問題は残ったままである．次の (24) は正しいようにみえる．

(24) 「水は湿っぽい」が真であるのは，水が湿っぽいからである．

しかし，最小主義はこのことを簡単に受け入れることができない．このような主張は，水が湿っぽいということと「水が湿っぽい」という命題のあいだの説明的なつながりを要求している．その説明的なつながりが PES とその事例を使うだけでどう説明できるのかは理解しがたい．

証拠の問題も同様である．再び (3)「ジョーンズの『魚類学』の 42 ページの 3 番目の文は真である」を考え，そして問題の主張が (4)「漂泳性の魚の中には卵胎生であるものがいる」であるとしよう．(4) のための証拠にはならないが，(3) のための証拠となるものはたくさんあるように思われる．最小主義と仮定すると，「ジョーンズの『魚類学』の 42 ページの 3 番目の文は真である」と主張することのもたらすものとは，次の (25) の事例のすべてを主張することと等しい．

(25) もしジョーンズの『魚類学』の 42 ページの 3 番目の文が＿と述べているならば，＿．

この事例の多くのもの（つまり，42 ページの 3 番目の文で主張されていない文で空欄「＿」を埋めた事例）は空虚に真である．しかし，(4) がジョーンズの『魚類学』の 42 ページの 3 番目の文だとすれば，問題となる (25) の事例とは次のものである．

(26) もしジョーンズの『魚類学』の42ページの3番目の文が漂泳性の魚の中には卵胎生であるものがいると述べているならば，漂泳性の魚の中には卵胎生であるものがいる．

そして，漂泳性の魚の中には卵胎生であるものがいるというのが，42ページの3番目の文が述べていることなのであれば，(26)のために私たちが用いる証拠としては，漂泳性の魚の中には卵胎生であるものがいるということの証拠しかない．問題は，私たちに(3)を受け入れさせる種類の証拠は，ジョーンズの信頼性や『魚類学』の出版の経緯に関わるが，それらは漂泳性の魚の中には卵胎生であるものがいることの証拠ではないということだ．

6.5 説明の問題と証拠の問題を解決する

これまで概観してきたデフレ主義のどのバージョンも，何らかのバージョンの「説明の問題」と「証拠の問題」に直面する．しかし，こういった問題は，どのような種類のデフレ主義者であれ退ける(そしておそらく退けるべき)想定を含んでいるのである．

説明の問題は，デフレ主義者がいかにして次の(27)が水が湿っぽいがゆえに真になるのかを説明できないという考えから生じていた．

(27) 水は湿っぽい．

これは「水が湿っぽいということは真だ」を(27)と同値なものとして扱っており，そのため，(27)が真であると述べるのは水が湿っぽいからだと言うのは次の(28)のような受け入れがたい説明を与えることに等しいからである．

(28) 水が湿っぽいのは，水が湿っぽいからである．

それにもかかわらず，デフレ主義者は軽い意味では(27)が真であるのは水が湿っぽいからであるとして，その軽い意味を説明することができる．そして，彼

らの理論で説明することが求められている，より頑健で正当な意味は存在しないとすることもできる．

1つの説明として次のようなものがある．まずは，有意味で，正しく思われるような別の「ので」を含む主張を考えよう．

　　(29)　ジャックは未婚の男性なので，ジャックは独身男性だ．

もちろん，(29)は説明としては受け入れられない読み方もある．ジャックは未婚男性なので独身男性である，とはならない．そう言うならば，ジャックは未婚の男性なのでジャックは未婚の男性だ，と言っているのと変わらない．しかし，別の読み方もある．説明とは「なぜ」という問いへの答えであり，関連する「なぜ」という問いは「なぜ「独身男性」というタームがジャックに適用されるのか」という問いかもしれない．この問いに対して受け入れられる説明は，ジャックのどの特徴によってその語がジャックに適用されるのかを明確にする説明だろう．

さて，「市民」はその国で生まれたか，帰化している人であると定義されるとしよう．アリスはその国で生まれ，ボブは帰化しているとしよう．再び，アリスはその国で生まれたので市民であり，ボブは帰化しているので市民であると述べるのは完全に理解可能であり，循環的でもない．

どちらのパターンの説明も，あるタームを何かに適用するための十分条件を示している．第1の事例では，ジャックに「独身男性」というタームを適用するための十分条件が示されている．第2の事例では，「市民」をアリスとボブに適用するための十分条件（これらはたまたまアリスとボブの場合で異なっている）が示されている．デフレ主義者は，これこそが，(27)が真であるのは水が湿っぽいからであるということになる，唯一の正当な意味であると述べてよい．私たちの真理述語「真である」の使用を支配する規則は，(27)が真であるのは，水が湿っぽいときであり，そのときに限るように命じている．そして，水は現に湿っぽいので，「真である」は(27)に適用されるのだ．これ以上の実質的な説明（例えば対応や整合性について語るような説明）は必要とされていない．

143

今度は証拠の問題に向かおう．これが問題になるのは，「ジョーンズの『魚類学』の42ページの3番目の文は真である」のための証拠は（その文が「漂泳性の魚の中には卵胎生であるものがいる」であるとしても）漂泳性の魚の中には卵胎生であるものがいる証拠ではないと想定した場合に限る．しかし，この想定そのものに疑問を投げかけることもできよう．

　何が何の証拠になるかは人がすでに何を知っているかに大きく依存する．私は，漂泳性の魚の中には卵胎生であるものがいるかどうか迷っているが，ジョーンズの『魚類学』ではそう述べられていると気づいているとしよう．この事例では，ジョーンズのテキストの信頼性に関して私の集められるいかなる証拠も，ジョーンズの卵胎生の魚についての主張を私が受け入れることを正当化する助けとなるだろう．この観点からすれば，ジョーンズが信頼できる証拠，それゆえ42ページの3番目の文が真である証拠は私にとって本当に，漂泳性の魚の中には卵胎生であるものがいるという主張の証拠になる．

　今度は，私がジョーンズの本の批評をする専門家であるとしよう．この場合では，ジョーンズの評判や，その本がどれくらい版を重ねたかなどを漂泳性の魚の中に卵胎生であるものがいる証拠とすれば，自分の仕事をうまくやってはいないことになるだろう．ジョーンズがそう言っているということとか，その本の出版の経緯とは独立に，どのような証拠がその主張のために（あるいはその主張に反して）存在するかを知りたいのであり，魚類学者が用いる類の証拠が欲しいのである．しかし，とりわけこのような場合では，ジョーンズの評判やその本の前の諸版は42ページの3番目の文が真であることの証拠にはならないだろう．この場合では，その文が真である証拠として私が望みうるすべては，漂泳性の魚の中には卵胎生であるものがいることの証拠である．

　すると，証拠の問題に関してはデフレ主義者はたんに自分の信念を守ることができるし，そして特定の状況では，ある人のもつ，42ページの3番目の文が真である証拠は，その人のもつ，漂泳性の魚の中には卵胎生であるものがいることの証拠とまったく同じだと主張できることになる．そうでないようにみえるのは，私たちが考察している証拠をもつ人の認識的状況について明確にしていないからである．評判や出版の経緯などが42ページの3番目の文の真理に関する証拠であるときには，そういったものは漂泳性の魚の中に卵胎生であ

るものがいる証拠でもあるのだ．そして，そのような魚の存在に関する唯一の証拠というのが魚類学者が魚類学者という立場で受け入れられる類のものであるならば，それはまた 42 ページの 3 番目の文の真理に関する唯一の証拠であることにもなる．

6.6 デフレ主義と同値性原理と実在論

同値性原理と実在論に関してデフレ主義がうまくやれるかどうか考えるときがきた．デフレ主義と真理の価値の関係は次の節で論じる．

私たちが真理論に望むもののうち，同値性原理に対するデフレ主義の関係はいちばん明瞭だ．余剰説はすぐさま T 双条件文を生む．というのも，余剰説では「＿ということは真である」は空欄を埋める文と同じことを意味するとされるからだ．その帰結として，「＿ということが真であるのは，＿というときであり，そのときに限る」の事例は「＿のは，＿というときであり，そのときに限る」の事例と同じことを意味することになるが，これはパラドキシカルでない文で空欄を埋めるかぎり，明らかに正しい．引用符解除主義では，「＿は真である」はその空欄を埋める文と論理的に同値である．これは，「＿ということが真であるのは，＿というときであり，そのときに限る」の事例は，「何かが．．．であるのは，何も．．．のでないということはないときであり，そのときに限る」の事例が論理的に真であるのと同様に，論理的に真であることを意味する．そして，最小主義にとっては，真理論と T 双条件文のつながりはさらに緊密である．私たちが命題的同値性スキーマの事例を私たちが受け入れていることで真理の概念は構成されている．真理についての実質的な理論から出発して T 双条件文を導出しようとするのではなくて，最小主義は T 双条件文から出発し，真理の実質的な理論は必要ないということを見いだす．

実在論についてはどうだろうか．主張は真であるが知りえないものとなるのはどのようにしてかを引用符解除主義と余剰説が説明するときに問題を抱えるだろうと考える理由がいくつかある．私たちがそれを理解しえないがゆえに私たちが知りえない主張は存在しうる．これはそういった主張がナンセンスであるからではなくて，私たちには認知的な限界があるからである．予想できるこ

とだが，そうした主張の例を考えだすのは非常に難しい．だが，やってみよう．心身問題に対する真なる解決はあるにはあるのだが，原理的に誰もそれを理解できないし，それゆえ，誰もそれを知ることはできないと論じる哲学者がいる（とりわけ，コリン・マッギン）．英語の文法を完全に守っているが，長すぎるのと複雑すぎるのでビッグバンとビッグクランチのあいだの有限の時間では構文解析できない文がある．それを表現する最も短い文がこのような長くて複雑な文であるような主張があるかもしれない．Ｐがこうした主張であるとき，私たちはＰを理解しえないがために，Ｐを知りえないことになる．

　もし真理述語が人の理解する文にのみ適用されるのなら，私たちはあるバージョンの反実在論にコミットしていることになる．このバージョンの反実在論は，認識可能な主張だけが真でありうるのだと述べるのではなくて，理解可能な主張だけが真理値をもちうると述べる．実在の限界は私たちの知識の限界ではなく，主張の意味を把握する私たちの能力の限界だということになる．この見解では，心身問題に真であるが理解不能な解答があるというマッギンの立場は単なる矛盾であると判明することになるだろう．そういった解答はありえない．なぜなら，私たちが理解しうるものだけが真でありうるからである．

　２つの自然な反応が考えられる．第１のものは，ぐっとこらえて反実在論の含意を受け入れるというものである．問題のバージョンの反実在論は結局のところ，第２章で論じた反実在論よりはずっと穏健である．このバージョンでは私たちが理解可能な主張によって表現されるものであるかぎり，認識不能な真理がありうることが許容される．真理の概念や虚偽の概念は私たちの理解不能な主張には適用されないとだけこのバージョンは述べている．しかし，そういった主張を私たちは理解できないし，それを表現することさえできないので，同じく私たちはそれを使って推論できない，つまり，何がそれから帰結するか，何からそれが帰結するかを考えられない．そういった主張に真理値に与えずにおくのはまったく無害にみえるだろう．

　くわえて，私たちの理解できない主張に真理値を付与しない，この穏健な反実在論は実のところは穏健な実在論の一種なのだと述べられるかもしれない．デフレ主義によれば，次の(30)が私たちの理解できるすべての(パラドキシカルではない)主張について成り立つことが保証されている．

(30) __ということが真であるのは，__というときであり，そのときに限る．

しかし，ある主張が真か偽かを知るよりも，それを理解するほうがずっと簡単である．ゴールドバッハ予想を考えてみよう．

(31) 2より大きいすべての偶数は2つの素数の和として表すことができる．

この予想は簡単に理解できるが，250年以上のあいだ数学者たちがこの問題に取りくんできたにもかかわらず，証明や反証は見いだされていない．この予想はもしかすると証明もできないし反証もできないもので，それゆえ，その予想もその否定も知りえないとわかるかもしれない．それにもかかわらず，排中律と虚偽に関する同値性原理(つまり，「__ということが偽であるのは，__ということでないときであり，そのときに限る」)を受け入れるデフレ主義者にとってはゴールドバッハ予想が真理値をもつことを証明するのは容易い．

(32) 「GC」はゴールドバッハ予想の名前であるとしよう．
(33) 排中律より，2より大きいすべての偶数は2つの素数の和であるか，2より大きいすべての偶数は2つの素数の和でないかのいずれかである．
(34) 真理の同値性原理により，GCが真であるのは，2より大きいすべての偶数は2つの素数の和であるときであり，そのときに限る．
(35) 虚偽の同値性原理により，GCが偽であるのは，2より大きいすべての偶数は2つの素数の和でないときであり，そのときに限る．
(36) (33)と(34)と(35)から，GCは真か偽であることが帰結する．

同様の推論で，私たちが理解しうるすべての認識不能な主張は真か偽であることが帰結するかもしれない(このためにしばしば反実在論者はすべての主張は真か偽であるという古典論理の排中律を退ける)．この路線をとるデフレ主義

者は私たちが理解できない主張に真理値を与えない一方で，結局のところ理解できるが認識不能な主張が真理値をもつことは認める．この種のデフレ主義の立場は，私たちが理解できる主張に関しては通常の実在論者の立場と何ら異ならないだろう．それらの違いは，私たちが理解できない主張に関してのみ生じる．そうした主張を私たちが理解できないことからすると，デフレ主義者はより徹底した実在論者がそういった主張は真理値をもつとどうして確信できるのだろうかと首をかしげるかもしれない．

　私たちの理解できない主張に真理値を与える必要があるかもしれないといういくつかの理由がある．例えば，再びペアノ算術を考え，ペアノ算術には無限に多くの真なる定理があると想定しよう．無限に多くのそういった定理があり，そのうちのいくつかは人が構文解析したり，理解したりできるいかなる文によっても表現できない．しかし真理述語が私たちの理解できる主張にのみ適用され，私たちがペアノ算術の公理から帰結するすべての文を理解できるのでないならば，結局のところすべてのペアノ算術の定理が真であるわけではないのだと結論せざるをえなくなる．

　問題はペアノ算術に限ったことではない．私たちは次のように考えがちだ．あなたが何らかの主張を真であると受け入れるのであれば，合理的であるならばあなたはその主張から帰結するものを何であれ真であると受け入れなければならない．「そう，それは真なる主張から導かれるが，それは真ではない」と述べるのは矛盾である．しかし，およそ非常に豊かな信念の集合からは，私たちの受け入れている論理法則を繰り返し適用することによって，何らかの理解不能な主張が導かれることも認めなければならない．このように，私たちはこういった，理解できないとしてもなお真である主張の存在にコミットしているように思われる．

　このことはデフレ主義的な実在論者が私たちの理解できない主張の問題に対して用意するかもしれない第2の応答を導入する．人の理解する文にのみ適用される真理の「核となる」概念をその他の文にもまた適用されるように拡張する方法を探すことができるかもしれない．例えば，私たちが理解できないものの，私たちの理解している文から帰結する文が真理値をもつことを許すことができるかもしれない．私たちからあまりに離れていて，私たちが理解できない

だけでなく，私たちの理解するいかなる文からも帰結することがないような文がなお存在するかもしれない．実在論的なデフレ主義者は真理の核となる概念を，少なくともそうした文が真理値をもつのに十分なくらい，こういった文にまでさらに拡張しさえするかもしれないが，〔それらの文が理解しえず，理解しうる他の文から帰結することもないという〕仮定からして私たちはそういった文が真であるとか偽であるとかいったことが何を意味するのかさえ考えもつかないのである．

6.7 デフレ主義と真理の価値

　真理の価値を説明するという課題は，デフレ主義者にとってはとくに困難でありうる．真理は信念の目的であるとか，他のことが同じであれば真なる主張を信じるほうがその否定を信じるよりもよいといったことをデフレ主義者が主張できないわけではない．というよりはむしろ，真理についてデフレ主義的な理解をとると，どうしてそういったことになるのかを説明するのがとても難しく思われるのだ．

　他のことが同じであれば真なる主張を信じるほうがその否定を信じるよりもよいという主張に焦点をあてよう．いかなるバージョンのデフレ主義においても，この主張は次のスキーマ（これを「価値スキーマ」と呼ぶことにする）のすべての事例をいっぺんに主張するものと解釈される．

(37)　もし＿ならば，（他のことが同じであれば）＿と信じるほうが，＿ということはないと信じるよりもよい．

このスキーマの事例には次のようなものがある．

(38)　もしチンガチグックが最後のモヒカン族であるならば，（他のことが同じであれば）チンガチグックは最後のモヒカン族であると信じるほうが，チンガチグックは最後のモヒカン族でないと信じるよりもよい．

(39)　もし水が室温で固体であるならば，（他のことが同じであれば）水は

室温で固体であると信じるほうが，水は室温で固体でないと信じるよりもよい．

(40) もし火星に生命が存在するならば，(他のことが同じであれば)火星に生命が存在すると信じるほうが，火星に生命が存在しないと信じるよりもよい．

(41) もし2より大きいすべての偶数を2つの素数の和として表すことができるならば，(他のことが同じであれば)2より大きいすべての偶数は2つの素数の和として表すことができると信じるほうが，2より大きいすべての偶数は2つの素数の和として表すことはできないと信じるよりもよい．

デフレ主義者はなぜ私たちが同値性スキーマの諸々の事例を受け入れるのか述べることができる．それぞれのバージョンのデフレ主義はどのようにして真理述語の論理によって同値性スキーマの諸々の事例が，「ジャックが丘を登ったならば，ジャックは丘を登った」や「すべてのバラはバラである」といった論理的真理と同等の論理的真理となるのかについての見解を提供している．しかし，どうやってデフレ主義者は価値スキーマの事例を説明するのか．

価値スキーマの諸々の事例を受け入れる理由としていちばん明らかなものは，真理を信じることはその否定を信じることよりもよいという一般化に訴えるものである．関連するT双条件文の諸事例と一緒になると，その一般化によって私たちの望むどのような価値スキーマの事例をも導出できる．例えば，次の(42)と(43)を仮定してみよう．

(42) もしある主張が真であるならば，(他のことが同じであれば)その主張を信じるほうが，その主張の否定を信じるよりもよい．

(43) 「ダイヤモンドは永遠である」が真であるのは，ダイヤモンドが永遠であるときであり，そのときに限る．

すると，(42)と(43)から容易に次の(44)を導出できる．

6　真理のデフレ理論

(44)　もしダイヤモンドが永遠であるならば，（他のことが同じであれば）ダイヤモンドが永遠であると信じるほうが，ダイヤモンドが永遠でないと信じるよりもよい．

　しかし，デフレ主義者はこのような説明を与えられない．デフレ主義者の見解では，「もしある主張が真であるならば，その主張を信じるほうが，その主張の否定を信じるよりもよい」という一般化は価値スキーマの諸々の事例を表すための手段にすぎない．デフレ主義者自身がコミットしていることを仮定すると，なぜ価値スキーマの諸々の事例が受け入れられるのかを説明するのに，この一般化を用いるのは循環になるだろう．つまり，私たちが(42)を受け入れるのは(37)のすべての事例を私たちが受け入れるからだとすれば，私たちがなぜ(37)を受け入れるのかを(42)を使って説明することはできない．

　すべての真理が，それをもつことによってそれらが真になっているような，何か実質的なものを共通してもっていることをデフレ主義者は否定する．主張を信じることをよくするような，真理という堅固な性質というものは存在しない．そうではなく，水は湿っぽいことを信じることをよいものとしているのは（その主張の真理ではなく）水の湿っぽさであり，7が素数だと信じることをよいものとしているのは，（その命題の真理ではなく）7が素数であることだ，といったことをデフレ主義者はしばしば主張する．デフレ主義者は，それら2つの主張を信じるのがよいのは，それらが共通してもつ真理という性質によってそれを信じることがよいこととなっているからだ，というように整合的なかたちで主張することはできない．

　この問題とそれに関係する問題は，デフレ主義にとって最も重大となるかもしれない．この問題は，次章で議論される，真理の「多元主義的」理論の動機づけの大きな部分を占めるものである．しかし，この問題に応答するいくつかの可能なデフレ主義的な戦略がある．

　この問題は，「もしある主張が真であるならば，その主張を信じるほうが，その主張の否定を信じるよりもよい」という一般化を受け入れたときにのみ生じるものである．デフレ主義者はさまざまな論拠から，たんにこの主張を受け入れることを拒否できただろう．「他のことが同じであれば」という但し書き

は，きわめて曖昧でこの主張は無意味だと主張するかもしれない．あるいは，デフレ主義者は，真なる主張を信じることはその否定を信じることよりも，他のことが同じであればよいということはないと述べることもできよう．

　第2のアプローチは一見するときわめて信じがたくみえるかもしれないが，それを洗練させられる．第1に，デフレ主義者は，真理よりも虚偽を信じるほうがよいと言っているのではなく，ただもしある主張が真であるならば，その主張を信じるほうが，その主張の否定を信じるよりもよいということはないと言っているだけだ．第2に，デフレ主義者は，「他のことが同じであれば」を重要な仕方で用いることができる．通常，真なる主張を信じることは，人が望んでいることをうまく達成するという点では，その否定を信じるよりは報われるかもしれない．しかし，もし他のことが同じであれば，問題の信念のコストと利益はまったく同じであると想定しなければならない．そして，私が真なる主張を信じるかその否定を信じるかが他の私の気にかけることに何の違いももたらさないのであれば，一方を信じることがもう一方を信じるよりもよいということはまったくない，というのはずっと簡単に想像できる．それは文字通り何の違いももたらさないのだ．

　このアプローチが，真理がそれ自体のために価値あるものだという見解を退けることを含んでいるのは明らかだろう．真理の価値を真なる信念の道具的な価値と同一視することで，「他のことが同じであれば真理を信じるほうが，その否定を信じるよりもよい」という一般化を否定するような原理的な理由を与えるというのが一般的な戦略だ．しかし，それでもなお，この問題に関係する問題が近いところに潜んでいると思われるかもしれない．「真理を信じることのほうがその否定を信じるよりも通常利益のあることだ」という一般化を次の(45)のようなスキーマの諸々の事例を表現する手段とみなすのであれば，デフレ主義者はその一般化をどうやって説明できるのだろうか．

(45)　通常，もし__ならば，__と信じるほうが，__ということはないと信じるよりも利益がある．

2つの手を打つのがデフレ主義者にとって見込みがあるだろう．第1は「他の

6 真理のデフレ理論

ことが同じであれば,真理を信じるほうがその否定を信じるよりもよい」といった一般化は,信念について何かを述べているのであって,真理について何かを述べているとみなさないことである.すると,なぜそういった一般化が成り立つのかを説明することを真理論に期待すべきでないことになる.私たちは信念における真理の価値を信念の本性に関するものとみるべきであり,なぜ真理を信じることのほうがその否定を信じるよりもよいのかを説明できるような信念の本性についての理論を展開すべきである.しかし,そういった理論がデフレ主義者にとって役に立つためには,その理論はまたデフレ主義と両立可能でなければならない.とくに信念の理論は,真理が,その本性が真理述語の論理を超えるような,実質的な性質であることを前提としてはならない.これは難しい注文であるし,そもそもデフレ主義者がそれに向いているのかは未解決の問題だ.

第2の手は第1のものに似ているが,信念の本性の理論を利用しない.その代わり,真理の目的的な価値(3章)に着目し,価値スキーマの諸々の事例を受け入れる傾向性をもっていることで私たちは恩恵をこうむることを示そうとする.そのときには,価値スキーマのすべての事例がなぜ真であるのかの哲学的な説明を与えるのではなくて,私たちはなぜそのスキーマの事例を受け入れるように深く,頑固な傾向をもつのかの心理学的な説明を与えるかもしれない.私たちはそれらの事例のいくつかを間違って受け入れているが,他のものは正しく受け入れているのかもしれない.しかしそれらを受け入れる強い傾向をもつのだから,「真理を信じるほうがその否定を信じるよりもよい」という一般化もまた私たちに正しいという印象を与えるのだ.

このアプローチを説得的とは思わない人たちもいるだろう.そういう人たちは,なぜ一般化が成り立つのかという説明が求められているのであって,なぜ私たちがそれを受け入れる強い傾向をもつのかの説明ではないと主張するだろう.しかし,このアプローチをとるデフレ主義者は,その一般化が成り立つことをはじめから認めることを拒否している.たしかにそれは正しくみえるが,目的的な価値を用いた手を打つデフレ主義者は,なぜそうみえるのかの説明をもっている.これによって,反対者は,デフレ主義者に対して論点先取することなくその一般化が成り立つ積極的な理由を与える責務を負うことになろう.

文献案内

余剰説の古典的な労作はラムジーによるもの(Ramsey 1927)である．クワインはいくつかのところで引用符解除主義をとっている(Quine 1970, 1992)．彼の議論は，引用符解除主義とタルスキのプロジェクトの関係というこの章では探求しなかったトピックについても詳述している．フィールドの論文(Field 2001)はフィールドのバージョンの引用符解除主義についての仕事，そして，人が理解していない文に対する真理の帰属の問題への彼の取りくみを含んでいる．ホリッジ(Horwich 1998)は彼の最小主義を概説するとともに擁護している．アニル・グプタ(Gupta 1993)には最小主義のいくつかの重要な批判が含まれている．グプタはまたデフレ主義一般に対する影響力のある批判を行っている(Gupta 2010)．

フィリップ・キッチャーは，デフレ主義は真なる信念と成功する行為のあいだのつながりを説明できないと論じている．キッチャーの反論に対するデフレ主義の擁護としてはレン(Wrenn 2010)を見よ．

さまざまなデフレ主義についての詳細な議論と批判についてはキューネ(Künne 2003)を見よ．『スタンフォード哲学百科』の記事「真理」(Glanzberg 2009)や「真理のデフレ理論」(Stoljar and Damnjanovic 2012)には非常によい議論と，非常に役に立つ文献表が含まれている．

真理のデフレ理論における多くの仕事は「この主張は真ではない」といったパラドクスをいかにして扱うかという問題に突き動かされている．この問題へのよい入門としては，バージェスによるもの(Burgess and Burgess 2011)があり，Jc. ビル(Beall 2009)は本質的にはデフレ主義の枠内でこのパラドクスを理解する新しい方法を探求している．

〔1〕「漂泳性の魚の中には卵胎生であるものがいる」ということ以外のことは，ジョーンズの『魚類学』の42ページの3番目の文では述べられていない，ということがここでは仮定されている．それゆえ，「ジョーンズの『魚類学』の42ページの3

番目の文が＿と述べている」の空欄を「漂泳性の魚の中には卵胎生であるものがいる」以外のもので埋めたものはすべて偽になる．(5)の空欄を埋めたものは実質条件文であり，実質条件文「P ならば Q」は前件「P」が偽であるときは自動的に真になる．それゆえ，問題の無限の連言の連言肢のうち，(6)以外の連言肢はその前件が偽であるがために自動的に真になる．無限の連言はそのすべての連言肢が真であれば真であるので，自動的に真にならない(6)が真であるかどうかだけが問題の無限の連言が真であるかどうかにとって重要になるということである．

〔2〕「ジョーンズ自身がめったに間違いを犯さない高名で慎重な魚類学者であること」などは，(5)「ジョーンズの『魚類学』の 42 ページの 3 番目の文が＿と述べているなら，＿」の空欄を埋めた(無限に多くある)条件文の無限の連言の証拠になると(本文中と同様に)想定しよう．その無限の連言の連言肢のうちには，(6)「ジョーンズの『魚類学』の 42 ページの 3 番目の文が漂泳性の魚の中には卵胎生であるものがいると述べているなら，漂泳性の魚の中には卵胎生であるものがいる」がある．もし問題の無限の連言の証拠がその連言の連言枝の証拠になるのであれば，「ジョーンズ自身がめったに間違いを犯さない高名で慎重な魚類学者であること」などは，(6)の証拠になる(ただし，連言の証拠が連言肢の証拠になるかどうかには一般的には議論の余地があることに注意せよ．もし連言の証拠が連言肢の証拠になるとは限らないとすれば，少なくとも証拠に関する問題からラムジーを擁護することもできよう．つまり，無限の連言に相当するとされる「ジョーンズの『魚類学』の 42 ページの 3 番目の文は真である」という主張の証拠が(6)のような連言肢の証拠になるとは限らないと議論できるかもしれない)．(6)は選言「ジョーンズの『魚類学』の 42 ページの 3 番目の文が漂泳性の魚の中には卵胎生であるものがいると述べていないか，あるいは漂泳性の魚の中には卵胎生であるものがいる」と論理的に等しいから，(6)の証拠はこの選言の証拠になると考えられる(実質条件文「P ならば Q」は選言「P でない，あるいは Q」と論理的に等しい)．

7

真理の多元主義理論

7.1 真理一元主義と真理の多元主義

　これまでに概観してきた真理論はすべて，真理述語が使用されるときはいつでも，真理述語は本質的には同じことをしているものとして扱う点で，一元主義的な理論であった．対応説や整合説によれば，ある主張を真とすることは，その主張にある性質，すなわち，世界との対応という性質や主張の適切な集合との整合という性質を帰属させることである．デフレ理論は真理述語にある論理的な機能を割り当てる．デフレ理論によれば，ある主張を真と呼ぶのは，その主張そのものと同値なことを述べることに他ならない．

　近年，真理に対する一元主義的なアプローチではなく，多元主義的なアプローチの可能性を模索する哲学者たちが現れた．多元主義には主に2つのバージョンがある．第1のバージョンは単純多元主義であり，ときとしてクリスピン・ライトの仕事に結びつけられる．単純多元主義によれば，真理述語は異なる「言説」や話題では異なる性質を帰属させる．科学的主張を真と呼ぶときは対応に似た性質を帰属させているのかもしれない．しかし，道徳的な主張やおかしさに関する主張を真と呼ぶときは，整合説論者が念頭に置いていた性質により近いものを主張に帰属させているのである．第2のバージョンの多元主義は，真理機能主義である．マイケル・リンチがこの立場を最も精力的に擁護してきた．この見解によると，ある主張が真であるというのは，「真理の役割」を果たす性質をそれがもっていることであり，異なる言説では異なる性質がその役割を果たしうる．

　この章では多元主義の動機となる事柄について述べ，単純多元主義と真理機能主義のより具体的なメリットとデメリットについても概観する．さらに同値性原理，真理の価値，実在論ないし反実在論へのコミットメントという観点か

ら多元主義を評価する．

7.2 範囲問題，再び

真理の認識説と対応説には共通して範囲問題という重大な弱点がある．次の4つの主張を考えよう．

(1) 地球と太陽のあいだの平均の距離は1億5000万kmだ．
(2) 『ゴーストバスターズ』は『シンドラーのリスト』よりはおかしな映画だ．
(3) 容易に防げる苦しみを放置するのは悪いことだ．
(4) 鏡は壊れなかったものの，それは壊れかねなかった．

こういった主張を真や偽であるとするのは理にかなっている．(2)あるいは，もしかすると(3)のような主張に着目すると真理の認識説はもっともらしくみえるかもしれない．それは主には，反実在論がこのような主張に関しては説得力をもつからだ．ユーモアや間違いを察する心が存在しなかったとしても何かがおかしかったり，悪かったりしうるというのは想像しがたい．その一方で，(1)のような主張に着目すると認識説は信じがたい．地球と太陽のあいだの距離は私たちがそれを計測できるかどうかからはまったく独立しているように思われる．真理の対応説は(1)についてはうまくいくものの，(2)，(3)，(4)についてはうまくいかない．

ある真理論にとっての範囲問題とは，「その理論がある事例ではうまくいくが，他の事例ではうまくいかないようにみえる」という問題である．真理の対応説は，認識説がうまく扱えない事例をうまく扱え，逆に，認識説は，対応説がうまく扱えない事例をうまく扱えるが，どちらのアプローチもすべての事例をうまく扱うことはできないと思われる．これらのアプローチが，私たちが真理論によって説明しようとしているすべての事例に対応できないことは，どちらの理論にとっても深刻な弱点である．

範囲問題がどのように展開するのかをより詳細に考えてみよう．真理の認識

説では，「ある主張が真であること」と「私たちがそれを知ること」のあいだには密接なつながりがある．「ある主張が真である」と言ったときには，「適切な状況のもとでは，私たちはそれを知ることができるだろう」ということもその意味には含まれている．こうして，(1)が真であることの意味の一部には，「適切な状況のもとでは，地球が太陽から 1 億 5000 万 km 離れていることを私たちは知ることができるだろう」ということが含まれている．もちろん，認識説にとって都合が悪いのは，地球が太陽からどれくらい離れているかは，地球が太陽からどれくらい離れているかを私たちは知ることができるかどうかとは，何ら関係のないことと思われることだ．地球が太陽から 1 億 5000 万 km 離れていることが真であるか偽であるかは，心が存在するかしないかとは完全に独立の問題のようにみえる．たとえ心が存在しないとしても，地球が太陽から 1 億 5000 万 km 離れていることはなお真であるままだろう(あるいはおよそ偽であるならば偽であるままだろう)．

　広範囲に及ぶ反実在論を受け入れ，(1)のような主張でさえも真理は認識可能性に依存するのだと主張するのは，認識論者にありがちな反応である．もし(1)が真ならば，それは私たちが(1)を知りうるからである，と認識説論者は主張する．しかしこの反応の問題は，「真理の認識説が正しい」ことよりも，「地球と太陽の距離は心に依存していない」ことのほうがずっと直観的に明らかだということだ．

　(1)が真であることは対応説で容易に説明できるかもしれないが，(2)や(3)や(4)はより困難な問題を提示する．対応説論者はこれらの主張が真(ないし偽)でありうることを否定するか，それとも，それらの主張がどういった類のものに対応するのかを説明するかしなければならない．3つのうちでは，(2)がいちばん容易に対応できる．おそらく人々は『ゴーストバスターズ』を観ているときのほうが『シンドラーのリスト』を観ているときより多く笑ってきただろう．そして，このことが(2)が対応する世界の特徴ということになろう．しかし，これですら満足のいくものではないかもしれない．なぜなら，「『ゴーストバスターズ』は『シンドラーのリスト』よりおかしな映画だ」が「人々は『ゴーストバスターズ』を観ているときのほうが『シンドラーのリスト』を観ているときより多く笑ってきた」と同じことを意味するかはまったく明らかで

ないからだ．

(3) と (4) はとくに因果対応説に鋭い問題を突きつける．因果対応説では，(3)が真であるためには，(a)防ぐことのできる苦しみを放置するという行為がもっていて，(b)私たちがそうした行為を記述するために「悪い」という語を使うことを(正しい仕方で)引き起こしている，悪さという性質が存在しなければならない．負の電荷をもっているとか，ウサギであるといった性質がどうやってあるタームを私たちが適用することを引き起こすのかは説明できるだろう．だが，どのようにして悪さのような道徳的性質が因果的な秩序に属するのかは理解しがたい．このことによって，因果的対応説論者はジレンマに陥る．すなわち，道徳的性質に神秘的な因果的力を帰属させるのか，それとも，(3)のような主張が本当のところは有意味でなく，真や偽ではありえないとするか，というジレンマである．いずれの選択肢もよいものではない．似たようなジレンマは(4)のような反事実的な主張に関しても生じる．そうした主張が結局は真理値をもちえないとするか，それとも，起こっていないが起こりえたことに関する主張を，現実に起こったことに関する主張に還元する何らかの方法を見いださねばならない．再び，いずれのルートにも見込みはなさそうだ．

デフレ主義は範囲問題に直面しない．なぜなら，デフレ主義者は真理述語が主張に性質を帰属させていると考えないからだ．(1)を真と呼ぶのは，地球が太陽から 1 億 5000 万 km 離れていると述べることである．それは(1)の認識可能性について述べることでもなければ，(1)が世界に対して実質的な対応関係にあることを主張するものでもない．(2)を主張することは，『ゴーストバスターズ』は『シンドラーのリスト』よりおかしいと述べることである．「前者が後者よりおかしいのはなぜか」という問いや，「ある映画が別の映画よりおかしいものであるためには，一般に何が必要か」という問いをさらに追求することもできる．だが，これらの問いは真理論が早まって判断すべき問いではないし，(2)を真とするときには論争においていずれかの側についているわけでもない．同じことは(3)や(4)にも言える．悪さについての実質的な争点はあるかもしれないが，(3)を真と呼ぶことは，防ぐことのできる苦しみを放置することを悪いと呼ぶ方法の 1 つにすぎず，メタ倫理における実質的な争点でいずれかの側につくことではない．同様に，(4)を真と呼ぶことは，反事実的なこと

についての形而上学において何らかの立場をとることなく，鏡は壊れなかったが，壊れかねなかったと述べることである．

範囲問題を回避できることは対応説や認識説に対してデフレ主義がもつ大きな利点である．だが，多元主義からすると，デフレ主義にも問題があって，それゆえにデフレ主義は真理論としては受け入れがたい．多元主義的な代替案は範囲問題を回避するだけでなく，多元主義からみたデフレ主義の問題を回避するものとされている．

7.3 デフレ主義の2つの問題

クリスピン・ライトは，デフレ主義は不安定であると論じている．ライトの見解では，デフレ主義を深刻に受けとめると，真理述語は結局のところ，単なる論理的な機能以上の機能を果たすことを究極的には認めねばならなくなる．すなわち，真理述語は性質を帰属させる，ということになる．ライトの議論は，真理の規範性についての考察を利用している．ライトの議論はかなり複雑なのだが，いくらか詳細に説明するに値する．

ライトの議論の中心的なアイデアの1つに，保証された主張可能性というアイデアがある．ある主張が保証されたかたちで主張可能であるというのは，利用可能な情報が与えられれば，それを主張することが適切であることである．例えば，ネコがマットの上にいることが利用可能な証拠によって示唆されるのであれば，「ネコがマットの上にいる」は保証されたかたちで主張可能である．ネコが他のところにいることがその証拠によって示唆されているのであれば，あるいは，ネコがどこにいるのかがわかるのには不十分であるために，ネコがマットの上にいることが利用可能な証拠によって示唆されないのであれば，「ネコがマットの上にいる」は保証されたかたちで主張可能ではない．ある主張が保証されたかたちで主張可能であるならば，そのことを主張することは正当化されている．

ライトはデフレ主義が次の2つの主要な主張にコミットしており，それらの主張がデフレ主義を定義するとみなしている．

(5) 真理述語は純粋に論理的な道具あるいは文法的な道具である．ある主張を真と呼ぶ効果は，その主張そのものを主張することによって得られるであろうものと同じである．(Wright 1992: 14)

(6) 引用符解除スキーマ(つまり，「「P」が真であるのは，Pというときであり，そのときに限る」)は事実上，真理述語の機能を説明するのに必要なすべてを与えている．(Wright 1992: 14)

(5)は意味論的下降の原理，(6)は同値性スキーマ原理と呼ぶことができるだろう．ライトは，(5)と(6)によってデフレ主義者は，真理と保証された主張可能性とが，2つの異なる「主張の規範」であるとともに，そうではないという矛盾した見解にコミットすることになると考える．

「主張の規範」とは，主張が正しかったり，受け入れられるものであったりするあり方のことである．明らかに，保証された主張可能性は主張の規範である．あることを主張することが利用可能な情報から保証されるのであれば，それはそのことを主張する理由となるか，その主張を受け入れたり，支持したりする理由となる．それは主張が正しいというあり方の1つである．

真理が2番目の，そして異なる主張の規範であることは明らかだと思われる．「証拠によって適切に支えられている」という意味で主張は正しくなるだけでなく，「正確であるとか，世界について正しくとらえている」という意味でも主張は正しいものでありうる．ある主張が真なのであれば，それは，それを主張したり，その主張を受け入れたり支持したりする理由となる．

同値性スキーマ原理を仮定すると，真ではあるが保証されたかたちで主張可能ではない主張がなければならないかのようにみえる．例えば，ネコの居所について何の情報ももっていないとしよう．すると次のいずれの主張も保証されたかたちで主張可能ではない．

(7) ネコはマットの上にいる．
(8) ネコはマットの上にいない．

それにもかかわらず，ネコはマットの上にいるか，あるいはネコはマットの上

にいないかのいずれかであり，同値性スキーマ原理は私たちに次の T 双条件文を与えることができる．

(9) 「ネコはマットの上にいる」が真であるのは，ネコがマットの上にいるときであり，そのときに限る．
(10) 「ネコはマットの上にいない」が真であるのは，ネコがマットの上にいないときであり，そのときに限る．

ネコがどこにいようと，(7)が真であるか，(8)が真であるかのいずれかであり，どちらが真であろうと，それは保証されたかたちで主張可能ではない．

　以上のように，デフレ主義者は真理を，保証された主張可能性とは異なった主張の規範とみなすことにコミットしている，とライトは議論する．それらが同じ主張の規範ではないというのは，ある主張は保証されたかたちで主張可能でないにもかかわらず真でありうるからである．しかし，デフレ主義者はくわえて，真理を保証された主張可能性と同じ主張の規範だとみなすことにもコミットしている，とライトはさらに論じる．以上の理由で，デフレ主義は究極的には矛盾しているとライトは考える．

　ライトによれば，真理をもとにしてどの主張をなすかを決めても，保証をもとにしてどの主張をなすかを決めても，私たちはまったく同じことを主張し，まったく同じ主張を受け入れ，支持し容認するだろう．それゆえ，デフレ主義者は真理と保証を同じ規範だとみなさねばならないのだ，とライトは考える．「ネコがマットの上にいる」を主張すべきかどうかあなたが決めようとしていて，そして，その主張が真かどうかにもとづいてそれを主張するかどうか決めようとしているとしよう．つまり，それが真であるならばそれを主張しようとあなたは意図しており，それが真でないならば，それを主張すまいとあなたは意図している．証拠と，その証拠が「ネコはマットの上にいる」という主張をどれほどうまく支持しているか〔の2点〕を考慮することによってのみ，何を主張するかを決定できるだろう．もし証拠がその主張が真であるとあなたが考えることを十分に正当化するならば，あなたはそれを主張するだろう．さもなければ，それを主張しないだろう．

しかし，T双条件文のおかげもあって，あなたが「ネコはマットの上にいる」と信じることが正当化されているのとまったく同じ状況で，あなたが「「ネコはマットの上にいる」が真である」と信じることが正当化されている．それゆえ，あなたは「ネコはマットの上にいる」を保証されたかたちで主張可能であると判断するのとまったく同じ場合に，あなたはそれが真であると判断するだろう．真理を考慮することにもとづいて何を主張すべきかを決めようと，保証を考慮することにもとづいて何を主張すべきかを決めようと，あなたはまったく同じ主張をするだろう．

ライトの考えでは，T双条件文と真理述語の文法だけでは，「私たちがまったく同じ主張を両方の意味で正しいとみなさざるをえないとしてもなお，真理と保証とが異なる種類の正しさでありうるのはどうしてなのか」を説明できない．それゆえ，デフレ主義者は真理と保証とが同じかたちの正しさ，同じ主張の規範だとみなさねばならない，とライトは考える．しかし，このことは，真理と保証とが異なるかたちの正しさであるという見解にデフレ主義者がコミットしていることと矛盾する．

次の章(8.4節)でみることにするが，ライトの議論に対しては潜在的に深刻な反論の仕方がいくつかある．その代わりに，マイケル・リンチが彼自身のバージョンの多元主義を展開する際に強調した，デフレ主義に対する第2の反論をみてみよう．

ライトと同様に，真理の規範的な側面はリンチが多元主義を採用する動機でもある．とくに，リンチの見解では，真理の概念にとって，(a)真理は信念の目的であるということ，そして(b)真理は価値あるものであることは枢要である．さらに，そしておそらくより重要なことには，「真理の概念はある重要な説明的な機能を果たさねばならない」とリンチは考えている．リンチの考えでは，真理の規範的な側面と真理の説明的な機能のいずれともデフレ主義は両立しない．

「真理は信念の目的である」というアイデアから始めることにしよう．信念をもつことに固有の，ある種の成功や失敗が存在し，私たちはこの成功や失敗を「正しい」や「間違っている」といった言葉で表す．チェスのゲームにおける一手が，そのゲームで勝つことに照らして「正しい」とか「間違っている」

のとまったく同様に，信念はある目標や目的に照らして正しかったり，あるいは間違っていたりする．もちろん，信念が正しいのはそれが真であるときであり，信念が間違っているのはそれが偽であるときである．

　リンチの見立てでは，これは雪の白さが雪は白いと信じることを正しくし，草の緑が草は緑であると信じることを正しくするということではない．むしろ，正しさの概念は私たちの信念の内容にかかわらず信念に適用されるものであり，これが重要なのだが，いかなる2つの正しい信念に対しても，それがどんな信念であっても，それは変わらない．正しい信念や間違った信念という考えを理解するには，すべての正しい信念，そして正しい信念だけが共通してもつ性質や特徴を特定しなければならない．リンチの考えでは，この特徴とは真理に他ならない（Lynch 2009b: 112）．

　すべての正しい信念，そして正しい信念だけが共通してもつ単一の特徴があるはずだとなぜ考えられるのか．例えば，次の(11)のような新しい信念をあなたが獲得したとしよう．

　　　(11)　漂泳性の魚の中には卵胎生であるものがいる．

この信念は正しいかもしれないし，間違っているかもしれない．しかし(11)が何を意味するのかを知らなくとも，この信念(11)が真であることが何を意味するのか私たちは知っている．このことはリンチにとって重要である．なぜなら，もし(11)が何を意味するのか私が知らないならば，私は次の(12)を知ることはできないからだ．

　　　(12)　漂泳性の魚の中には卵胎生であるものがいるという信念が正しいのは，漂泳性の魚の中には卵胎生であるものがいるときであり，そのときに限る．

しかし，私は次の(13)を知ることができる．

　　　(13)　漂泳性の魚の中には卵胎生であるものがいるという信念が正しいの

は，その信念が真であるときであり，そのときに限る．

しかし，デフレ主義の見解では，(12)と(13)は同値であり，それゆえ，デフレ主義者は，「漂泳性の魚の中には卵胎生であるものがいる」という考えを抱けないにもかかわらず，(12)を知ることができる，というありえないことにコミットしているように思われる．一方で，真理がすべての真なる信念だけに共有されているリアルな性質なのであれば，何ら問題はない．私は(11)が何を意味するのか知らないかもしれない．だが，その内容をもった信念が正しいのはそれが真であるときであり，そのときに限ることは知っているからだ．

　リンチはまた，真理の概念が説明において果たす役割をデフレ主義は説明できないと考えている．ここでは，2つの種類の説明がとくに重要である．1つは，意味の説明である．意味についての哲学的な理解として非常にポピュラーなものによれば，平叙文が何を意味するのかを説明することは，それがどのような条件のもとで真になるのか，そしてどのような条件のもとで偽になるのかを説明することである．ある文がどのような条件のもとで真になるのかは，その文の「真理条件」と呼ばれる．しかしここで次の2つの文の真理条件のあいだの関係を考えてみよう．

　　(14)　雪は白い．
　　(15)　クッキー瓶にクッキーがある．

もし真理が頑健な性質であると想定するなら，これらの真理条件には共通する何か重要なものがある．雪が白いことは「雪が白い」がその頑健な性質をもつための必要十分条件であり，クッキー瓶にクッキーがあることは「クッキー瓶にクッキーがある」がそれとまさに同じ性質をもつための必要十分条件である．私たちは文の意味というものを，真理という性質に対して文がもつ関係によって理解する．しかし，デフレ主義では，真理はそういった説明における役割を果たせない．〔なぜならデフレ主義によると〕ある文がその文の真理条件に対してもつ関係と他の文がその文の真理条件に対してもつ関係のあいだに共通するものとして興味深いものは何もないからだ．

真理の概念はまた，成功した行為を説明する際にも役割を果たすと思われる．あなたと私が，チャックのカフェで3時に会う約束をしているとしよう．私たちの待ち合わせの場所と時間について私は真なる信念をもっていて，その信念の真理はどのようにして私たちが待ち合わせに成功するのかを説明するのに重要である．デフレ主義バージョンのその説明はたんに，(a)私たちはチャックのカフェで3時に会う約束をしており，(b)私たちが3時にチャックのカフェで会う約束をしていることを私が信じているので，私たちは成功したのだとだけ述べるだろう．その説明が省いているのは，もし約束が違う時間や場所であったとしても，私の信念がなお真であるならば，私たちはそのときも待ち合わせに成功するだろうということだ．デフレ主義的な説明は，私たちがいつどこで会うことになっていると私が信じているかに関しての個別の詳細に依存している．こういった詳細はさておき，私の信念が真であることが私たちの成功において役割を果たしていることは，デフレ主義的な説明では説明ができない．

　デフレ主義者はこういった反論に応答できる(前章と次章を見よ)が，一般的に理論をとりまく状況をリンチは次のように考えている．認識説と対応説とが範囲問題に直面する一方で，デフレ主義は真理がある種の正しさであるという考えと，真理の概念の説明的な機能を正当に取り扱うことができない．リンチは，真理を多元主義的にとらえるならばこれらの問題を回避できると考えているのだ．

7.4　単純多元主義とライトの見解

　範囲問題の解決の試みとして最も明快なのは単純多元主義である．単純多元主義では，異なる話題によって真理の本性は異なる．ときとして真理は対応であり，ときとして真理は何らかのかたちで認識的である．通常は引用符解除主義を支持している W. V. クワインでさえ，科学においては真理の対応説のようなものが妥当だが，倫理には整合説が必要だとかつて述べていた(Quine 1981)．

　クリスピン・ライトのバージョンの多元主義は単純多元主義のアイデアを洗練させたものである．ある性質がある話題(ライトの用語では「言説」)の真理となるために満たさなければならない条件をライトは説明する．くわえて，デ

フレ主義が不安定だというライトの議論によって明らかになった，真理の規範的な次元をライトは説明しようとしている．

ライトの戦略は，真理についてのいくつかの「決まり文句」を同定するというものである．真理についての決まり文句には次のようなものが含まれる．

（16） ある主張を主張することは，それを真なるものとして提示することである．
（17） ある主張が真や偽でありうるのであれば，その主張は，同じように真や偽でありうる否定をもつ．
（18） 真であるとは，事実に対応することである．
（19） ある言明は真であることなしに正当化されうるし，正当化されることなしに真でありうる．

真理は事実への対応であるという決まり文句(18)を明確にしておくのがよいだろう．これは真理の対応説を主張しているのではない．「対応」には，議論の余地のない，すべての真理論に中立的な意味があると第5章で述べたことを思い出してほしい〔5.2節〕．この意味では，「事実への対応」は「真である」の別の表現にすぎないし，事実や特定の対応関係の形而上学に自動的にコミットするものではない．この決まり文句に関係するのはこの議論の余地のない第2の意味である．

ある言説に対して決まり文句を満たす性質はその言説に対する真理の性質であるとライトは考える．異なる言説にとっては異なる性質が真理になるというのはまったくありうる．ライトが議論している2つの真理の性質は，超主張可能性と「頑健な対応」と私が呼ぶものである．

ある主張は，それを主張することを正当化し，そして私たちがそのうちにいることのできるような情報の状態があるときに，主張可能である．しかし，ある主張はそれを正当化することはないが，私たちがそのうちにいることのできるような，改善した情報の状態があるとしても，なお主張可能であるということに気をつけよう．例えば，ジョーンズが自分は今週バンクーバーにいると述べたという情報だけが与えられているのなら，ジョーンズがバンクーバーにい

ると私が主張することは正当化されているかもしれない．しかし，もし私がジョーンズがテキサスのサンアントニオのアラモを観光しているのを見かけたら，私の情報の改善によって，ジョーンズがバンクーバーにいると主張するための正当化は損なわれるだろう．

ある主張が超主張可能であるのは，その主張を正当化するような情報状態があるだけではなく，その情報状態がどのように拡張されたり改善されたりしてもその主張が正当化されたままであり続けるときである(Wright 1992: 47)．いくつかの言説に対しては，超主張可能性は例の決まり文句を満たす．ライトの例はコメディである．超主張可能性がどのようにして(16)から(19)を満たすのか，そして何がおかしいのかに関する言説の真理述語としてどのように機能するかをみてみよう．とくに，「ビルの冗談は面白い」という主張を考えてみよう．

ある冗談が知りえない仕方でおかしいとか，知りえない仕方でおかしくないとかいうのは信じがたい．あることがおかしいのは，それがおかしいと知りうるときであり，そのときに限る．くわえて，知りうるどのような主張も，超主張可能である．これらのことによって，ビルの冗談がおかしいのは，「ビルの冗談がおかしい」ということが超主張可能であるときであり，そのときに限るということが含意されることをライトは示している．これは超主張可能性が(18)，つまり(適切に解釈すると)それに対応する決まり文句を満たすことを示すのに十分であるようにみえる．

「ビルの冗談がおかしい」という主張は超主張可能でなくとも，正当化されたものでありうる．「ビルは冗談を人々に向かって言ったが，その人々は騒々しく笑った」と聞いたものの，後になって私自身がその冗談を聞いたけれどおかしいと思わず，それどころか，ビルの冗談で笑った人々が，何に対してもそれがおかしいことであるかのように反応させる薬を飲んでいたことを知ったということがあるかもしれない．その主張は正当化されているが超主張可能ではないので，超主張可能性は(19)を満たすように思われる．

超主張可能性は平叙文に適用され，どのような平叙文も超主張可能であるか否かのどちらかである．それゆえ，超主張可能性は「真か偽でありうるものには真か偽でありうる否定がある」という決まり文句(17)を満たす．

最後に，「あることを主張することはそれを真なるものとして提示することだ」という決まり文句(16)を考えてみよう．もしある人が「ビルの冗談は面白い」と主張するとしたら，その人はそれを超主張可能なものとして提示しているのだろうか．そうかもしれないとライトは考えている．ここで鍵となるのは次のことだ．ある人が主張をするときには，その人はその主張を正当化するような情報をもっているとして自らを提示する．それゆえ，人は主張を少なくとも主張可能なものとして提示するのである．さらには，もしそれを主張することの正当性を損なうような情報の改善が未来に起こることをその人が予期しているのであれば，その人がそれをいま主張することは正当化されていないことになるだろう．もし私がのちにビルの冗談がおかしくないことを知ると予期しているのであれば，私はそれがおかしいといま主張することは正当化されていない．この最後の点は強調してもよい．未来の情報が私の主張の正当化を損なうと予期していてはならない．それだけでなく，私は未来の情報が私の主張の正当化を損なうことはないと予期していなければならないのだ．もし私が私の主張の正当化が未来に損なわれると考えているならば，ビルの冗談がおかしいと端的に言うべきではない．代わりに私は，例えば「ビルの冗談はおかしいようだ」とか「ビルの冗談はたぶんおかしい」とか「私のわかるかぎりでは，ビルの冗談はおかしい」といったふうにより注意深く言うべきだろう．それゆえ，もし私がビルの冗談はおかしいと端的に言うとしたら，私はビルの冗談がおかしいという主張をたんに保証されたかたちで主張可能であるとして提示しているのではなくて，持続可能に保証されたかたちで主張可能であるもの，すなわち超主張可能なものとして提示しているのである．

　たとえある言説において超主張可能性が真理であるとしても，すべての言説においてそうだとは限らない．実在論をとるのが適切である言説に対しては，超主張可能性を超えるものが求められる．ゴールドバッハ予想は証明可能でないが真であるかもしれない．この場合，ゴールドバッハ予想は超主張可能ではないにもかかわらず真である．時間的・空間的に離れているものの状態についての主張には，超主張可能ではないが，なお真であるものもあるだろう．そのような言説においては，真理は単なる超主張可能性以上の何かと思われる．それは「頑健な対応」という名にふさわしい別の何かである．

頑健な対応とは因果対応説の論者が念頭に置いている類の関係のことだ．真理とは事実との対応であるとの見解は，主張が真であるのは物事が主張が述べているとおりにあるときである（またそのときに限る）ということ以上のことを述べているのだ．こう解釈されるときに言われている対応関係が頑健な対応である．頑健な対応は2つの重要な要素を含んでいる．つまり，対応関係と，世界において真なる主張に対応する事実や事態である．

　なぜ私たちは単なる超主張可能性ではなく頑健な対応が，ある言説（例えば科学のような）にとっての真理であると考えるのだろうか．ライトはいくつかの理由を論じているが，そのうち最も重要なものの1つには次の理由がある．言説が関わっているような事態，例えば，何が面白いか，何が道徳的に正しいか，化学反応からどれくらいの熱が生じるか，あるいは明日の天気などを考えよう．こういった事態は説明においてどのような役割を果たしているだろうか．ビルの冗談のおかしさはどういった類のことを説明するだろうか．次のような可能性が考えられる．

(20)　その冗談のおかしさは，なぜ皆がそれをおかしいと思うのかを説明する．（その冗談がおかしいのは皆がそう思うからだというのでないかぎり，たぶんそうだろう．）

(21)　その冗談のおかしさは，なぜ皆がそれに笑うのかを説明する．（皆が笑うのはそれがおかしいからであり，そして皆がそれをおかしいと思うのは実際におかしいからである，といった間接的な説明ではあるが．）

(22)　その冗談のおかしさは，なぜ警察がそのパーティに現れたのかを説明する．（警察が現れたのは，近所の人がその冗談のおかしさに笑う人々の騒音に文句を言ったのに対応したからだ，といった間接的な説明ではあるが．）

どの場合でも，冗談のおかしさはそのおかしさについての人々の判断を説明するか，それとも他の何かを説明するとしたら，その説明はおかしさについての人々の判断を説明することで間接的に説明するものである．

　実在論者に誘惑される事例，例えば，「昨晩はずっと雨が降っていた」とい

った主張を考えてみよう．この場合は，昨晩の雨は，「昨晩雨が降った」という人々の信念を説明するだけではなく，次のようなことも説明するかもしれない．

(23) 昨晩はずっと雨が降っていたので，川の水が土手から溢れた．
(24) 昨晩はずっと雨が降っていたので，私道の端に水たまりがある．
(25) 昨晩はずっと雨が降っていたので，庭の植物には水がちゃんと与えられている．
(26) 昨晩はずっと雨が降っていたので，中庭にミミズがはい出ている．

などなど．昨晩雨が降ったことは，そう私たちが信じていることとの関係とは独立に，かなり幅広い事柄を説明する．言説がそのような事態を扱っていると思われるときには，その言説における真理はたんなる超主張可能性を超えており，心から独立した事実との対応という頑健な関係をともなっていると考えるべき理由があるのだ，とライトは考える．

こうして，多元主義を擁護するライトの全般的な議論はいくつかの部分に分かれる．第1に，私たちは自らの主張が正当化されているだけではなく，真であることを目指しているが，この2つは異なる目標だということをデフレ主義はちゃんととらえられていない，とライトは考える．第2に，おかしさに関する言説のように，真理が認識的である言説の領域があり，また科学的な事実に関する討議のように，真理が認識的ではなく，対応のようなものと思われる言説の領域もある，とライトは考えている[1]．ライトによれば，真理が認識的である言説もあれば，真理が何らかの対応である言説もあるというのが最良の見解である．ライトの見解は，認識的な真理ですら言説ごとに変化し，対応的な真理も同様であるような徹底的な多元主義の可能性にすら開かれている[2]．

7.5　単純多元主義，混合複合文，混合推論

単純多元主義はライトによって洗練されたかたちに仕上げられてはいるものの，2つの非常に深刻な問題に突き当たる．リンチはこれらの問題のためにラ

イト流の多元主義を退け，とくにこれらの問題を解決すべく「機能主義的」なタイプの多元主義を考案した．

　第1の問題は混合複合文の問題である．ライトの言うように，何がおかしいかについての真理は超主張可能性であるが，原子番号に関する主張についての真理は対応である，としてみよう．混合複合文とは，2つないしそれ以上の言説の主張を組み合わせた文のことである．複合混合文の例としては次のものが考えられる．

　　(27)　牧場での尼さんについての冗談はとてもおかしい，かつ金の原子番号は79だ．

(27)のような複合文の真理とは何だろうか．この文は連言だ．連言が真であるのは，両方の連言肢が真であるときであり，そのときに限る．つまり，(27)が真であるのは，牧場での尼さんの冗談はとてもおかしいことが真であり，そして金の原子番号が79であることが真であるときであり，そのときに限る．

　そのような混合文の真理が対応であるとしよう．すると，上の連言が真であるのは，その両方の部分が対応的な真理という性質をもつときであり，そのときに限るということになる．たとえ「金の原子番号は79である」がそのような性質をもつとしても，「牧場での尼さんについての冗談はとてもおかしい」はそのような資質をもっていない．この文は事実に対応するとかしないとかということのない言説に含まれる．この言説における真理は認識的である．それゆえ，もしこの複合文の真理が対応であるとしたら，〔その複合文の両方の部分が対応という意味で真になることはないから〕この複合文は偽となる他ないように思われる．

　それゆえ，そのような複合文の真理が超主張可能性であるとしてみよう．「牧場での尼さんについての冗談はとてもおかしい」と「金の原子番号は79である」の両方が超主張可能であるというのはもっともらしい．ここまではいい．しかし2番目の連言肢に知りえないが真であるものを代入してみるとどうだろう．例えば，次のような複合文はどうしたらいいのだろうか．

(28) 牧場での尼さんについての冗談はとてもおかしい，かつ地球の光円錐の外に居住者のいる惑星がある．

(ここではそういった惑星があることが知りえない真理であると想定している．もしそれが知りえない真理ではないというなら，別の知りえない真理を代入してほしい．) さて前と同じような問題が起こっている．たとえ「牧場での尼さんについての冗談はとてもおかしい」が超主張可能であるとしても，「地球の光円錐の外に居住者のいる惑星がある」はそうではない．結果として，地球の光円錐の外に居住者のいる惑星があろうがなかろうが，その主張は偽になってしまう．

　混合複合文の問題とは，「異なる真理の性質をもつ言説の文を組み合わせている混合複合文に対して，どちらの言説のバージョンの真理が適用できるのか満足に決めることができない」というものである．この問題を回避するもっともらしい方法としては，混合複合文はその構成物の言説に属するのではなく，それ独自の真理をそなえている言説に属するとする方法がある．例えば，次の見解が採用されるかもしれない．(i)コメディについての真理は超主張可能性であり，(ii)原子番号についての主張の真理は対応であり，(iii)混合複合文の真理は，次のように超主張可能性と対応から構成された複合的な性質である．

(29) もしPがコメディについての主張であり，Qが化学についての主張であるならば，「PかつQ」が真であるのは，Pが超主張可能であり，かつQが事実に頑健に対応しているときであり，そのときに限る．

(30) もしPがコメディについての主張であり，Qが化学についての主張であるならば，「PまたはQ」が真であるのは，Pが超主張可能であるか，あるいはQが事実に頑健に対応しているときであり，そのときに限る．

などなど．

このような戦略がうまくいくとしてみよう．すると，次の問題に突き当たることになる(この問題ははじめから潜在していた問題なのだが)．次の議論を考え

てみよう(Tappolet 1997).

(31) 濡れネコ
前提 1　濡れネコはおかしい.
前提 2　タビーは濡れネコだ.
結　論　それゆえ,タビーはおかしい.
(32) 尼と原子番号
前提 1　牧場での尼さんについての冗談はとてもおかしい.
前提 2　金の原子番号は 79 である.
結　論　それゆえ,牧場での尼さんについての冗談はとてもおかしいし,かつ金の原子番号は 79 だ.

このような混合推論では複数の前提が異なる言説からとられている.「濡れネコ」は,何がおかしいかに関する前提とタビーが濡れネコであることについての前提をもっている(後者については真理は対応であると多元主義者は述べるだろう).「尼と原子番号」の結論は混合複合文であり,その前提は異なる言説からとられている.

　直観的には,どちらの推論も妥当であり,妥当な推論というのは真理を保存すると想定してよい.通常の(多元主義的ではない)真理保存の定義では,ある推論が真理を保存するならば,そのすべての前提が,その結論も真であることを論理的に保証する.妥当な推論が文字通りに真理を「保存する」ことは,真理保存という考えにとって重要だと考えるリンチのような哲学者もいる.もし前提が真理の性質をもつならば,結論もまさに同じ真理の性質をもつことが保証されていなければならない,というわけだ.

　「濡れネコ」の 2 つの前提は異なる真理の性質をもっている.それゆえ,それらから結論を導き出すときに保存される単一の真理の性質は存在しない.しかし,そのような性質が存在しなければ,この推論は真理保存的ではなく,それゆえ妥当ではない.ここに問題がある.「濡れネコ」は妥当であり,私たちの真理論からすると妥当でないと言わねばならなくなるというのはまずい.

　「尼と原子番号」もまた異なる真理の性質をともなう前提をもっている.し

かし「濡れネコ」と違って，その結論は混合複合文である．「濡れネコ」の結論の真理の性質は少なくともどちらかの前提の真理の性質と同じであるが，「尼と原子番号」の結論の真理の性質はそのどちらの前提の真理の性質とも同じではない．結論は前と同じである．前提から結論への移行において保存される真理の性質は存在せず，それゆえこの議論は妥当でないと思われる．しかしこの議論は妥当であり，私たちの真理論はその妥当性を否定してはならない．

7.6 真理機能主義

　混合複合文と混合推論の問題に対するリンチの答えは，真理機能主義である．リンチの理論の基本的なアイデアは次のようなものだ．単一の真理の性質は存在するが，真である仕方には多くの仕方がある．リンチの好む用語では，真理を顕在化する多くの仕方がある．真理が超主張可能性によって顕在化される言説もあれば，因果対応によって顕在化される言説もあるかもしれない．さらには，リンチの言う「調和」(リンチの言う「調和」とはある種の整合のこと)によって顕在化される言説もあるかもしれない．混合複合文では，その構成物において真理を顕在化する性質によって定義できる，複合的な性質によって真理は顕在化される．

　この見解には2つの重要な特徴がある．第1に，いかなる言説についても，主張が真になりうる独特の仕方があるが，異なる言説の主張が同じような仕方で真にならなくともよい．「真理は多である」とリンチが考えるときに念頭に置いているのはこのようなことだ．しかし，それらのすべての真である仕方はなお，真である仕方である．真理を顕在化するさまざまな性質はすべて単一の性質，すなわち真理という性質を顕在化している．「真理は1つである」とリンチが考えるときに念頭に置いているのはこのようなことだ．

　真理とは関係のない3つの別の事例が真理機能主義がどのようにはたらくのかを明らかにしてくれるだろう．第1に，『ハムレット』の役を考えてみよう．ケネス・ブラナー，ローレンス・オリヴィエ，メル・ギブソン，キアヌ・リーヴス，サラ・ベルナール，リチャード・バーベッジなど，多くの役者がハムレットを演じてきた．さまざまに異なる演出でさまざまな人々がその役を演じる．

それにもかかわらず，ハムレットはそれらの人々がみな演じている単一の役である．ハムレットが演出が異なれば異なる役者が演じる役であるのとちょうど同じように，真理は異なる言説では異なる性質が果たす役割であると真理機能主義者は考える．

　2番目のアナロジーは，赤いこと，深紅であること，緋色であることという性質の関係に見いだせる．深紅という性質は，緋色という性質とは同じではないが，どちらも赤さの1つのあり方である．調和と対応も同じ性質ではないが，どちらも（適切な言説では）真である仕方である．

　第3のアナロジーは，心の哲学における機能主義的見解である（リンチによる「真理機能主義」という名前はこれに由来する）．機能主義によれば，痛みを感じているという性質などの心的な性質は異なる生物では異なる仕方で実現される．例えば，痛みは哺乳類ではある種の脳の活動（これをXと呼ぼう）によって実現されるだろう．ここで脳のない火星人がいるとしてみよう．この火星人は哺乳類の脳と同じ機能を果たす緑のネバネバを足にもっている．火星人にとっての痛みは，火星人のネバネバのもつ性質であり，それをYと呼ぼう．哺乳類の痛みは脳の活動Xである一方で，火星人の痛みはネバネバのもつ性質Yである．だが，どちらも痛みであり，哺乳類と火星人が痛みをもつときは，それらは実際にある性質を共通してもっているのである．同様に，ある言説における真理は調和であり，他の言説における真理は対応であるかもしれない．だが，いかなる真なる主張もある性質を共通してもっている．つまり，真理という性質だ．

　真理機能主義は単純多元主義の洞察を生かしつつ，混合複合文や混合推論の問題を解決すべく考案されている．真理機能主義は，「混合複合文のための真理を顕在化するのは，その構成物の真理を顕在化する性質を組み込んでいる複合的な性質である」と主張することで混合複合文の問題を回避する．そして，真理機能主義は，真理と，真理を顕在化する性質とを区別することで混合推論の問題を回避する．妥当な推論は，前提から結論に移行する際に真理を顕在化する性質を保存せずともよい．そうではなく，保存されねばならないのは真理そのもの，つまり「真理の役割を果たす性質をもつ」という性質である．「濡れネコ」の2つの前提は，その結論が真理の役割を果たすような性質をもつこ

とを保証している．その前提の言説において2つの異なる性質が真理を顕在化し，第3の性質が結論のための真理を顕在化しているとしても，「尼と原子番号」の前提も同様に，その結論が真理を顕在化する性質をもつことを保証している．

「何がある言説にとっての真理の性質となるか」を単純多元主義者が説明せねばならないのと同様，真理機能主義者も「ある性質がある言説において真理の役割を果たすにはどうあらねばならないか」を説明せねばならない．リンチもライトと同じく，真理についての「決まり文句」とリンチが考えるものによって，この問題にアプローチする．リンチはそのような決まり文句の包括的なリストを提示してはいないが，次のようなものを含む，少数の「核となる」決まり文句があると考えている．

(33) 客観性．pという信念が真であるのは，pという信念に関して，物事が信じられているとおりになっているときであり，そのときに限る．

(34) 信念の規範．pと信じるのが一見すると正しいのは，pという命題が真であるときであり，そのときに限る．

(35) 探求の目的．他のことが同じであれば，真なる信念は探求する価値のある目標である．

これらの決まり文句が真理のラフな「職務記述書」である．だがリンチは，ある性質がある言説のための真理を顕在化するにはすべての決まり文句を満たさなければならない，と考えてはいない．そうではなく，どんな性質であれある言説においてこれらの決まり文句を最もよく満たしていれば，その言説で真理を顕在化する．ある性質が決まり文句を最もよく満たすことが何を意味するのかは完全に明らかというわけではない．だが，ある言説における主張に関する決まり文句，とくに核となる決まり文句を最も多く満たす性質がその言説のための真理を顕在化する性質だ，とするのが第一近似としては悪くないだろう．

7.7 真理の多元主義理論への反論

多元主義は，範囲問題を回避しつつ，「真理述語は単なる論理的な性質以上の性質である」というアイデアを保持すべく考案されている．だが多元主義にはそれ固有の問題がある．いちばん重要なのは，言説を個別化するという問題，形而上学的に過剰であると非難されうること，そして他の真理論の弱点を引き継いでいることである．

言説を「個別化する」とは，「どのような条件のもとで2つの文が同じ言説に含まれるのか，あるいは2つの異なる言説に含まれるのか」を特定することである．直観的には，「金の原子番号は79である」と「濡れネコはおかしい」は異なる言説に属していて，「鉛は元素である」と「金の原子番号は79である」は同じ言説に属していると思われよう．しかし確かに難しい事例がある．「ネコを虐待するのは残酷である」と「ネコを虐待するのは悪い」を考えよう．これらは「濡れネコはおかしい」と同じ言説に属しているのだろうか．一方では，それらすべての文はネコについての文であり，そのためネコ言説に含まれると思われる．だがその一方で，物事をおかしいと評価することが残酷だとか悪いとか評価することと同じ類のことなのかについては哲学者の合意がみられない．美的判断と道徳的判断はたんにより一般的な「価値判断」の一種なのか，それとも道徳についての語りとコメディについての語りには，重要な点で違いがあり，それらは異なる言説に属するのだろうか．また悪さという概念が残酷さという概念に組み込まれているのかどうかも哲学的な論争の的になる．もし悪さという概念が残酷さという概念に組み込まれているのなら，「ネコを虐待するのは残酷である」と「ネコを虐待するのは悪い」は同じ言説に属するだろう．しかしもしそうでないなら，「ネコを虐待するのは残酷である」はネコの虐待についての道徳的には中立な記述であることになり，結局のところ道徳とは関係のない言説に含まれるだろう．

単純多元主義と真理機能主義のどちらもが，異なる言説では異なる性質が真理である（あるいは真理を顕在化している）と主張する．ライトもリンチもともに，ある性質がある言説のための真理であるにはどうなっていなければならな

いかを長々と説明する．だが，ある主張がある言説に属し，他の言説に属さないことがどういうことなのかは明らかではない．それは主張を構成する概念の種類によるとリンチ（Lynch 2009b: 79-81）は述べるが，何によってある概念がある「種類」に属し，別の種類には属さないことになるのかについては何ら説明していない．（この種の反論についてはウィリアムソン（Williamson 1994）を参照．）

　少なくとも2つの点でこれは多元主義の問題となる．第1に，最も一般的には，言説の概念は，真理に対する多元主義的アプローチの中心的で重要な部分を占める．何によって主張の集まりが言説を構成するとされるのか教えてくれるように多元主義者に望むのはもっともなことだ．そうでなければ，多元主義者は主張が真であったり，偽であったりするとはどういうことかを説明するという問題を，何によって主張がある言説に属し，別の言説には属さないのかを説明するという問題に置き換えたにすぎないことになってしまう．これでは前進とは言えない．

　ある文を理解するには「その文がどのような条件のもとで真になるのか」を知らねばならないとすると，言説の個別化は多元主義に第2の問題を提示する．多元主義が正しいとすると，ある文がどの言説に属するのか，そして何がその言説のための真理を構成するのかを知らなければ，その文がどのような条件のもとで真になるのか知ることはできない．(a)純粋に記述的な言説では真理は対応であり，(b)道徳に関わる言説では真理は超主張可能性であるが，(c)「ネコを虐待するのは残酷である」がどの言説に属するのか定かでないとしよう．この文がどの言説に属するのかを知るまでは，「ネコを虐待するのは残酷である」が真になるには何が必要になるのか知ることはできない．したがって，この文がいかなる言説に属するのか知るまではその文を理解できないことになる．

　これは間違っていると思われる．「ある文を理解するにはその真理条件を知らなければならない」という想定は文の理解についての理論としてはきわめてもっともらしいし，「道徳的な悪さは残酷さに内在しているのかどうか」あるいは「真理は道徳に関わる言説では対応以外の何かなのかどうか」について特定の立場をとらなくとも，私たちは「ネコを虐待するのは残酷である」という文を完全に理解することができるだろう．多元主義は，私たちが文を理解する

前にあまりに多くのものを知ることを要求しているのではないか．

　この反論は日常的な真理の概念と，その背後にある多元主義的な形而上学を混同していると多元主義者は応答するかもしれない．核となる決まり文句を理解しさえすれば，真理の概念を使用できる．真理の概念を使用するために，真理についての多元主義的な形而上学を把握したり，受け入れたりしなければならないわけではない．これは水の概念をちゃんと使うために化学を理解したり，受け入れたりせずともよいのと同様である．ある主張の真理条件を把握するには，真理の形而上学を適用しなくともよい．ただ，たんに真理の日常的な概念を使用できればよいのだ．すなわち，「ネコを虐待するのは残酷である」の真理条件が，その主張が世界に対応することなのか，その主張が超主張可能であることなのか，それとも他の何かなのかがわからなくとも，その真理条件は把握できる．

　この応答は多元主義者の役に立たない．もし「ネコを虐待するのは残酷である」の真理条件が，対応という条件なのか，超主張可能性という条件なのか，調和という条件なのか，あるいは何か他の条件なのか知らなくとも，その真理条件を知ることができるというならば，私たちがその主張を知っているときにはいったい何を知っていることになるのか．何がその主張の属する言説における真理を顕在化するのかを知っていないとすると，残るのは次のようなことだけだろう．

(36)　「ネコを虐待するのは残酷である」が真であるのは，ネコを虐待するのが残酷であるときであり，そのときに限る．

しかし，これではデフレ主義に譲歩していることになろう．なぜなら，「真理の本性についての形而上学的理論に何らコミットせずとも，「ある主張を理解するとはどういうことか」を説明するのに真理述語を用いてよい」というのはデフレ主義の見解に他ならないからだ．

　言説の個別化の問題に対して多元主義者のとりうるいちばん自然な応答は，説明の順序を逆転させることである．ある2つの主張が同じ言説に属するのは，同じ真理の性質がその2つの両方に適用されるときである．これは言説を他の

言説から区別するものの，どの真理の性質が与えられた主張に当てはまるのかを理解するのには役に立たない．主張がどの言説に属するかをみてとることから始められないのは，どの真理の性質が言説に適用されるのかを理解することではじめて，ある主張を言説に割り振れるからである．「ネコを虐待するのは残酷である」が道徳に関わる言説に属するのか，あるいは記述的な言説に属するのかを定めるためには，その真理が対応なのか，超主張可能性なのか，調和なのか，それとも他の何かなのかをまずは理解せねばならないだろう．このアプローチは主張を言説に割り振るという問題を解決するだろうが，多元主義から利点を奪うことにもなるだろう．もし何が個々の主張の真理を構成するのかによって言説への所属を説明するならば，個々の主張がどの言説に属するのかによって何がその主張の真理を構成するかを説明するのは循環になるだろう．

　多元主義は形而上学的な過剰の問題にも直面する (Sainsbury 1996)．「金の原子番号は 79 である」という主張と「濡れネコはおかしい」という主張を再び取り上げよう．多元主義者は，これら 2 つにとって真理は同じ性質ではないと主張する．むしろ，化学的な真理は美的な真理とは異なる性質だ．多元主義者でない者，とくにデフレ主義者は，多元主義者は説明の課題を果たすのに必要以上の性質を措定していると応答できよう．この反論によると，原子番号 79 をもつという性質とおかしいという性質の違いが，説明すべきことすべてを説明するのに十分である．原子番号 79 をもつという性質は，誰もそのことについて考えなくとも，ものがもちうる類の性質である．おかしいという性質は，人々の心と関係をもつことによってのみ，ものがもちうる類の性質である．このような違いがこれら 2 つの性質にあるとすれば，これら 2 つの異なる性質のために，2 つの異なる真理の性質があると想定しなくともよいことになる．真理はいずれの場合も引用符解除的であるか，あるいはいずれの場合もある種の対応だということもありうる．「金の原子番号は 79 である」は，金が 79 のプロトンをもつという事態に対応し，「濡れネコはおかしい」は，濡れネコと人々の心の関係を含む事態に対応している，というように．

　この形而上学的な過剰の問題に応答するには，多元主義者はおかしいという性質と原子番号が 79 であるという性質のあいだにある違いが，コメディや化学の言説のあいだに想定される違いの説明にならないと想定する理由を与えな

ければならない．多元主義者がこの課題をこなせるのかどうかは現在のところ明らかではない．

多元主義とっての最後の問題は，多元主義が他の真理論に依拠していることから出てくる．リンチの機能主義的見解を取り上げよう．因果的対応は科学において真理を顕在化するが，調和（より要求の強い整合性の一種）が道徳に関する言説における真理を顕在化する，とリンチは考えている．このようにして，リンチの説明は因果対応説や整合説の問題の多くを引き継ぐことになる．

これらの問題の多くは前章までで概観してきた．例えば，因果対応説は反事実条件文や「ので」を含む主張を扱う際に問題を抱える．また因果対応説は指示の因果説に頼っているが，そのことによって（$E=mc^2$のような完全に科学的な主張を含めて）数を含む主張の真理を説明するのが難しくなり，さらに指示を固定するような「正しい」因果的なつながりとは何なのかを説明するのが難しくなる．

整合説は，代替となる整合的なシステムの問題に直面する．最初は，何がおかしいのかについての別の両立不能な信念のシステムが同等に真であるということを許しても何の問題もないと考えられるかもしれない．しかし，よく検討してみるとそうでないことがわかるだろう．「濡れネコはおかしい」を考えよう．この主張は，何がおかしいのかについてのアリスの信念と整合するがボブの信念とは整合しないとしよう．それはアリスにとって真であるが，ボブにとっては真ではないと言うかもしれないが，そうすると本当のところはそれを真だとか偽だとか評価することをまったく諦めてしまっているように思われる．それがアリスにとって真だと言うことは，それがアリスのすでに信じていることと整合することを意味し，それがボブにとって真だと言うことはそれがボブがすでに信じていることと整合することを意味する．それはそれでよいのだが，私がアリスかボブのコメディについての信念のシステムを共有していないかぎり，「濡れネコはおかしい」がアリスにとって真であるというのは，アリスについて何かを教えてくれるだけだ．濡れネコのおかしさについては何ら教えてくれないだろう．

代替となるシステムの問題は，道徳的真理とは調和であるというリンチの見解にも当てはまる．ここでは調和とは何なのかの詳細に立ち入る必要はないが，

(i)通常の整合よりも少ない代替のシステムしか調和では認められないが，(ii)調和は代替となる，相互に両立不能で同様に調和している信念のシステムを完全に排除することはない，ということは重要だ．しかしそのような代替のシステムを少なくとも2つ認めるかぎり，この問題は真正の問題になる．もし「ネコを虐待するのは悪い」がアリスのシステムと調和するが，ボブのシステムと調和しないと知っているならば，それはアリスとボブについてのいくつかの心理的な事実を教えてくれるだろうが，ネコの虐待の悪さについては何ら教えてくれない．それは私にネコを拷問しない理由を与えてくれはしない．さらには，どのような道徳に関する主張についても，その主張を含む調和した信念のシステムと，その主張の否定を含む同様に調和した別のシステムがあることになれば，道徳に関する言説をまったく真理の埒外においてしまうある種の道徳的相対主義しか残らないだろう．

7.8　多元主義の得点表

どのような真理論を評価する際にも，その内在的な利点と欠点だけでなく，実在論や反実在論，同値性原理，そして真理の価値に対する関係を考えねばならない．ライトやリンチのような多元主義の最も傑出した擁護者はこういった問題を非常にまじめに受けとめており，彼らの見解はそういった得点表でいい点数が取れるように作られている．

実在論と反実在論の問題から始めよう．ライトの著作は，「実在論と反実在論の問題に取りくむ際には，本当のところ私たちは特定の一群の主張に関心をもっている」という洞察にもとづいている．科学に関する主張や，道徳に関する主張が心に依存しているのかどうかを私たちは知りたいのである．ある与えられた言説にとっての真理が単なる超主張可能性を超えると考える必要があるかを考えることで私たちはこの問題に取りくめる．リンチは，科学については実在論ではあるが，倫理については実在論でもなく，道徳に関する主張に真理値を認めないということのない立場を擁護することに関心をもっている．

多元主義によって，ライトは実在論対反実在論の問いに枠組みを与え，そして，抽象化された一般的な高次のレベルではなく，特定の言説ごとにその問い

7 真理の多元主義理論

に取りくめるようになる．多元主義によると，異なるエリアでは実在論対反実在論の問題の異なる解決をとってよい．たぶん実在論は科学については正しいが，コメディについては反実在論が正しいのかもしれない．多元主義はまた，リンチの探し求めるものを与えている．多元主義によって，真理は常に真理であるものの，真理がときには対応を要求し，ときにはそうではないという考えを理解できるようになるのである．

一定の範囲内では，多元主義は同値性原理についてもうまくやれる．多元主義は，異なる言説は異なる真理の性質をもちうると主張する．例えば，ある言説のための真理は対応かもしれないし，超主張可能性かもしれないし，あるいは整合や調和かもしれない．X がある言説の真理であるとしよう．

(37) P という主張が X であるのは，P というときであり，そのときに限る．

という同値性は，X が P を含む言説のための真理であるならば，成り立つことが保証されている．もし P が異なる言説に属するのであれば，同値性は成り立たないだろうが，多元主義者にとってこれは問題ではない．もし P がある言説に含まれるのであれば，それが他の言説の真理の性質をもつかどうかを気にかける理由はほとんどないし，他の言説の真理の性質をもつかどうかは P が真かどうかとは関係がない．

さて，真理の規範性と価値について多元主義がうまくやれているか考えてみよう．ライトとリンチは，ある性質がある言説のための真理とするものであれば，それをもつことによって主張や信念は正しいものとなり，その性質を欠くことによって主張や信念は間違ったものになるとする．ライトは「主張するとは真なるものとして提示することである」を決まり文句の 1 つに数えているし，リンチは「真理は信念の目的である」を核となる決まり文句に含めている．これらのバージョンの多元主義は何の問題もなく，信念や主張の目的としての真理の役割や，どういう意味で真なる信念は偽なる信念よりもよいのかを説明できる．このようなかたちで価値があることはある性質を真理たらしめているものに含まれるのであり，そしてある主張を真であると呼ぶことの意味には，

185

「それを主張したり,信じたりすることが正しい」ということが含まれている.

多元主義は真理を規範的な性質として扱う.これが利点となるかどうかは,真理が,私たちがそれを気にかける理由をもつような非規範的な性質ではなく,まさに規範的な性質であると(第3章で概説したダメットの理論や,この章で紹介したライトの議論によって)納得するかどうかにかかっている.多元主義は直接には,真理は(内在的なのか,道具的なのか,最終的なのか,構成的なのか,目的的なのかといった)どのような類の価値をもつのかについて多くを述べない.しかし,おそらくいずれかの可能性を排除することも述べていない.それどころか,多元主義は,「ある領域においては道具的に価値のある性質が真理であり,別の領域では内在的,あるいは目的的に価値のある性質が真理である」というようなアイデアとも整合的だろう.さらには,いくつかの真理の性質は(最終な価値がおよそ真正な類の価値であるとして)たんに最終的に価値があるだけという可能性とすら整合的である.

多元主義には内在的な問題があるものの,真理論を評価する基準に関しては多元主義は非常にうまくやっている.範囲問題を考えてみると,真理に対するいちばん妥当なアプローチはデフレ主義か多元主義のいずれかだろう.次章では,どうすればデフレ主義への挑戦からある種のデフレ主義を擁護できるかを少しみてみよう.

文献案内

『スタンフォード哲学百科』の項目「真理の多元的理論」(Pedersen & Wright 2013)は多元主義とその問題についてのよい概観になっており,非常に有益な文献表も含まれている.また近年の研究の良質な概観としてはニコライ・ペダーセン(Pedersen 2012)を参照.

クリスピン・ライトは『真理と客観性』(Wright 1992)の第1章でデフレ主義への批判を展開している.ライト(Wright 2001)は,ここで述べたのとは別の仕方の議論で,多元主義やそれと他の理論との関係を論じている.リンチの真理機能主義についての初期の定式化としては,リンチ(Lynch 2001)を参照.『一と多としての真理』(Lynch 2009b)にはリンチの機能主義の詳細な定式化と擁護が

含まれている．

　マーク・セインズブリー(Sainsbury 1996)は，範囲問題をライトやリンチが考えているほどに深刻な問題ではないと論じ，「水は湿っぽい」とか「思いやりは称賛に値する」が真であるような仕方は，濡れていることや称賛に値することのあいだの違いにあり，真理そのものに関わることにおける違いではないと提案している．『一と多としての真理』の 2009 年の書評でスチュワート・シャピーロ(Shapiro 2009)は，指示にはさまざまな種類があるかもしれないが，真理は 1 つの種類しかないと提案している．

　混合複合文と混合推論の問題は，近年非常に注目されている(Tappolet 1997, Sher 2005, Pedersen 2006, Edwards 2008, Cotnoir 2009, Lynch 2005a, Lynch 2009b)．

〔1〕　つまり，おかしさについての主張「あの冗談はおかしい」が真であるのは，それが整合的なシステムに含まれるか，探求の果てで合意されるかであり，科学的主張が真であるのは，それが事実に対応したり，真理メイカーをもつことである．
〔2〕　これまでの章で，認識説にも対応説にもさまざまなバージョンがあることをみた．ここでレンが言っているのは，例えばある言説 D の真理は，整合説的な真理であり，別の D′ の真理はプラグマティズム的な真理であるといったことすら，ライトの理論では許容されるということである．対応説にも同様のことが言える．

8
デフレ主義再訪

8.1 論争を進展させる

これまでの章では「真理とは何か」という問いへのさまざまな答えを概観してきた．現代の哲学者に群を抜いてポピュラーなアプローチは，因果対応説とさまざまなバージョンのデフレ主義だが，多元主義の人気も上昇中だ．これらの見解に判定を下すには，それぞれの利点と欠点を検討し，それぞれを比較せねばならない．

この章の主な目的は，どうすれば真理の本性についての論争で前進させているようすを示すことにある．私の考えでは，そのためには，実際に論争に従事して論争に貢献しようとするのが一番いい．このため，この章ではこれまでの章での賛成論と反対論を挙げるアプローチは脇に置いて，その代わりにより論争的なアプローチをとろう．この章は，私の見解では真理に対するおおよそデフレ主義的なアプローチが因果対応説や多元主義のアプローチよりも好ましいことを示すのに役立つ考察をいくつか概説する．ここでの議論はもちろん問題を最終的に解決するものではないが，現代の論争において重要となるいくつかの問題を浮き彫りにするのに役立つだろう．

デフレ主義，因果対応説，そして多元主義理論の共通の根拠から検討を始める．この共通の根拠はあるバージョンの方法論的デフレ主義を動機づけるのに役立つ．方法論的デフレ主義とは，「真理概念のなすべき仕事として，真理述語を支配する論理から説明できないものがあることを見いださないかぎり，私たちはデフレ主義を受け入れるべきだ」という見解である．その次に，因果対応説はデフレ主義に対して何ら説明的な利点をもたないし，クリスピン・ライトやマイケル・リンチがデフレ主義より多元主義を好む理由として挙げた理由は不十分であると論じる．これらの議論によって示唆されるのは，もしデフレ

主義に反対する論者が，デフレ主義が与えるよりも多くを要求する真理概念の仕事を発見したいと思うなら，さらに探し続けなければならないということだ．

8.2 共通の根拠と方法論的デフレ主義

いかなる妥当な真理論も同値性原理を満たさねばならない．そのような理論は，例えば次のようなパラドキシカルではない T 双条件文の正しさを保証するだろう．

(1) 「草は緑である」が真であるのは，草が緑であるときであり，そのときに限る．
(2) 「酸素が金属である」が真であるのは，酸素が金属であるときであり，そのときに限る．

これらの双条件文によって引用符解除と一般化における真理述語の役割を説明できる．

例えば，次の T 双条件文が与えられたとしよう．

(3) 「雪は白い」が真であるのは，雪が白いときであり，そのときに限る．

このとき，次の一方から他方を推論することができる．

(4) 雪が白い．
(5) 「雪は白い」は真である．

このようにして，真理述語は引用符解除の役割を果たすことができる．私たちは「「雪が白い」は真である」という，文についての文を使って，雪の白さについて何かを述べられるようになる．T 双条件文の集まりはさらに，一般化における真理述語の役割を引き受ける．文について一般化し，真理述語で引用符解除すると，文についての主張をなすことによって，そうでなければできな

いような，世界についての主張をなすことができるようになる．

妥当な真理論なら何であれこれくらいのことはできるだろう．それゆえ，このことはデフレ主義，因果対応説，多元主義の共通の根拠である．同値性原理を前提とすると，真理述語が引用符解除のための道具であることには議論の余地はない．むしろ，引用符解除や一般化より多くを要求する重要な仕事を真理概念がなすのかどうかについて，デフレ主義と（「インフレ主義者」と呼んでいいだろうが）他の見解の支持者は意見を異にする．デフレ主義者は真理概念がそのような仕事をなすことはないと言う．インフレ主義者は真理概念はそのような仕事をなすと言う．

デフレ主義の核となるアイデアは，真理述語の論理的な機能（とくに引用符解除と一般化の道具としての役割）が真理の本性にとってのすべてだというアイデアである．「真理とは何か」という問いに対するデフレ主義者の答えは，真理という性質の本性についての哲学的な理論ではなく，むしろまったくトリヴィアルなものである．真理とは真であることであり，ある文が真であるのは，物事がその文が述べるとおりになっているときであり，そのときに限る．第6章で説明したように，このアイデアをデフレ主義の具体的なバージョンはさまざまな仕方で練り上げるのだが，この章の議論ではその詳細は問題にならない．

方法論的デフレ主義（Field 1994）は，上で述べたデフレ主義よりも穏健である．方法論的デフレ主義は，「真理は本質をもたない」とか，「真理述語の論理以上のものは真理にない」と主張しない．むしろ，方法論的デフレ主義は（少なくとも最初は）これらについては何も言わない．方法論的デフレ主義者は，デフレ主義を作業仮説とした上で，「もしあるとすればだが，何のために真理についてのインフレ主義的な考え方が必要となるのか」を確かめようとする．デフレ主義的な真理では果たせないが，多元主義的な真理や因果対応説的な真理ならば果たせるような，重要な説明的な仕事があるとわかるかもしれない．そうだとすれば，真理とはデフレ主義が言っている以上のものだと考える理由があることになる．しかし，証明責任はインフレ主義者の側にある．私たちは，デフレ主義が正しくないと考えるやむをえない理由がないかぎりは，デフレ主義が正しいアプローチだと想定すべきである．

デフレ主義を，そのライバルを受け入れる強い理由があるときにのみ放棄さ

れるべきデフォルトの見解とするように勧めるというのは，デフレ主義者のいんちきにみえるかもしれない．しかし，これは何らアンフェアなことではない．すべての見解において，真理述語が引用符解除と一般化に役に立つことは合意されている．引用符解除と一般化という役割を引き受けるような，真理述語の論理をLと呼ぼう．デフレ主義者は真理論としては基本的にLを採用するだけだが，(因果対応説の主張であれ，多元主義理論の主張であれ)Xを真理述語の論理を超えるさらなる主張とすると，インフレ理論はL+Xからなることになる．もしLだけで真理の概念がなす仕事がすべて説明されるならば，Xの追加は無駄で無意味な装飾ということになろう．以上の理由で，方法論的デフレ主義は道理にかなっている．方法論的デフレ主義は次のように述べる．「Lだけでできるかぎり説明してみよう．それでなすべき仕事が残っているかみてみよう．もし残っているのなら，何らかのインフレ主義を支持して，デフレ主義を退けよう．しかし，そうでないとすれば，真理についてのインフレ主義的見解を受け入れるべきまともな理由は何らないのだから，デフレ主義を堅持しよう．」

8.3　デフレ主義対因果対応説

　何人かの因果対応説の支持者によると，真理概念はある重要な説明的仕事をするのだが，(a)それをデフレ主義的アプローチが説明できない一方で，(b)因果対応説はそれを説明できる．例えば，フィリップ・キッチャーは，「真なる信念と体系的に成功する行為とのつながり」をデフレ主義は説明できないが，因果対応説は説明できると論じた(Kitcher 2002)．方法論的デフレ主義を前提とすると，キッチャーの議論が正しいときにはこれは因果対応説をとるべき強力な理由となるだろう．しかし，因果対応説がどのようにはたらくかを詳しく検討してみると，因果対応説はデフレ主義者にとってすでに利用できないような説明を与えられないと示唆される．

　因果対応説には3つの部分がある．第1は指示の因果説である．指示の因果説によれば，タームは特定の対象や性質に対してある非常に複雑な因果的関係にあることで，その対象や性質を指示する．第2は指示にもとづいて真理を定

義する，タルスキ流の真理定義である．この定義は次のような条項に依拠している．

(6) 原子文が真であるのは，単称タームによって指示される対象が一般タームによって指示される性質をもつときであり，そのときに限る．
(7) 「P かつ Q」という形の文が真であるのは，「P」が真であり，「Q」が真であるときであり，そのときに限る．
(8) 「P でない」という形の文が真であるのは，「P」が真でないときであり，そのときに限る．
(9) 存在量化文が真であるのは，一般タームが表す性質をもつ何かがあるときであり，そのときに限る．
などなど．

因果対応説の第3の部分はめったに言及されない．その第3の部分とは，「指示の因果説とタルスキ流の真理定義という因果対応説の最初の2つの部分は，重要で説明的な役割を果たすような，たんに論理的ではない実質的な性質を特徴づける」という主張である．因果対応説はインフレ理論であり，デフレ主義に対する利点は，因果対応説的な真理がデフレ主義的な真理が果たせない説明的な仕事を果たせることだとされている．

真理の因果対応説とは両立可能でない指示の因果説もある．例えば，真理が実質的な性質であることを前提とした上で，真理と因果によって指示を説明する指示の因果説もある．指示を真理によって説明する一方で指示によって真理を説明するというのは受け入れがたい循環だろう．

因果対応説に必要とされる指示の因果説は，次の2つの重要な特徴をもたなければならない．第1に，その理論は真理が実質的な性質であることを前提としていてはならない．第2に，その理論は，一方にあるタームから他方にあるタームの指示する対象や性質への正しいマッピングを与えていなければならない．タルスキ流の真理定義の(6)のような条項はそのようなマッピングに依拠しており，指示の理論はそのマッピングを提供することを目的としている．

このような特徴をもった指示の因果説を手にしているとしよう．そして指示

の理論と真理のデフレ主義理論を組み合わせると何が起こるか考えてみよう．具体性をもたせるために，その「真理論」がただ次のスキーマの(パラドキシカルでない)事例の集まりからなるバージョンのデフレ主義を考えよう．

 (10) S が真であるのは，s というときであり，そのときに限る．

ここで，「S」は文の名前と置き換えられ，「s」はその文(あるいは必要ならその文の日本語への翻訳)で置き換えられる．指示の理論と真理のデフレ主義理論を組み合わせると，デフレ主義者は因果対応説が依拠しているタルスキ流の真理定義を導出できる．
 その方法は次のとおりだ．次の T 双条件文から始めよう．

 (11) 「水素は金属である」が真であるのは，水素が金属であるときであり，そのときに限る．

指示の因果説は次の主張を提供してくれる．

 (12) 水素は「水素」によって指示される対象である．
 (13) 金属であるという性質は，「__は金属である」によって指示される性質である．

(11)と(12)と(13)は一緒になると次の(14)を含意する〔厳密に言えばこの含意関係が成り立つには「水素は金属である」と「水素は金属であるという性質をもつ」とが同値であることを前提としなければならない．だが，ここでの議論ではそう前提しても問題ないだろう〕．

 (14) 「水素は金属である」が真であるのは，「水素」によって指示される対象が「__は金属である」によって指示される性質をもつときであり，そのときに限る．

これはある完全に一般的なパターンの特殊事例である．「a は F である」という形の何らかの文を考えよう．私たちの真理のデフレ主義理論は次の T 双条件文を与える．

(15) 「a は F である」が真であるのは，a が F であるときであり，そのときに限る．

指示の理論は，a が「a」の指示する対象であり，F が「__ は F である」の指示する性質であることを教えてくれる．それゆえ，

(16) a が F であるのは，「a」によって指示される対象が「__ は F である」によって指示される性質をもつときであり，そのときに限る．

そして，(15)と(16)はさらに(17)を含意する．

(17) 「a は F である」が真であるのは，「a」によって指示される対象が「__ は F である」によって指示される性質をもつときであり，そのときに限る．

しかし，「a は F である」は，単称ターム「a」と一般ターム「F」を組み合わせた原子文である．こうして，次のように結論できる．

(18) 原子文が真であるのは，単称タームによって指示される対象が一般タームによって指示される性質をもつときであり，そのときに限る．

ここで(18)は因果対応説の真理定義と同一である．デフレ主義者は同様の仕方で真理定義のその他の条項を導出できる．

　因果対応説論者に役立つ指示の因果説はデフレ主義の観点からも受け入れられる．というのも，そういった指示の因果説は真理が実質的な性質であることを前提としないであろうからである．指示のデフレ主義理論が提案されること

もある（例えば，Horwich 2010）とはいえ，デフレ主義自体には名前と個体のあいだや述語と性質のあいだの因果的つながりを否定するよう要求するものは含まれない．さらには，そのような指示の因果説を受け入れるデフレ主義者は，因果対応説論者が受け入れるタルスキ流の真理定義の条項を自由に得られる．このことによって，デフレ主義者は因果対応説の最初の２つの部分，すなわち，指示の因果説とタルスキ流の真理定義を，デフレ主義を損なうことなしに自由に得られるということが示される．

　「真なる信念」と「成功する行為」の関係といったことに説明を与えるために指示の因果説とタルスキ流の真理定義という因果対応説の最初の２つの部分が必要だと判明するかもしれない．しかし，これらの説明がさらに因果対応説の第３の部分（「真理はある本質をそなえた実質的な性質である」という主張）に依存していないかぎりは，それらの説明は因果対応説論者にもデフレ主義者にも同様に利用できる．だが，「真理はある本質をそなえた実質的な性質である」という主張，すなわち，因果対応説の３つの部分のうちでデフレ主義と矛盾するような唯一の部分を要求する説明は存在するのだろうか．

　そのようなものは存在しない，と考えるべき理由を示そう．因果対応説のうちのインフレ主義的主張とは，「真理はその本質が指示の因果説とタルスキ流の真理定義によって与えられるような実質的な性質である」という主張である．しかし，もしこの主張が正しいのであれば，何であれ真理によって説明しうるものは指示の因果説とタルスキ流の真理定義によって説明できると思われる．「因果対応説が真理の本質を記述している」という主張が果たさねばならない説明的な仕事はもはや残されていないと思われる．

　「独身男性である」ことの本質は「結婚しておらず，男性である」ことだというアイデアと比べてみよう．誰かが独身男性であることによって説明されるすべてのことは，その人が結婚していないことと男性であることによってすでに説明できる．同様に，「水である」ことの本質は「H_2O から構成されている」ことである．それゆえ，何かが水であることによって説明されることはすべて，それが H_2O から構成されていることによってすでに説明できる．以上のことによって，もし指示の因果説とタルスキ流の真理定義が真理の本質を記述しているとすれば，何かが真であることによって説明されるすべてのことは

指示の因果説とタルスキ流の真理定義によって説明できることが示唆される．それゆえ，因果対応説の第3の部分は独自の説明的な仕事をしているとは思われない．

　方法論的デフレ主義を前提とすると，真理概念の果たす重要な仕事のうち，(a)真理のデフレ主義的な考え方によってはなしえず，(b)真理の因果対応説的な考え方によってなしうるものがあるときにかぎって，私たちは因果対応説を受け入れるべきだ，ということになる．真理のデフレ主義的な見解は因果対応説の最初の2つの部分（指示の因果説とタルスキ流の真理定義）を要求するような仕事はどんなことでもこなせる．そして，第3の部分を要求するような説明的な仕事があるとは思われない．もし以上がすべて正しいのであれば，因果対応説がデフレ主義的な考え方よりも説明力をもつことはない．因果対応説にできてデフレ理論にできないような，未知の重要で非説明的な仕事というものでもないかぎり，デフレ主義的な見解のほうをとるべきだ．

8.4　デフレ主義対多元主義

　多元主義者の見解では，異なる言説では異なる性質が真理となりうる．ライトのバージョンでは，真理述語はあるときにはある性質を表し，あるときにはそれとは別の性質を表す．リンチの機能主義的多元主義では，真理とは言説においてある役割を果たす性質をもっているという性質であり，異なる言説においては異なる性質がその役割を果たしている．方法論的デフレ主義を前提とすると，これらの見解のうちのどちらかでも受け入れるべきであるとすれば，それは真理概念の機能のうち，多元主義的な真理が果たすことができ，単なる真理述語の論理的な機能が提供できない機能があるときに限られる．

　多元主義者は，真理概念が果たす仕事のうち，（多元主義の主張するところでは）デフレ主義が提供できるよりも多くを要求するような，2つの主要な仕事に注目する．第1には，「保証された主張可能性」という規範とは異なる規範を「記録する」ために私たちは真理述語を用いるのだ，とライトは考える（7.3節を見よ）．第2に，私たちは（とくに意味の説明や成功した行為の説明のような）ある種の説明において真理述語を用いるが，この説明のためには真理

はデフレ主義が許すよりも豊かな性質であると想定せねばならない，とリンチ（と他の多くのデフレ主義の批判者）は考える．だが，デフレ主義に対するいずれの哲学者の反論も説得的ではない．

「保証された主張可能性」とは異なる主張の規範を真理述語は表しているという事実をデフレ主義者は受け入れられないというライトの主張から始めよう．主張を評価し，主張が正しくなされたか否かを判断するときには，まったく異なった2つの方法がある．1つは，主張の保証を評価することである．この場合では「入手可能な証拠が主張されたことを信じることを正当化するかどうか」が問われている．もう1つは，主張の真理を評価することである．この場合では，「物事が主張されたとおりであるか否か」が問われている．ある主張はそれが保証されているという意味で「正しい」ものでありうるし，真であるという意味で「正しい」ものでありうる．だが，これらは2つの異なる種類の正しさである．保証されているが真でない主張もあれば，真であるが保証されていない主張もあるからだ．

ライトによれば，デフレ主義者にとって，真理述語を保証された主張可能性とは異なる種類の正しさを記録するものとみなすことは整合的でない．というのも（ライトの見解では），第7章で論じたように，T双条件文によって私たちは，真とみなすのとまったく同じ主張を保証されているとみなすことにコミットすることになるからである．例えば，「雪は白い」という主張と次のT双条件文を考えてみよう．

(19) 「雪は白い」が真であるのは，雪が白いときであり，そのときに限る．

もしある人が「雪は白い」を主張するのを保証する十分によい理由をもっているのであれば，T双条件文のおかげで，その人はさらに「「雪は白い」は真である」を主張するのを保証する十分によい理由をもっている．結局のところ，「雪は白いが，「雪は白い」というのは真ではない」と主張することは矛盾している．同様に，もしある人が「「雪は白い」は真である」を主張するのを保証する十分によい理由をもつならば，「雪は白い」という主張を保証する十分に

よい理由をもっていることになる．それゆえ，主張をなすことを評価する際に，私たちがある主張が保証されたかたちで主張可能であると評価しなければならないのは，私たちがその主張を真であると評価する用意があるときであり，そのときに限る．私たちは保証されたかたちで主張可能であると評価するのとまさに同じ主張を真であると評価しなければならず，またデフレ主義者は真理述語の論理以外には依拠すべきものを何も与えてくれないのだから，「真理は保証された主張可能性とは異なる類の正しさである」とデフレ主義者が考えることは整合的でないと思われる．

ライトの推理の誤りをみるために，「ときにはある主張を，保証されたかたちで主張可能であるが偽であるとみなすことはまったく理解可能であるようなときがある」ことをまずは指摘しておこう．保証された主張可能性はその主張をなす人に利用可能な情報に依存している．ある主張が保証されたかたちで主張可能であるというのは，ある情報をもった人にとって，その情報を仮定しているときには，その主張をなすことが正当化されていることである．この意味での保証された主張可能性というのは，相対的なものである．ある時点のある人にとって保証されたかたちで主張可能であることは，別の時点の誰かにとっては保証されたかたちで主張可能でないかもしれない．17世紀末には，次のような主張をなす化学者もいた．

(20) 物質が燃焼する際には，負の質量をもつ気体状の物質であるフロギストンが放出される．

当時の化学者たちに入手可能であった情報からすると，この主張をなすことはその化学者たちにとって保証されたものであっただろう．化学者たちは燃焼する物質が気体を放出するのを見られただろうし，ものが燃焼すると燃焼の前より重くなることも実験で得られた証拠によって示されていた．それにもかかわらず，私たちはいま彼らの主張が真ではなかったことを知っている．フロギストンなど存在しないのである．

17世紀の化学者の主張は（当時の化学者にとって）保証されていたが真ではなかった主張の一例である．これはライトの議論の想定の致命的な誤りを浮き

彫りにする．私たちが主張を保証されていると評価する際には，「今それが私たちにとって保証されているかどうか」を評価しているのではなくて，「その主張をなした人にとってそれが保証されたものであるかどうか」を評価しているのである．保証について問われるときは主張をなす人，あるいはその人の聴衆にとって利用可能な情報について問われている．真理について問われるのであれば事情は異なる．ある主張を保証されているとみなすことによって，その主張を真であるとみなすことにコミットすることにはならないし，T双条件文にはそういった帰結はない．もし私たちが17世紀の化学者の主張(20)を保証されていると評価するならば，T双条件文によって17世紀の化学者には次を主張することも保証されているとみなさねばならないだろう．

(21) 「燃焼する物質はフロギストンを放出する」は真である．

しかし，このことによって私たちが(20)や(21)を信じることにコミットすることにはならない．(21)は17世紀の化学者にとって保証されたかたちで主張可能であると述べると同時に(20)や(21)を否定することには何ら矛盾はない．

確かに，現在の情報を仮定すれば，まさにいま私たち自身にとって，私たちが真とみなす用意のある主張とまさに同じ主張が保証されているとみなすことにコミットしている．だがそれでも，保証についての問いと真理についての問いは異なる問いである．ある主張が(今の私たちにとって)保証されているとみなすことは今の私たちに利用可能な情報によってその主張が支持されるとみなすことである．だからといって，未来の私たちを含めた意味で，異なる情報をもった他の人がその主張をなすことは保証されていないという可能性を排除していることにはならない．ある主張を真とみなすことはそのような可能性を排除することとは異なる．例えば，「燃焼は急激な酸化という化学的な過程であり，フロギストンを放出する過程ではない」という主張はそれが17世紀に保証されていなかったとしても真である．

「何が保証されたかたちで主張可能であるか」をもとにして何を主張するかを決めることと，「何が真であるか」をもとにして何を主張するかを決めることのあいだに違いはない，とライトは示唆している．いずれにせよ，何を主張

するか決めるときにできることはせいぜい，利用可能な情報と，それがどのような主張を保証するかを考慮することであるということだ．しかし，ライトが十分に理解していない違いというものがある．もし私が，真理を考慮することなく，何が保証されているかにもとづいて何を主張すべき決めるのであれば，保証についての現在優勢な基準と私に現在利用可能な情報に私は関心をもつだろう．私と私の聞き手の基準によると入手可能な情報から十分によく支持されることを私は主張するだろう．しかし保証についての基準に対する批判的な態度はどのようなものであれ必要ない．私の聞き手と私が一般には信頼可能でないような基準，すなわち，のちに偽であるとわかる主張を認可する基準や，あるいはのちに真であるとわかる主張を認可できない基準を用いている可能性を考慮に入れる必要はない．しかし，私が真理に関心があるのなら，私と私の聞き手の受容可能性の基準を私の主張が満たしているかどうかだけではなく，そういった受容可能性の基準そのものの質にも関心をもつだろう．自らの採用している基準がどれほど信頼可能であるかを私は考慮するだろうし，できるかぎり最も信頼可能な基準を用いることを目指すだろう．

　さらに他の例をみてみると，保証への関心と真理への関心の違いは明らかになってくる．「ボブの今夜のパーティにアリスが出るだろう」と昨日私は言ったが，つい先ほどキャロルから「アリスは病気の親戚を訪ねるために緊急で海外に行った」と聞いたとしよう．この新しい情報からすると，「アリスはパーティに出るだろう」という私の以前の主張をそれが真ではなかったという根拠で取り下げるだろう．しかし，私の過去の主張が保証されたものだとみなすことをやめる理由はない．そのときに私に利用可能であった証拠からそれは適切に支持されていたのである．その主張は正しくなかったけれども，それが正しくなかったのは，不適切な証拠によってそれを支持していたからではない．もし私が保証にではなく真理に関心があるのならば，私が以前の主張を取り下げる理由はないことになろう．私の主張は保証されていたのであり，たとえ私がいま再びそれを主張することは保証されていないとしても，新たな情報が出てきたことによって，それが保証されていた事実は変わらない．

　この種の事例によって，私たちは次の2つの根拠のいずれかにもとづいて以前の主張を取り下げうることが示唆される．すなわち，「それらが真ではなか

った」という根拠か「それらが保証されていなかった」という根拠かである．さらには，このことはデフレ主義と何ら矛盾しない．自らの証拠がある主張を支持すると以前の時点において私たちが考えていたとして，実際はその証拠はそれを支持しないことがのちに判明したとすれば，その主張は保証されていな_{・・}かったという根拠でその主張を取り下げるだろう．その一方で，私たちが主張したことが実際にはそうではなかったことが判明すれば，私たちはその主張が真_・ではないという根拠でその主張を取り下げるだろう．デフレ主義者が真理と主張可能性を主張についての異なる規範とみなす余地は大いにある．もし真理と主張可能性が主張についての同じ規範であるとしたら，ある主張が保証されていないという根拠でそれを取り下げることと，それが偽であるという根拠でそれを取り下げることのあいだには何ら差がないと考えるべきだということになってしまう．しかし，真理と主張可能性には現に違いがあり，デフレ主義者はその違いを十分に特徴づけられる．保証されていない主張は話者に利用可能な情報によって不十分にしか支持されないものであり，偽である主張は物事が現にそうであるのとは異なるように述べるものである．

　ここでデフレ主義者に対するリンチの反論に戻ろう．リンチは次のように主張した．もし真理述語の引用符解除と一般化の機能だけに限るとすれば，文の意味や行為における成功の説明において真理述語が果たすべき役割を果たせないだろう．リンチは説明における真理述語の2つの異なる役割を念頭に置いていた．

　　（22）　多くの文の真理条件はそれらの意味を説明する．
　　（23）　私たちの信念が真であることはしばしば私たちの行為の成功を説明する．

（22）においては，真理は意味の説明において「構成的な」役割を果たすとされている (Lynch 2009b: 121)．「雪は白い」のような文の真理条件はその文の意味を「構成する」，あるいはリンチがときとして述べるように，「必然的に規定する」ものの一部である．（23）においては，真なる信念が成功した行為を説明するというのは，他のことが同じであれば，私たちが望むものをいかにして手に

入れられるかについて真なることを信じているときには，より自らの望むものを手に入れられそうだというアイデアだ（Lynch 2009b: 121）．

　真理条件が意味を「構成する」とか「必然的に規定する」とかという主張をしようとするならば2つの主要な方法がある．1つは，明らかに間違っているが，真理条件と意味の関係を水と H_2O の関係になぞらえるものである．水のサンプルは H_2O 分子の集まりから構成されている．それが水のサンプルであるというのは，それが H_2O 分子の集まりから構成されていることによるのであって，H_2O 分子の構造とそれを支配する化学の法則によって特定の化学的性質をもつのである．

　これと同様の仕方で真理条件が意味を構成しているというのであれば，文がそれの意味するものを意味するのは，その真理条件をそれがもっているからだと考えるべきだということになる．だが，真理条件をみることによって意味について多くのことを学べるとしても，文がその意味をもっているのは，その文の真理条件をそれがもっているからではない．逆に，文がある真理条件をもつのは，その文が特定の意味をもっているからだ．

　雪が白いときに真であり，そのときにかぎり真である，ドイツ語の文「Der Schnee ist weiss」を考えてみよう．この文は雪が白いことを意味している．しかし，「Der Schnee ist weiss」が雪が白いことを意味するのは，この文が真であるのは雪が白いときであり，そのときに限るからだと考えるのは間違いだろう．むしろ説明の方向は逆である．「Der Schnee ist weiss」が真であるのは雪が白いときであり，そのときに限るのはなぜか．なぜなら，それは雪が白いことを意味するからだ．意味が真理条件を説明するのであって，その逆ではない．

　真理条件が意味を構成するという主張の，第2の，よりもっともらしい理解の方法は，その主張を次のアイデアを要約したものとみなすというものだ．

(24)　必然的に，2つの文が意味において同様であるのは，それら2つの文が真理条件において同様であるときであり，そのときに限る．

この解釈では，意味には真理条件に「付随する」ものである〔ある性質のジャンル A が他の性質のジャンル B に付随するというのは，もしある2つのものが同

じジャンル B の性質をもっている(ジャンル B において異ならない，同様である)のであれば必ず，それらは同じジャンル A の性質をもつ(ジャンル A の性質において異ならない，同様である)ということである]．すなわち，文が真理条件において異ならないならば，意味において異なることはないということである．

しかしながら，(24)の主張は，真理述語によって私たちができるようになるとデフレ主義者がみなしている類の一般化に他ならない．2つの文 S_1 と S_2 が真理条件において同様であるというのは，次のことが成り立つということである．

 (25) 必然的に，S_1 が真であるのは，S_2 が真であるときであり，そのときに限る．

このように，(24)は次のことを述べていることになる．

 (26) 必然的に，2つの文 S_1 と S_2 が意味において同様であるのは，必然的に「S_1 が真であるのは，S_2 が真であるときであり，そのときに限る」というときであり，そのときに限る．

(26)では，真理述語は一般化と引用符解除の道具という通常の役割を果たしている．「S_1」と「S_2」は文の名前のプレイスホルダーであるとみなせ，「s_1」と「s_2」がそれぞれの文を私たちの言語に翻訳したもののプレイスホルダーとしてはたらくとするとしよう．こうして，(26)は次のスキーマのすべての事例を要約したものとなる．

 (27) 必然的に，2つの文 S_1 と S_2 が意味において同様であるのは，必然的に「s_1 であるのは s_2 であるときであり，そのときに限る」というときであり，そのときに限る．

(日本語から日本語への翻訳も許容するとすれば)この事例には次のものも含まれる．

(28) 必然的に,「Der Schnee ist weiss」と「雪は白い」が意味において同様であるのは,必然的に「雪が白いのは雪が白いときであり,そのときに限る」というときであり,そのときに限る.

(29) 必然的に,「Der Schnee ist weiss」と「La neige est blanche」が意味において同様であるのは,必然的に「雪が白いのは雪が白いときであり,そのときに限る」というときであり,そのときに限る.

(30) 必然的に,「Der Schnee ist weiss」と「草は緑である」が意味において同様であるのは,必然的に「雪が白いのは草が緑であるときであり,そのときに限る」というときであり,そのときに限る.

それゆえ,「意味が真理条件によって構成される」というアイデアが(24)のように解釈されるのであれば,それをとらえるのにデフレ主義が与えてくれるもの以上のものに訴える必要はない.

リンチはまた,「私たちの信念が真であるということが私たちの実践における成功を説明するのに役立つことをデフレ主義者は説明できない」と考えている.真理は次の仕方で成功を説明するようにみえる.自らの望むものをどのようにすれば私は手に入れられるかに関して真なることを信じているのであれば,より私が望むものを手に入れられそうであり,それをいかにして手に入れられるかに関して真なることを信じていないのであれば,より私が望むものを手に入れられなさそうである.リンチは,これは次のような主張の総体よりも多くを意味すると考えている.

(31) ドアを閉じれば私の望むものが得られるだろうと私が信じており,そしてドアを閉じれば私の望むものが得られるのであれば,より私が望むものを得ることができそうである.

(32) 転職すれば私の望むものが得られるだろうと私が信じており,そして転職すれば私の望むものが得られるのであれば,より私が望むものを得ることができそうである.

(33) ビールをもう1杯頼めば私の望むものが得られるだろうと私が信じ

ており，そしてビールをもう1杯頼めば私の望むものが得られるのであれば，より私が望むものを得ることができそうである．
　　　などなど．…

　リンチが言うには，私の成功が私の信念が真であることに「反事実条件的に依存している」ことが，ここには欠けている．

> 私の信念が真であるということによって私の行為の成功を説明することで，私は暗黙的に新たな様相的な情報を伝えている．すなわち，世界が現にそうであるのと異なっていたとすれば，たとえ実際には私が想像すらできない仕方で世界が異なっていたとしても，他の真なる信念がまた成功をもたらすであろうという情報を私は伝えているのである．（Lynch 2009b: 126, 強調は原文通り）

「私が望むものをどのようにすれば得られるか」について真なる信念をもっているならば，私はより成功しそうだというだけではなく，もし物事のあり方が異なっていたとすれば，私が望むものをどうすれば得られるかについて真であることを信じていたとすれば私はより成功しそうだということになる．(31)から(33)のような主張の集まりは物事が異なっていたとしたら真なる信念がどのように私を手助けするだろうかについては何も述べていない．
　リンチのこの手はデフレ主義に対してフェアでない．リンチは次の(34)のデフレ主義的な理解に目を向けている．

(34)　私の望むものをどうすれば得られるかについて真なることを信じているならば，より私の望むものをより得られそうだ．

そしてリンチは次の(35)によってより明示的に表現できるアイデアを，(34)が適切にとらえられていないと非難する．

(35)　私が望むものをどのようにすれば得られるかについての真なること

を信じるのであれば，私が望むものをより得られそうであり，もし物事が異なっていたとしたら，私が望むものをどのようにすれば得られるかについての真なることを信じるのであれば，私が望むものをより得られそうである．

(35)についてはデフレ主義的にも理解できる．そのように理解すると，(35)は上に列挙した主張だけではなく，次のような主張の総体を要約していることになる．

(36) もし物事が異なり，コンサートに行くのが私の望むものを得る方法だということであれば，コンサートに行くのが私の望むものを得る方法だと私が信じていれば，より私が望むものを得ることができそうである．

(37) もし物事が異なり，12 個のチョコレートケーキを食べることが私の望むものを得る方法だということであれば，12 個のチョコレートケーキを食べることが私の望むものを得る方法だと私が信じていれば，より私が望むものを得ることができそうである．

(38) もし物事が異なり，早起きすることが私の望むものを得る方法だということであれば，早起きすることが私の望むものを得る方法だと私が信じていれば，より私が望むものを得ることができそうである．

などなど．…

デフレ主義は，私の成功が私の信念が真であることに「反事実条件的に依存している」という，リンチの言っている点を結局は受け入れることができる．

リンチの見解を擁護する人は，「私たちが望んでいるのは，なぜ真なる信念と成功した行為のあいだに反事実的なつながりがあるのかの説明である」と応じるかもしれない．1 つの可能性としては，真理は真理述語の論理的な機能を超える本性をもつ性質であり，その本性が，ある人の信念が真であるときにはその人はたとえ反事実的な状況においてもより成功しそうだということを規定していることが考えられる．水と塩の本性についての事例を考えよう．ある一塊の塩は水に当たることがなくとも，水と塩の本性によって，もし十分に長い

あいだ水に浸されるなら，溶けるだろう．こうして関係する性質の本性を引き合いに出すことによって，なぜある反事実条件文が真であるのかを説明することができる．

しかし，この場合は，私たちの求める説明を得るのに真理という性質の本性を引き合いに出さなくともよい．その代わりに，私たちは信念の本性を引き合いに出せよう．「もしあなたがある主張を信じているのであれば，あなたはそれによって世界が特定のあり方にあるかのように行為する傾向をもっている」というのは，信念の本性の一部に含まれると思われる．あなたの信念が真であるかどうかにその成功が依存するようなかたちで行為する傾向をあなたはもっているのである．

犬がリスを追いかけているのをあなたが見ていて，そのリスが視界から消え去ったとしよう．犬はリスが行った方向に走っていき，ある木に向かって吠え始める．そのリスが木にいるかのようにその犬は振る舞っているから，その犬はリスがその木にいると信じていると言っても不自然ではなかろう．この振る舞いは，もしリスが他のところではなくてその木にいるとしたらその犬が望んでいるものをより得られそうな振る舞いだ．「あなたが何かを信じているのならば，あなたの信じていることが真であるかどうかに成功が依存するようなかたちで行為する傾向にある」というのは，信念という概念の一部に含まれている．

信念の本性の一部には，「ある主張を信じることで，その主張が真であるかどうかに成功が依存するような仕方で振る舞う傾向を人はもつようになる」ということが含まれる．このことをデフレ主義者は喜んで受け入れられる．この一般化は次のような主張の総体を表現する．

(39) リスが木にいると信じることで，リスがその木にいればより成功しそうな仕方で行為する傾向を人はもつようになる．

(40) 水は液体であると信じることで，水が液体であればより成功しそうな仕方で行為する傾向を人はもつようになる．

(41) ドアを閉じれば望むものが得られると信じることで，ドアを閉じれば望むものが得られるならばより成功しそうな仕方で行為する傾向を人はもつようになる．

などなど．…

　信念の本性のこういった側面をみてみると，行為の成功が真なる信念に反事実的に依存することを説明するには，真理述語の一般化と引用符解除という機能の他には何もいらないことがわかる．このようにして，逆のことを述べるリンチの主張は誤りであると思われる．

　方法論的デフレ主義を仮定しよう．すると，真理についてのデフレ主義的な考え方にはこなせないが，多元主義的な考え方であればこなせる重要な役割がある場合に限って，デフレ主義よりも多元主義を選ぶべきだということになる．ライトとリンチがデフレ主義を退けて多元主義を採用する理由は不十分にみえる．それゆえ，これまでのところはデフレ主義的な説明が優位にあることになる．

　第7章でみたように，多元主義にはそれ固有の問題がある．しかし，こういった問題は別にしても，多元主義は過度にインフレ的である．この点では，方法論的デフレ主義は穏健である．真理の本性については，そうしなければならない具体的な理由があるとわかるまでは，真理述語の論理的機能の他には何も想定しないでおこう．真理についてのインフレ的な考えが必要だということに対して，ライトやリンチが与えている理由は不十分である．また，因果対応説はデフレ主義が与えるものを超える説明力をもたないこともみた．真理についてのインフレ的見解をとるための新たなよりよい理由が出てくるまでは，デフレ主義の土台は堅牢だ．

8.5　結　　論

真理とは何か．

　この本はこの問いに対するさまざまな答えを，同値性原理や客観性に関してどうなっているか，真理の価値をどう説明しているかにとくに注意を払いつつ，その答えの利点や欠点を強調しながら概観してきた．しかし，もしデフレ主義が正しいのであれば，この問いにはいくぶん驚くべき答えがあることになる．真理というのは哲学的理論によって説明せねばならない本性をもった性質では

ない．むしろ，真理述語は一般化と引用符解除のための論理的道具なのだ．ある主張が真であることはその主張が述べるとおりに物事がなっていることにすぎず，それが真理に関してのほとんどすべてである．

　真理についてのデフレ主義的な理論を私は支持しており，この章では因果対応説や多元主義的なアプローチよりもデフレ主義に有利な考察を概説してきた．たとえデフレ主義が因果対応説の説明的な役割をすべて果たすことができるとしても，説明的ではない他の仕事には因果対応説のほうが適しているかもしれない．たとえリンチやライトのデフレ主義批判が失敗しているとしても，第6章で論じた反論を含む，他のいくつかの重要な反論が残っている．こういった反論に応答したり，それらを回避できるデフレ主義の妥当なバージョンを定式化したりするのは，デフレ主義者のやるべきことリストの最重要項目として残っている．さらには，もし方法論的デフレ主義が正しいとすれば私たちは真理についてのデフレ主義的な考え方の限界を常にテストし続けなければならない．デフレ主義にできない重要な課題があることがわかるかもしれないし，そういった発見があればどういった種類のインフレ理論が必要なのかを教えてくれるだろう．

　「真理とは何か」という問いに対する満足のいく答えは，それがたとえデフレ主義的な答えなのであっても，いくつかのことをしなければならない．相対主義や反実在論の信じがたい類のものは避けなければならないし，懐疑主義に陥ったり，信じがたいくらい強力な類の実在論に陥ったりするのも避けなければならない．そして，私たちの信念が真であるかどうかを気にかける価値があることも説明しなければならない．これらすべてのことをちゃんとこなす答えを探すのは，現代哲学の心躍る進行中のプロジェクトである．

参考文献

Aristotle. 1941. *The Basic Works of Aristotle*. Ed. Richard Peter McKeon. Random House.〔『形而上学』全2巻，出隆（訳），岩波文庫，1959年〕
Armstrong, D. M. 1997. *A World of States of Affairs*. Cambridge: Cambridge University Press.
―――. 2004. *Truth and Truthmakers*. Cambridge: Cambridge University Press.
Austin, J. L., P. F. Strawson, and D. R. Cousin. 1950. Symposium: Truth. *Proceedings of the Aristotelian Society, Supplementary Volumes* 24: 111-172.
Beall, Jc. 2009. *Spandrels of Truth*. Oxford; New York: Oxford University Press.
Blanshard, Brand. 1939. Coherence as the nature of truth. In *The Nature of Truth: Classic and Contemporary Perspectives*. Ed. Michael P. Lynch. Cambridge, MA: MIT Press, 2001.
Bradley, F. H. 1914. *Essays on Truth and Reality*. Cambridge: Cambridge University Press, 2011.
Brogaard, Berit and Joe Salerno. 2012. Fitch's paradox of knowability. In *The Stanford Encyclopedia of Philosophy*. Fall 2012 edn. Ed. Edward N. Zalta.
Burgess, Alexis and John P. Burgess. 2011. *Truth*. Princeton: Princeton University Press.
Cotnoir, Aaron J. 2009. Generic truth and mixed conjunctions: Some alternatives. *Analysis* 69(3): 473-479.
David, Marian. 2013. The correspondence theory of truth. In *The Stanford Encyclopedia of Philosophy*. Fall 2013 edn. Ed. Edward N. Zalta. http://plato.stanford.edu/archives/fall2013/entries/truth-correspondence/
De Houwer, Jan, Sarah Thomas, and Frank Baeyens. 2001. Association learning of likes and dislikes: A review of 25 years of research on human evaluative conditioning. *Psychological Bulletin* 127(6): 853.
de Jong, Peter F., Willem Koomen, and Gideon J. Mellenbergh. 1988. Structure of causes for success and failure: A multidimensional scaling analysis of preference judgments. *Journal of Personality and Social Psychology* 55(5): 718-725.
Descartes, René. 1641. *Meditations, Objections, and Replies*. Ed. Roger Ariew and Donald A. Cress. Indianapolis, IN: Hackett Publishing, 2006.〔『省察』，山田弘明（訳），ちくま学芸文庫，2006年〕
Dorsey, Dale. 2006. A coherence theory of truth in ethics. *Philosophical Studies: An International Journal for Philosophy in the Analytic Tradition* 127(3): 493-523.
Dummett, Michael. 1958. Truth. *Proceedings of the Aristotelian Society* 59: 141-162.〔「真理」，『真理という謎』，藤田晋吾（訳），勁草書房，1986年所収〕
Edwards, Douglas. 2008. How to solve the problem of mixed conjunctions. *Analysis* 68(2): 143-149.
Engel, Pascal. 2002. *Truth*. Montreal: McGill-Queen's University Press.
―――. 2005. Truth and the aim of belief. In *Laws and Models in Science*. Ed. D. Gillies. London: King's College Publications.
Evans, J. D. G. 1974. Aristotle on relativism. *The Philosophical Quarterly* 24(96): 193-203.
Field, Hartry. 1972. Tarski's theory of truth. *The Journal of Philosophy* 69(13): 347-375.
―――. 1994. Deflationist views of meaning and content. *Mind* 103(411): 249-285.

―――. 2001. *Truth and the Absence of Fact*. Oxford: Oxford University Press.

Frege, Gottlob. 1956. The thought: A logical inquiry. *Mind* 65(259): 289-311.〔「思想」,『フレーゲ著作集 4』, 黒田亘・野本和幸(編), 勁草書房, 1999 年所収〕

Glanzberg, Michael. 2009. Truth. In *The Stanford Encyclopedia of Philosophy*. Spring 2009 edn. Ed. Edward N. Zalta.

Gott, J. Richard III, Mario Jurić, David Schlegel, Fiona Hoyle, Michael Vogeley, Max Tegmark, Neta Bahcall, and Jon Brinkmann. 2005. A map of the universe. *The Astrophysical Journal* 624(2): 463-484.

Gupta, Anil. 1993. Minimalism. *Philosophical Perspectives* 7: 359-369.

―――. 2010. A critique of deflationism. *Philosophical Topics* 21(2): 57-81.

Harman, Gilbert. 1977. *The Nature of Morality*. Oxford, UK: Oxford University Press.〔『哲学的倫理学叙説』, 大庭健・宇佐美公生(訳), 産業図書, 1988 年〕

Hookway, Christopher. 2010. Pragmatism. In *The Stanford Encyclopedia of Philosophy*. Spring 2010 edn. Ed. Edward N. Zalta.

Horgan, T. and M. Potrc. 2000. Blobjectivism and indirect correspondence. *Facta Philosophica* 2(2): 249-270.

―――. 2001. Contextual semantics and metaphysical realism: Truth as indirect correspondence. In *The Nature of Truth: Classic and Contemporary Perspectives*. Ed. Michael P. Lynch. Cambridge, MA: MIT Press.

Horwich, Paul. 1998. *Truth*. Oxford: Oxford University Press.〔『真理』, 入江幸男・原田淳平(訳), 勁草書房, 2016 年〕

―――. 2010. *Truth-Meaning-Reality*. Oxford: Oxford University Press.

Hume, David. 1739. *A Treatise of Human Nature*. Ed. David Fate Norton and Mary J. Norton. Oxford: Oxford University Press, 2000.〔『人間本性論〈第 1 巻〉知性について』, 木曾好能(訳), 法政大学出版局, 1995 年〕

―――. 1777. *Enquiries Concerning Human Understanding and Concerning the Principles of Morals*. Ed. L. A., Sir Selby-Bigge and P. H. Nidditch. Oxford: Clarendon Press, 1975.〔『人間知性研究』, 斎藤繁雄・一ノ瀬正樹(訳), 法政大学出版局, 2011 年〕

James, William. 1907a. Pragmatism's conception of truth. In *Pragmatism and Other Writings*. New York: Penguin, 2000.〔『プラグマティズム』, 桝田啓三郎(訳), 岩波文庫, 1957 年〕

―――. 1907b. What pragmatism means. In *Pragmatism: Classic and Contemporary Readings*. Ed. H. S. Thayer. Indianapolis, IN: Hackett Publishing, 1982.

Kant, Immanuel. 1781. *Critique of Pure Reason*. Ed. Paul Guyer and Allen Wood. Cambridge: Cambridge University Press, 1998.〔『純粋理性批判』全 3 巻, 原佑(訳), 平凡社ライブラリー, 2005 年〕

―――. 1783. *Prolegomena to Any Future Metaphysics that Will Be Able to Come Forward as Science, with Kant's Letter to Marcus Herz, February 27, 1772*. Ed. James W Ellington. Indianapolis, IN: Hackett Publishing, 2001.〔『プロレゴメナ』, 篠田英雄(訳), 岩波文庫, 2003 年〕

Kitcher, P. 2002. On the explanatory role of correspondence truth. *Philosophy and Phenomenological Research* 64(2): 346-364.

Klein, Peter. 2011. Skepticism. In *The Stanford Encyclopedia of Philosophy*. Summer 2011 edn. Ed. Edward N. Zalta.

Korsgaard, C M. 1983. Two distinctions in goodness. *The Philosophical Review* 92(2): 169-195.

Künne, Wolfgang. 2003. *Conceptions of Truth*. New York: Oxford University Press.

Kvanvig, J. 2008. Pointless truth. *Midwest Studies in Philosophy* 32(1): 199-212.
Lynch, Michael P. 2001. A functionalist theory of truth. In *The Nature of Truth*. Ed. Michael P. Lynch. Cambridge, MA: MIT Press.
———. 2005a. Alethic functionalism and our folk theory of truth. *Synthese* 145(1): 29-43
———. 2005b. *True to Life: Why Truth Matters*. Cambridge, MA: MIT Press.
———. 2009a. The values of truth and the truth of values. In *Epistemic Value*. Ed. Adrian Haddock, Alan Millar, and Duncan Pritchard. Oxford, UK: Oxford University Press.
———. 2009b. *Truth as One and Many*. Oxford; New York: Clarendon Press: Oxford University Press.
MacBride, Fraser. 2013. Truthmakers. In *The Stanford Encyclopedia of Philosophy*. Spring 2013 edn. Ed. Edward N. Zalta.
McGrath, M. 2005. Lynch on the value of truth. *Philosophical Books* 46(4): 302-310.
Miller, Alexander. 2012. Realism. In *The Stanford Encyclopedia of Philosophy*. Spring 2012 edn. Ed. Edward N. Zalta.
Mulligan, Kevin and Fabrice Correia. 2013. Facts. In *The Stanford Encyclopedia of Philosophy*. Spring 2013 edn. Ed. Edward N. Zalta.
Nozick, R. 1977. *Anarchy, State, and Utopia*. Basic Books.〔『アナーキー・国家・ユートピア――国家の正当性とその限界』, 嶋津格（訳）, 木鐸社, 1995 年〕
Park, N. C. Peterson, and M. E. P. Seligman. 2004. Strengths of character and well-being. *Journal of Social and Clinical Psychology* 23(5): 603-619.
Pears, David. 1951. Universals. *The Philosophical Quarterly* 1(3): 218.
Pedersen, Nikolaj Jang Lee Linding. 2006. What can the problem of mixed inferences teach us about alethic pluralism? *The Monist* 89(1): 102-117.
———. 2012. Recent work on alethic pluralism. *Analysis* 72(3): 588-607.
Pedersen, Nikolaj Jang Lee Linding and Cory Wright. 2013. Pluralist theories of truth. In *The Stanford Encyclopedia of Philosophy*. Spring 2013 edn. Ed. Edward N Zalta.
Peirce, Charles Sanders. 1878. How to make our ideas clear. In *Pragmatism: The Classic Writings*. Ed. H. S. Thayer. Indianapolis, IN: Hackett Publishing, 1982.〔「我々の観念を明晰にする方法」, 『プラグマティズム古典集成　パース，ジェイムズ，デューイ』, 植木豊（編訳）, 作品社, 2014 年所収〕
Plato. 1997. *Complete Works*. 5th, illustrated edn. Ed. John Madison Cooper and S. Hutchinson. Indianapolis, IN: Hackett Publishing.〔『プラトン全集』, 田中美知太郎・藤沢令夫（編）, 岩波書店, 1974-1978 年〕
Priest, Graham. 2006. *Doubt Truth to Be a Liar*. Oxford: Oxford University Press.
Putnam, Hilary. 1981. *Reason, Truth, and History*. Cambridge: Cambridge University Press.〔『理性・真理・歴史――内在的実在論の展開』, 野本和幸・中川大・三上勝生・金子洋之（訳）, 法政大学出版局, 1994 年〕
Quine, W. V. 1960. *Word and Object*. Cambridge, MA: Technology Press of the Massachusetts Institute of Technology.〔『ことばと対象』, 大出晁・宮館恵（訳）, 勁草書房, 1984 年〕
———. 1970. *Philosophy of Logic*. Englewood Cliffs, NJ: Prentice-Hall.〔『論理学の方法』, 中村秀吉・大森荘蔵・藤村龍雄（訳）, 岩波書店, 1978 年〕
———. 1981. *Theories and Things*. Cambridge, MA: Harvard University Press.
———. 1992. *Pursuit of Truth*. Cambridge, MA: Harvard University Press.〔『真理を追って』, 伊藤春樹・清塚邦彦（訳）, 産業図書, 1999 年〕
Ramsey, F. P. and G. E. Moore. 1927. Symposium: Facts and propositions. *Proceedings of the Aristotelian Society, Supplementary Volumes* 7: 153-206.〔「事実と命題」, 『ラムジー哲学

論文集』，伊藤邦武・橋本康二(訳)，勁草書房，1996年所収〕

Rodriguez-Pereyra, Gonzalo. 2006. Truthmakers. *Philosophy Compass* 1(2): 186-200.

Rorty, R. 1995. Is truth a goal of enquiry? Davidson vs. Wright. *The Philosophical Quarterly* 45(180): 281-300.

Russell, Bertrand. 1906. On the nature of truth. In *Theories of Truth*. Ed. Frederick F. Schmitt. Malden, MA: Blackwell, 2003.

―――. 1912. Truth and falsehood. In *The Nature of Truth: Classic and Contemporary Perspectives*. Ed. Michael P. Lynch. Cambridge, MA: MIT Press, 2001.

Sainsbury, R. M. 1996. Crispin Wright: Truth and Objectivity. *Philosophy and Phenomenological Research* 56(4): 899-904.

Salerno, Joe. 2009. *New Essays on the Knowability Paradox*. Oxford: Oxford University Press.

Searle, John R. 1995. *The Construction of Social Reality*. New York: Simon and Schuster.

Shapiro, Stewart. 2009. Michael P. Lynch: Truth as One and Many. *Notre Dame Philosophical Reviews*. http://ndpr.nd.edu/news/24169-truth-as-one-and-many/

Sher, Gila. 2005. Functional pluralism. *Philosophical Books* 46(4): 311-330.

Stich, Stephen P. 1990. *The Fragmentation of Reason: Preface to a Pragmatic Theory of Cognitive Evaluation*. Cambridge, MA: MIT Press.

Stoljar, Daniel and Nic Damnjanovic. 2012. The deflationary theory of truth. In *The Stanford Encyclopedia of Philosophy*. Summer 2012 edn. Ed. Edward N Zalta. http://plato.stanford.edu/archives/sum2012/entries/truth-deflationary/

Swoyer, Chris. 2010. Relativism. In *The Stanford Encyclopedia of Philosophy*. Winter 2010 edn. Ed. Edward N. Zalta.

Tappolet, C. 1997. Mixed inferences: A problem for pluralism about truth predicates. *Analysis* 57(3): 209-210.

Tarski, A. 1944. The semantic conception of truth and the foundations of semantics. *Philosophy and Phenomenological Research* 4(3): 341-376.〔「真理の意味論的観点と意味論の基礎」，『現代哲学基本論文集〈2〉』，坂本百大(編)，勁草書房，1987年所収〕

Taylor, Shelley E. 1989. *Positive Illusions: Creative Self-deception and the Healthy Mind*. New York: Basic Books.

Textor, Mark. 2012. States of affairs. In *The Stanford Encyclopedia of Philosophy*. Summer 2012 edn. Ed. Edward N. Zalta.

Warfield, Ted A. and Keith DeRose. 1999. *Skepticism: A Contemporary Reader*. New York: Oxford University Press.

Williamson, Timothy. 1994. A critical study of truth and objectivity. *International Journal of Philosophical Studies* 30(1): 130-144.

Wittgenstein, Ludwig. 1922. *Tractatus Logico-philosophicus*. Ed. C. K. Ogden. London: Routledge, 1990.〔『論理哲学論考』，野矢茂樹(訳)，岩波文庫，2003年〕

Wrenn, Chase 2005. Pragmatism, truth, and inquiry. *Contemporary Pragmatism* 2(1): 95-114.

―――. 2010. True belief is not instrumentally valuable. In *New Waves in Truth*. Ed. C. D. Wright and N. Pedersen. Palgrave Macmillan.

―――. 2011. Practical success and the nature of truth. *Synthese* 181(3): 451-470.

Wright, Crispin. 1992. *Truth and Objectivity*. Cambridge, MA: Harvard University Press.

―――. 2001. Minimalism, deflationism, pragmatism, pluralism. In *The Nature of Truth*. Ed. Michael P. Lynch. Cambridge, MA: MIT Press.

Young, James O. 2013. The coherence theory of truth. In *The Stanford Encyclopedia of Philosophy*. Summer 2013 edn. Ed. Edward N. Zalta.

日本語参考文献

　残念ながら日本語で読める真理論の文献は多くないが，真理論についてさらに学びたい人のためにいくつかの文献を紹介する．以下に挙げるもののほかにももちろん，参考文献にあるラムジー，タルスキ，クワイン，パトナム，ダメットの著作の邦訳を読むことも有益である．

1)　ポール・ホーリッジ『真理』，入江幸男・原田淳平(訳)，勁草書房，2016年
　分析哲学における真理論で決定的に重要な著作である．デフレ主義の一種であるミニマリズムを支持するホリッジは，自らの立場を提示した上で，自らの立場に投げかけられるであろう反論に応えるというスタイルをとっており，扱われる問題は多岐にわたる．真理論の哲学的側面に興味があるならば，この本で扱われる問題について考えることから始めるのが一番よいだろう．

2)　菊池誠(編)，佐野勝彦・倉橋太志・薄葉季路・黒川英徳・菊池誠(著)，『数学における証明と真理——様相論理と数学基礎論』，共立出版，2016年
　レンの議論では詳しく触れられることがなかったが，「嘘つきパラドクス」などの真理述語に関するパラドクスへの対処や真理述語の論理の形式的扱いは現代の真理論で大きな位置を占めている．このあたりに興味があるならば，『数学における証明と真理』「第4部　真理と様相」(黒川英徳)を読むとよい．また，真理述語の論理の研究のテクニカルな成果がもつ哲学的意義について関心があるならば，藤本健太郎「デフレ主義と保存性」(『哲学雑誌』，129巻801号，2014年)を読むとよい．いずれにせよ基礎的な数理論理学の予備知識が求められるので，戸田山和久『論理学をつくる』(名古屋大学出版会，2000年)，田中一之(編)『ゲーデルと20世紀の論理学2　完全性定理とモデル理論』(東京大学出版会，2006年)，田中一之(編)『ゲーデルと20世紀の論理学3　不完全性定理と算術の体系』(東京大学出版会，2007年)，小野寛晰『情報科学における論理』(日本評論社，1994年)などの数理論理学の教科書を読んでから進むのがよいだろう．

3)　飯田隆『言語哲学大全』I-IV，勁草書房，1987-2002年
　言語哲学に関する知識は真理論についてさらに発展的に考えるために必要になるだろう．『言語哲学大全』は日本語で書かれた言語哲学の決定版の教科書であり，真理論だけでなく，分析哲学一般を学ぶ上でもきわめて有益である．

4)　秋葉剛史『真理から存在へ——〈真にするもの〉の形而上学』，春秋社，2014年

対応説の章で出てきた「真理メイカー理論」に関心があるならば，この本を読むとよいだろう．「トロープ」と呼ばれる，個別者としての性質が真理メイカーとしてどのようにはたらきうるかが論じられている．

解　説
「真理である」ことの真理
●
一ノ瀬正樹

1　「真理」という言葉

「真理」とは，はたしてどういう言葉なのだろうか．この問いから始めよう．
　言葉というのは，実に恐ろしい．ある言葉が繰り返し述べられると，それが頭に植えつけられ，その言葉の意味に親和的な行動をとりがちになる．それが悪い方向に向く場合は，いわゆる「洗脳」である．良い方向に向く場合は，「教育」であったり，「能力の開花促進」であったりする．あるいは，ある言葉が何らかの意味のもとで述べられると，その意味に対応する何かがどこかに成立していると私たちは思いがちである．むろん，実際に何かが成立している場合もあるが，問題となるのは，実はどこにも何もない，という場合である．しかし，そうした，何もない場合でも，いったんその言葉が根づくと，ときには途方もない威力を発揮する．宗教の語りや，制度的概念を表す言葉などがそうした場合の典型例にあたるだろう．日本人は，こうした言葉の威力について「言霊」などと表現することがある．
　具体例に沿ってみてみよう．現代は，幼児教育において「褒めること」が非常に推奨されている．「とても上手に出来ました」，「先生は感動したよ」などと褒めて能力を伸ばしてやることが良いとされているのである．子どもに投げかける言葉は，教育にとって，きわめてきわめて本質的なのである．また，「こっくりさん」，「血液型性格診断」などの迷信がかった言葉，「エイドーラ」，「スペキエス」，「エーテル」といった過去の科学において通用していた言葉，「国際規範」とか「過失未遂の構成要件」のようなもっともらしい言葉も，いったん口にして意味がありそうに語ると，一人歩きをして，あたかも実体があるかのように機能し始め，場合によっては学術的探求の対象に実際なってきたし，そのようになりうるのである．けれど，開き直って言ってしまえば，そんなものはもともとない，と述べてよいのではないかとも思える．しかし，言葉

は，口に出されると，まさしく言霊であるがごとく，それ自体の「いのち」をもち始め，動き始めるのである*1．

　では，「真理」(truth)という言葉はどうだろうか．私の日本語スピーカーとしての実感からすると，実は，日本語では「真理」とか「真である」といった表現はあまり使われない．おそらく，「本当だ」が，英語で言う"true"に対応すると言ってよいのではないか．「本当だ」という言い方ならば，たしかに日常的である．私は「真理」という概念について考えるとき，たとえば，次のようなやり取りがいつも頭に浮かぶ．このやり取りを「原会話」と呼んでおこう．

　　Aさん「X国で今日暴動が発生して革命が起きたんだって」
　　自分「ええ，まさか．X国は安定してるはずだけど」
　　Bさん「本当だよ，Aさんの言うとおり，革命が起きたんだよ」
　　自分「そうなのか．そりゃあ驚きだ」

この「原会話」中のBさんの言葉に出てくる「本当だよ」，これがおそらく，英語で言うところの"It is true."にあたるのではないだろうか．私の真理概念に関する理解は，こうした「原会話」の場面に集約される．

　問題は，哲学でこの"true"とか「本当だ」とかが論じられる場合である．すなわち，哲学者たちは「真理とは何か」という問いを立て，侃々諤々と論じるのである．「真理論」(theory of truth)と呼ばれる問題圏である．本書はこの真理論の現代的展開について，極力こなれた仕方で論じつつも，かなり精密に，しかも著者自身の立場を打ち出すことをためらわずに行った，きわめて有益かつ刺激たっぷりの書物である．

　本解説を書くにあたって，あらかじめ私自身のスタンスを述べておきたい．上の「原会話」において，「自分」にとって「Bさん」の言葉は「Aさん」の発言を裏打ちするものであって，決して「単に「Aさん」の言葉を繰り返したものにすぎず，それ自体としての情報価値はない」とは言えない．「Bさん」の「本当だ」という真理概念を用いた発言は，言ってることの中身は「Aさん」の発言と同じなのだが，「自分」に対する影響は大きい．「本当だ」という言葉は，言葉として，事実そうしたはたらきをしている．このような直観，それが私自身が真理論に向かうときのデフォルト的態勢である．要するに私は，「本当だ」，"true"というものを，人に影響を及ぼす言葉として捉えているので

ある．この点で，「真理」という言葉は，先に触れた教育の場面での言葉の影響力になにがしか類似しているし，実体がないのに機能している言葉ともなんとなしに共通性をもつように思われるのである．こうした視点を心に留めつつ，以下検討を進めていこう．

2 「真理とは何か」という問い

それにしても，「真理とは何か」とは，壮大な問いである．このような巨大な問いを聞くと，そもそも「〜とは何か」という問い方それ自体に関心が向けられるかもしれない．はたして，どんな言葉や概念に対しても「〜とは何か」という問いかけを有意味にしうるのだろうか．たとえば，「「である」とは何か」という問いはどうだろう．あるいは，「「何」とは何か」はどうだろうか．うーん，と首をひねってしまうかもしれない．主語と述語を結ぶ繋辞であるとか，疑問詞である，といった文法を説明する応答は可能だが，それ以上どう説明できるだろうか．しかも，こうした問いに関してすぐに気づくことは，自己言及的であるという点である．「である」や「何」について「それは何か」と問うこと自体，応答すること自体，「である」や「何」という言葉に依拠することになってしまう．「「である」は繋辞である」，「「何」とは何か」．まして，こうした言葉が，世界や私たちの知識ネットワークの中の何かと対応していて，その何かの性質を説明すれば問いに答えたことになるのかというと，どうもそんなふうには思えない．「花崗岩とは何か」，「光合成とは何か」といった問いならば，言葉を離れた事象に言及することで応答できる．けれども，「何」という事象が，どこかに成立している事象で，それに言及することで「何」を説明できるだろうか．どうも，そのように論じることは難しい．

「真理とは何か」にも，「である」や「何」への問いと同じような匂いを感じてしまう．むろん，「真理」は名詞である，と不真面目なふうに応えることも可能だが，それでは誰も納得しない．かくして，「真理とはこれこれである」と応えなければならないという圧力を感じることになる．まるで，「花崗岩とは何か」と聞かれたときのように．しかし，そうなると，私たちは迷路に吸い込まれてしまう．まことに，「真理」あるいは「本当」を見くびってはいけない．真理概念は，およそどのような主張にも，いわば上方から降りかかってく

るのである．ニーチェの遠近法主義などに代表されるように，私たちの世界理解は個人個人の受け取り方に依存しているので，普遍的で絶対的な「真理」などない，よって「真理」ということで普遍的で絶対的な何かを意味しているとするならば，そんなものは妄想だ，とするような，いわば相対主義的な思想がしばしば提起されることがある．けれども，直ちに気づくように，そこでは，「普遍的で絶対的な真理などない」という主張それ自体が，「普遍的で絶対的な真理」として提示されていると考えられる．「である」や「何」と同様な，自己言及がここで発生する．

　けれども，たとえ執拗に自己言及してくるとしても，そうした性質をもつ何かを示すことができるならば，「真理とは何か」を解明したことになるのだろうか．いや，冷静に言うならば，そのような議論の立て方が正当かどうかさえ分からない．もし「真理」が，「である」や「何」と似たようなものだとしたら，「真理」という性質をもつ何かを示す，というのは最初から意味をなさないアイデアであるかもしれない．しかし，やってみなければ分からないではないか．哲学もまた，人間の営みである以上，トライアル＆エラーの精神で進めるしかないではないか．かくして，「真理とは何か」に答えようとする，なんとなく無謀の雰囲気を横溢させるような議論が生まれてくる．ただ，これを無謀だと断定すべきではないだろう．考えてみれば，哲学の主要問題というのは，ほとんど，それに答えようとすることは無謀だと思えるようなものばかりだからである．自由とは何か，因果とは何か，知識とは何か，善とは何か．目もくらむような無謀な問いの集まりである．しかし，哲学はそうした挑戦をあえて試みて，そうした問題の(解明とは行かないまでも)深層を暴き出すことに，つまりは，どのように困難であるかを示すことに，一定程度成功してきたのである．「真理とは何か」もまた，同じような成果が期待できるのではないか．それどころか，「真理」は，哲学の向かう主題の中でも，特級的につかみ所がなさそうな問いであるので，「真理とは何か」という問いに向かうことは，哲学という営みの核心中の核心に迫る営みになるのではないか．

3　実在論／反実在論，そして価値

　本書の著者レンは，実にシステマティックな仕方で，「真理とは何か」をめ

解説 「真理である」ことの真理

ぐる哲学の議論を整理して，論評を加えている．その出発点は，真理の担い手を「主張」としたうえで，「どのような真理論であっても，その理論が受け入れられるために満たさなければならない要請」(p.9)として，タルスキが提案したパターンの一例としての「T双条件文」(T-biconditional)を受け入れるところにある．それはこうである．

　Sが真であるのは，sというときであり，そのときに限る．（p.9）

ここでの「S」は文の名前であり，「s」はその理論の言語へその文Sを翻訳した文，である．レンは，こうした「T双条件文」を受け入れて真理概念を評価する立場を「同値性原理」(Equivalence Principle)と表現している(p.10)．そこでレンが挙げている例の1つは，「「冷蔵庫にもう1本ビールがある」が真であるのは，冷蔵庫にもう1本ビールがあるときであり，そのときに限る」というものである．

　ここではっきりと判明するのは，「真理」は言語表現に与えられていること，そして「真理」が成立することは，当該の言語表現が指示している事態が存立していることと同値である，と解されていることである．これはきわめて重要な前提である．なぜなら，この「T双条件文」そして「同値性原理」を受け入れることによって，言語表現以外に真理概念は適用されないこと，そして，指示される事態が存在しないような言語表現(たとえば，疑問文とか感嘆文とか単なる単語とか)には真理概念は当てはめられないこと，こうした明確な問題設定が導かれるからである．私自身の「原会話」にもおおよそ合致する前提である(ただし，「原会話」で浮き彫りになった，真理という言葉が与える影響については，この「T双条件文」や「同値性原理」には現れてはいない)．

　さて，レンは，この「T双条件文」という前提を導入した後で，真理論の大枠を論じるにあたっての，2つのおもな主題をまず提示する．「客観性」と「価値」である．この2つは，日常的に使う真理概念，すなわち「本当」という概念を，ごくごく素直に受け取ったときに抽出できるということがほぼ同意されるであろうような，真理概念に付着する特徴である．

　「真理」とか「本当」というとき，純粋にそれは主観的であって，個人個人

の受け取り方によってそれぞれの真理があり，それらは整合していない，という考え方は，大変に受け入れがたい．好き嫌いならば，それは当てはまるだろう．納豆が好きな人と嫌いな人がいても，なんら不思議ではない．けれども，「冥王星は太陽系の惑星ではない」という主張に対して，ある人は真だと言い，別の人は偽だと言うなら，どちらかが間違っていると言うべきではないか．素直に真理概念を捉えるならば，私たちはそう言うべきであると感じる．すなわち，真理概念は「客観性」を有していると感じるのである．レンは，こうした「客観性」を「実在」というようにも捉え返している．真理概念は実在との連関をもっているというわけである．

この問題に対して，レンは，3つの立場があるとする．「実在論」，「相対主義」，「反実在論」の3つである．実在論とは「それが誰かに信じられていること，あるいは誰かがそれを知る可能性すら，その真理が依存していないような主張というものが存在する」という立場であり，相対主義とは「いかなる主張の真理もそれを誰かが信じるかに常に依存するという意味で，真理は常に意見の問題である」とする立場であり，反実在論とは「ある主張を真にするものの一部には，私たちがそれを知ることができるという事実が含まれ，そのため，私たちが真か偽か知りえないような主張は，真か偽にはなりえない」という立場のことである (pp. 15-16)．

これらについて，まず明確になることは，相対主義は受け入れられない，という論点である．この点は，すでに自己言及について触れたときにも，ラフな形だが，確認した．それ以外の相対主義への批判点として，そもそも間違いということがありえなくなってしまうとか (p. 24)，「ある人にとって（あるいはある集団にとって）何も真や偽ではありえないことになる」とする巧妙な議論も紹介されている (p. 24)．

かくして，問題とするに足るのは，実在論と反実在論の2つだということになる．それぞれの立場には長所と短所がある．まず実在論は，信念がなぜ誤ることがあるかを見事に説明するし，私たちが知りえないとしても，真なる事態があるということも説明する．最後の恐竜が死ぬ10分前に歯を折ったかどうか，についての真理がそうした例として挙げられる (p. 19)．しかし，実在論によれば，私たちが知覚している事態と世界が本当にどうあるかとは異なること

になり，私たちは世界の本当について結局知りえないとする懐疑主義を導いてしまいかねない．

これに対して反実在論は，私たちの認識可能性を真理概念に定義として入れることにより，知りえない真理というものを排除することで，実在論が陥る可能性のある懐疑主義を回避することができる．けれども，反実在論は，「Pまたは非P」という，古典論理の恒真式である「排中律」を修正せざるをえなくなる．なぜなら，Pが真でも偽でもなく，それゆえ非Pも真でも偽でもない場合に，それでも排中律を受け入れるならば，古典論理とは別の論理を提示する必要が生じるからである．それはかなりの理論的負荷であろう[*2].

また，昨今の真理論で常に話題になるのは，真理概念が有すると思われる「価値」の問題である．すなわち，「真である」ことはなんらかのよさである，という見方である．むろん，自分にとって都合の悪い真理は決してよいものではないとは言えるのだが，問題は，真理概念全体はどうなのかという点である．その観点からは真理にはなんらかのよさがあると言えそうである．レンは，そうしたよさが真理概念にとって内在的なものなのか，最終的な価値をもつものなのか，それとも単に道具的な意味でよいだけなのか，などといった観点から真理の価値について分析を進めていく．

レンはこの点に関して，私たちは真理を気にかけているのであり，その意味で真理は規範的なものであって，したがって哲学者の提起するさまざまな真理論を評価する際には，この規範性をどう扱っているかが1つの目安となるはずだと論じ及んでいく．こうした論立ては大変に説得的かつスリリングだが，真理の規範性という議論の根底に，真理は，それを目指すべきだという意味で，私たちの行動や判断を促す「因果的」機能を有している，という把握が流れていることは注意してよい．

4　インフレ理論

さて，本題となるべき「真理とは何か」という問いだが，レンの議論を思いきり大胆にまとめてしまうと，本書では2つの方向性がとり上げられている．すなわち，「真理とは何か」という問いに答えようとする際に，(1)真理そのものとは別の何かをもち出して，それと組み合わせることで答えようとする立場，

すなわち，真理という概念を重くして答えようとする立場と，(2)真理そのものとは別の何ものをももち出さず，真理概念の果たす役割をほとんどなしにするか最小にするかする立場，すなわち，真理概念を軽いものにして答えようとする立場の，2つの方向性である．

(1)の立場は「インフレ主義」(p. 191)，(2)の立場は「デフレ主義」と呼ばれる．物の値段が高くなる，つまり購入に必要な貨幣量が重くなることが「インフレ」と呼ばれ，逆に，物の値段が安くなり，購入に必要な貨幣量が軽くなることが「デフレ」と呼ばれることにちなんだ名称である．もっとも，「インフレ」では貨幣価値は軽くなり，「デフレ」では貨幣価値は高くなるので，名称としては逆転しているように思えなくもないし，経済学では緩やかな「インフレ」は好ましいことであり，「デフレ」は望ましくないことなので，この名称だと「デフレ主義」は最初から回避すべき理論のようにも響いてしまう．まあ，これはあくまで類比的な名称なので，そのあたりは目をつぶるしかないだろう．

レンは，「真理とは何か」を論じる議論の評価基軸として，すでに触れた，同値性原理を保持しているか，実在論に整合するか反実在論に整合するか，真理の価値を説明できるか，という基準を挙げて，それぞれの真理論を検討している．詳細は本書を読んでいただきたいが，ごく概略的に整理しておこう．

まずインフレ主義だが，これには大きく「認識説」と「対応説」との2つがあると大別される．「認識説」とは，真理というのはテストして確認するものであり，テストにパスした主張がもつ性質である(pp. 67-68)，とする考え方であり，「整合説」と「プラグマティズム」にさらに細分されて論じられている．

「整合説」とは文字通り「整合的で包括的な信念の集合に含まれるものが真理である」とする考え方である(p. 69)．ブラッドリー以来の有力な考え方であり，倫理的な主張にはよくフィットすると思われる(p. 70)．だが，代替となる整合的システムが多数ありうる，という根本的な欠点があるとされる．

また，認識説のもう1つである「プラグマティズム」は，パースやジェイムズの哲学に淵源するものであり，基本的に「真理の意味はある主張が真であることの実践的な帰結から成る」(p. 77 参照)という考え方，あえて単純化して言えば，真理とは「役に立つ」と見なしているものに対して適用しているラベルなのだ，とする考え方である．たしかに，「アスベストは危険である」という

信念は有用であり，そして，なぜ有用なのかは真理だからだと理解できる．

けれども，こうした有用性と真理とを端的に結びつける見方に対しては，真なる信念よりも偽なる信念の方が役に立つという反例がいくらでも出てきてしまう．いずれにせよ，2つの認識説は，反実在論に親和的であり，真理の価値を説明するのには適しているが，同値性原理に当てはめるときにトラブルが生じてしまい，真理論としては受け入れることはできないと，レンは指摘する．

では，「対応説」はどうだろうか．「対応説」はきわめてシンプルな直観的理解に依拠するもので，「真理とは主張が実在に対応するということに他ならない」(p. 87)という考え方にもとづくものである．ここでの「実在」は「世界のあり方，あるいは物事のあり方」(p. 90)という意味での「事実」であり，それに対応する主張が真理であるというのはまことに健全かつ強力な理解であると感じられる．同値性原理も妥当し，実在論に親和し，真理の価値についても説明可能な真理論となる．

けれども，これも万全なわけではない．数学的真理とか，道徳的な主張の真理性とか，条件文の真理性とか，そうした場合の真理に関して，一体何がどのように対応しているのかは，説明しがたい．しかし，対応説の健全性は捨てがたいので，「指示」という行為に焦点を合わせて，言葉の使用がそれが指示する対象や性質と因果的に対応しているという，「因果的対応説」として洗練させることが試みられていたり，「真理メーカー」というアイデアも出されたりしている．しかし，いずれにしても，対応説は，それが当てはまる主張はどういう種類で，どういう種類の主張には当てはまらないのかをめぐる問題，すなわち適切に妥当する範囲はどこまでなのかという「範囲問題」に曝され袋小路に陥る，というのがレンの診断である．

5　デフレ理論

以上のインフレ主義に対して，総じてネガティブな評価を下したレンは，いよいよ自身が共感しているところのデフレ理論に向かう．デフレ主義とは，「ある主張を真と呼ぶことはたんにその主張そのものを主張することとほとんど変わらない」(p. 123)という把握を基礎とする理論のことである．レンは，「雪は白い」と「雪は白いは真だ」という2つの文を挙げて，両者は同じ主張

であるとするデフレ理論の骨子を示している．

　細かく言えば，デフレ理論は，「余剰説」，「引用符解除主義」，「最小主義」の3つに分けることができる．余剰説とはラムジーにより提起された考え方で，真理概念は基本的に余計なもので不要であり，主張を一挙に明示的に述べることができないときに連言の代わりに論理的な用語として使うことができるだけのものにすぎない，とする考え方である．また，引用符解除主義は，クワインの議論に発するもので，「「A」は真である」という主張では，もともと引用符で囲われていたAは，それだけでは文の名前であったが，「真である」を付けることによって，「文の名前」であることから，引用符の機能を解除されて「実在のあり方」へと「下降して」くる，真理とはそういう論理的機能を有する言葉である，という主張である．また，最小主義は，ポール・ホリッジによって展開された考え方で，真理述語は，主張を一挙に明示的に述べることができない場合に，余剰説のように無限になってしまう可能性のある連言ではなく，「命題的同値スキーマ」と呼べる原理に依拠しつつ主張を構成するための論理的な用語であるにすぎない，そうした最小のはたらきをするにすぎない言葉である，とする考え方である．

　こうしたデフレ理論は，総じて，インフレ理論が直面した多くの問題をさらりと回避することができるという，大きなメリットをもつ．しかし，なぜその主張が真だと言えるかという説明や証拠をどう提示できるかという問題を孕んでいる．加えて，デフレ理論では，真理の価値の問題に対処するのが難しいという大きな難題も発生する．むろん，3つのデフレ理論それぞれに固有の利点や問題点があるが，詳細はぜひ本書の当該箇所をご参照いただきたい．本書は，このデフレ理論についての検討がきわめて充実しており，刺激的であり，そこだけでも大きな価値があると思われる．

　いずれにせよ，一番有望に思われるデフレ理論にさえ難点があることから，近年では，主張の文脈に応じて，インフレ理論とデフレ理論とをともに有効だと見なす「多元主義」もポピュラーな考え方となってきている．しかし，レンは，自身のデフレ理論への親近感を隠さない．レンが最後に結論的に提示する真理論は，「方法論的デフレ主義」である．それは，デフレ理論を作業仮説としたうえで，何のためにインフレ理論が必要になるのかを検討し，必要だと考

えるやむをえない理由がない限り，デフレ理論が正しいアプローチだとすべきである(p.191)，とする考え方である．

ただし，レンが言及していない側面において，デフレ理論には大きなハードルがあることを私の方から付け加えたい．それは，「真理値ギャップ」あるいは「真理値グラット」の問題である．真理値ギャップとは，「真でも偽でもない」という状況のことであり，真理値グラットとは「真でもあり偽でもある」という状況のことである．明言はされていないが，本書で検討される真理論の根底には，基本的には「2値性」，すなわち「真か偽かいずれかである」という考え方が暗黙的に横たわっているように読める．そのことは，反実在論に言及する部分でも，最終的には排中律を承認することを前提としている議論展開からも窺われる．しかし，反実在論のポイントの1つは，排中律を全面的には受け入れないというところにあったはずだ．そして実際，曖昧性(vagueness)の問題や，量子論の問題圏など，2値性がかならずしも成り立たない問題圏というのは多々存在する．この問題について，たとえばハートリー・フィールドは，真理概念には「弱い真理概念」と「強い真理概念」との2種があり，その両者は日常的な真理帰属の場面で揺らいでいると指摘している(Field 1994参照)．このあたりをどう整理するかは，デフレ理論において依然として未解決の部分なのではなかろうか[*3]．

私自身は，真理帰属は最初に触れた「原会話」に示唆したように，「本当だ」という言葉の発話自身がもつ，同意を促す影響力という，因果的効力に焦点を当てた「言語行為」的視点からのアプローチもありうるのではないかと感じている．そこに「真理とは何か」という（「である」や「何」についての「何か」という問いに相似た）問いそれ自体の真理を探る鍵が隠されているのではないか，というのが私の直観である．そうした私自身の夢想しているアプローチは，発想としては，真理をそれ自体とは別の何かに言及して説明するべき性質だとは捉えないので，デフレ理論に親和的だし，最小限のはたらきをするだけの言葉として捉えるという限りで，ホリッジの最小主義とも似ているかもしれない．ただ，真理概念の発話の因果的効力に焦点を当てる点，そしてなにより，発話という声のはたらきと真理論を結びつけてみようという実験的議論であるという点で，デフレ理論とは異なるかもしれない．いずれにせよ，真理論はいまま

さに百花繚乱の様相を呈している．本書を導きとして，その論争の輝きを窺うのもよし，みずから真理論の主戦場に身を投じるのもよし，である．哲学の醍醐味が味わえる，珠玉の 1 冊，それが本書である．

*1 何かがある，ということを物理的な意味で狭く捉えるならば，制度的なものはおしなべて「そんなものはもともとない」ということにもなりうる．「権利」や「自由」など，物理的に存在する客観物ではないからである．さらに，たとえば「コンピューター」とて，「コンピューター」という客観物があるわけでもなく，とどのつまりは，さまざまな分子原子の塊であるにすぎないとも言える．この問題は，「虚構」ということをどう捉えるかに依存する．つまり，フィクションの架空的存在者の存在性をどう捉えるかという議論と連続的な様相のもとにある問題系なのである．実はこの点は，形而上学や認識論にとって深層に触れる論点だが，いまは問題提起にとどめる．

*2 この種の問題に対しては，多値論理，ファジー論理，確率論理など，対応策はないわけではない．たとえば，確率概念を導入するならば，「コルモゴロフの公理」に依拠する限り，P の発生する確率と非 P の発生する確率を選言（「または」）で結んだ場合，加法と同じになるので，全体は真（「1」）となると理解されるだろう．けれども，多値論理的な視点からすると，そうした場合も全体は真（「1」）とはならない．こうした簡単な確認からしても，反実在論にも多様性があることが窺われる．いずれにせよ，真理論と反実在論との突き合わせには依然として検討すべきことが多い．この点は，本解説最後にも触れる．ちなみに，この種の問題を考える出発点として，マイケル・ダメットの「真理」という論文は有益である．

*3 これ以外に，デフレ理論は「主張それ自体とは別の性質をもたない」という（高次の，それ以上分析不可能な）性質を真理に帰する考え方であって，ムーアが直覚主義の立場から「善」を分析不可能な性質と捉えたのと同様な意味で，ある種の性質を真理に与えるインフレ理論の立場なのではないか，とする根本的な反論も提起されている（Stoljar 2010 参照）．

参考文献

Field, H. 1994. "Disquotational Truth and Factually Defective Discourse". *Philosophical Review* 103(3): 405-452.

Stoljar, D. 2010. "The Deflationary Theory of Truth". *The Stanford Encyclopedia of Philosophy*.

ダメット，M. 1986.「真理」，『真理という謎』，藤田晋吾訳，勁草書房，1-43 頁

訳者あとがき

　本書は Chase Wrenn (2015), *Truth*, Polity Press の全訳である．著者のレン博士は米国アラバマ大学で教鞭をとっており，本書の参考文献を見てもわかるように，真理論や認識論の研究で業績のある研究者である．現代の分析哲学において真理論は，分野それ自体が伝統的で魅力的な分野であるだけでなく，とくにメタ倫理学などの分析哲学の他分野を学ぶ上でも非常に重要な基礎理論になっている．それにもかかわらず，私の知る限りでは，とくにクリスピン・ライトの多元主義の出現以降の真理論に関する邦語文献は極めて少ない．関連分野に興味をもっている一般読者，哲学の学生，研究者にとって本書の翻訳が少しでも役に立てば幸いである．

　翻訳についてだが，訳文はできるだけ原文に忠実になるように心掛けた．ただ，原著のイタリック部分を適宜取捨選択して傍点にしたり，読みやすさのために「　」を付すなど多少の変更は加えている．また，初学者にとって議論がわかりづらいかと思われる部分については訳注で補っている．少しでも理解の助けになっていればと思う．

　本書は真理論について極めて体系的に整理された本である．レン博士の議論は非常に明晰で（その明晰さが私の拙い翻訳で毀損されていないことを願う），真理論で提出されてきたさまざまな立場を見事に整理しているだけでなく，レン博士は自らの支持するデフレ主義を最終章で擁護している（余談だが，自らの支持する理論に反する本を訳すのはあまり魅力的とは言い難いだろうから，私自身がデフレ主義の支持者であることによって翻訳作業はその点では快いものだった）．

　本書のカバーしている範囲について一言述べておきたい．本書はレン博士がまえがきで述べているように，現代分析哲学における真理論のうち，主に数理論理学における技術的な事項に依拠せずに論じることのできる話題に議論を限定している．例えば，いわゆる「嘘つきパラドクス」とその哲学的意義についてはほとんど論じられていない（もちろん，「嘘つきパラドクス」など真理論で

問題となるパラドクスの分析および解決は高度な数理論理学の知識を前提とするので，本書のように一般読者や学部生までも対象としている入門書ではこれは当然の選択と言える）．ここで紹介されている哲学的な真理論が（一ノ瀬教授の「解説」の言葉を借りれば）百花繚乱であるのと同様，ソール・クリプキの記念碑的論文(S. Kripke (1975), "Outline of a Theory of Truth", *The Journal of Philosophy* 72(19): 690-716)以降，パラドクスの技術的な解法も数理論理学的な真理論研究において百花繚乱の様相を呈している（嘘つきパラドクスの存在が示すように，古典論理と無制限のTスキーマの組み合わせは基本的に矛盾を引き起こす．そのため，古典論理を維持した上で直観的に妥当で，さらにパラドクスを回避する真理述語に関する原理（これは無制限のTスキーマを何らかの仕方で制限した原理になる）を探したり，そもそも古典論理を放棄して矛盾許容(paraconsistent)論理やparacomplete論理を用いてTスキーマの制限を極力避けるテクニックが研究されている）．このあたりに関する外国語文献は近年比較的多くあるが，残念ながら邦語文献は多くない．いくつかは邦語文献案内に紹介しているので参照してほしい．もし英語を読むのが苦にならないのであれば，『スタンフォード哲学百科』のVolker HalbachとGraham E. Leighによる「公理的真理論(Axiomatic Theories of Truth)」および記事に参考文献として挙げられているLeon HorstenやVolker Halbachの著作（これらは主に古典論理をベースにした理論を紹介している），あるいはJc Beall, Michael Glanzberg, and David Ripley (2018), *Formal Theories of Truth*, Oxford University Press（これは非古典論理を用いる理論に重点が置かれている）を読むのもよいだろう．

　最後になったが，翻訳の過程でお世話になった人々に感謝しなければならない．まず，本書の翻訳の話を紹介してくださり，翻訳についてのアドヴァイスもしてくださった，武蔵野大学の一ノ瀬正樹教授に感謝します．次に，私と同じ東京大学哲学研究室の所属で，訳稿についてコメントをくださった相松慎也氏，高崎将平氏，佐竹佑介氏，鴻浩介氏に感謝します．最後に，翻訳過程全般にわたるアレンジと訳に関するアドヴァイスについて，岩波書店の押田連氏には大変お世話になりました．感謝申し上げます．

索　引

ア行

曖昧さ(vagueness)　29, 40
アームストロング, デイヴィッド (Armstrong, David)　109, 119
アリストテレス(Aristotle)　3, 11, 24, 41, 93
一元主義(truth monism)　157
意味(meaning)　124-125, 129-136, 146, 165-166, 168, 197-205
意味論的下降(semantic descent)　130
色(color)　44, 69, 177
因果的対応(causal correspondence)　87, 89, 97, 100-101, 111-113, 118, 119, 160, 183
インフレ主義(inflationism)　191-193, 196, 209, 210
引用符解除主義(disquotationalism)　130-140, 145, 154
ヴィトゲンシュタイン, ルートヴィヒ (Wittgenstein, Ludwig)　90, 109, 119
オースティン, J. L.(Austin, J. L.)　95

カ行

懐疑主義(skepticism)　20-21, 37, 40-41, 81, 210
確実性(certainty)　8, 29
勝ち(winning)　45-48, 66, 164
頑健な対応(robust correspondence)　168, 171-172, 174
カント, イマヌエル(Kant, Immanuel)　21, 41, 55
キッチャー, フィリップ(Kitcher, Philip)　119, 154, 192
機能主義(functionalism)　177
決まり文句(platitudes)　168-170, 178, 181, 185
客観性(objectivity)　10-11, 15, 37, 178, 186, 209
キャロル, ルイス(Carroll, Lewis)　91
共同のよさ(collective goods)　64-65
クヴァンヴィグ, ジョナサン(Kvanvig, Jonathan)　52-54, 56
クワイン, ウィラード・ヴァン(Quine, W. V.)　11, 70, 85, 124, 130-132, 134, 167
形而上学的必然性(metaphysical necessity)　71, 92, 113
ゲーデル, クルト(Gödel, Kurt)　29
ゲーム(games)　45-47, 106, 164
顕在化(manifestation)　176, 178-181, 183
言語哲学(philosophy of language)　5, 106
言説(discourse)　111, 157, 167-185, 197
行為(action)
　行為と信念(actions and beliefs)　61
　行為の正しさ(rightness of action)　49, 78, 139, 179, 182
　行為の調整(coordination of action)　60, 64-65, 71
合意(consensus)
　科学における合意(scientific consensus)　76-80
合意相対主義(consensus relativism)　22-23, 25, 38
心の哲学(philosophy of mind)　5, 117
コースガード, クリスティン(Korsgaard, Christine)　55-57
古典的対応(classical correspondence)　87-90, 93-97, 100-101, 104-105, 109-114, 118
コメディ(comedy)　169, 174, 179, 182-183
ゴールドバッハ予想(Goldbach's Conjecture)　147, 170
混合複合文(mixed compounds)　172-178, 187

サ行

最小主義(minimalism)　137-142
ジェイムズ, ウィリアム(James, William)　43, 45, 77-78, 80-85, 118
事実(facts)　11, 15-19, 23-24, 29-30, 88-97, 100, 107-114, 120, 134, 168-171
　「これですべてだ」という事実("that's all" fact)　107-108, 112
　事実の総体としての世界(world as totality of facts)　90

231

道徳的事実(moral facts) 111, 114
指示の因果説(causal theory of reference) 97, 100-103, 111, 115, 183, 192-197
事態(states of affairs) 91-92
　事態と事実(state of affairs and facts) 92
　事態との同型性(isomorphism with state of affairs) 93
　成り立っている事態と成り立っていない事態(obtaining and non-obtaining state of affairs) 92
　否定的事態(negative state of affairs) 96
　必然的事態(necessary state of affairs) 96
　評価的事態(evaluative state of affairs) 94
　不可能な事態(impossible state of affairs) 91
実在論(realism) 15-41, 80-81, 84, 112-113, 117-118, 145-149, 157-159, 170-171, 184-185, 210
集合論(set theory) 29, 31
充足(satisfaction) 99-102
主張(assertion, claims)
　科学的主張(scientific claims) 117, 157, 183
　主張の規範(norm of assertion) 162-164, 198
　主張の取り下げ(retraction of assertion) 162, 201-202
　主張は真であるほうが偽であるよりよい(claims better true than false) 45
　知りえない主張(unknowable claims) 15-16, 20-21, 29, 32-34, 39, 81, 145-147, 174
　数学的主張(mathematical claims) 29, 40, 94, 101, 104, 112-114, 117
　説明的主張(explanatory claims)
　全称的主張(universal claims) 98-100, 106-108, 112, 117, 133
　存在主張(existential claims) 98-100
　超主張可能性(superassertibility) 169, 173, 174, 176, 180-181, 184-185
　道徳的主張(moral claims) 70, 94, 104, 112-114, 157, 179-184
　反事実的主張(counterfactual claims) 160
　否定的主張(negative claims) 39, 70, 72, 98-99, 106-107, 111-114,
　評価的主張(evaluative claims) 111-113, 117
　保証された主張(warranted assertion) 161-164, 170, 197-201
　様相的主張(modal claims) 112-114, 117, 206
　理解できない主張(incomprehensible claims) 127-128, 146-148
証拠(evidence) 22, 60-64, 83, 128-129, 141-145, 155, 161-163, 198-202
情報(information) 16, 29, 84, 102, 129, 161-162, 168-170, 199-202, 206
証明(proof) 29, 31, 50, 52, 147, 170, 191
職務記述書(job description) 178
信念(belief)
　合理的信念(rational belief) 62, 82, 83, 148
　信念の調和(concordance of belief) 176-177, 181-185
　都合のよい信念(expedient belief) 78, 80, 82
　人間以外の信念と子供の信念(belief of non-humans and children) 57, 208
　役に立つ信念と有害な信念(helpful and harmful beliefs) 58, 78-80
信頼性(reliability) 21, 60, 63, 142, 144
真理(truth)
　アリストテレスの真理定義(Aristotelian truth definition) 3, 94
　真理帰属(truth attributions) 124-128, 132-134, 138, 140-141
　数学的真理(mathematical truth) 29, 104, 113-114
　絶対的真理と相対的真理(absolute vs. relative truth) 17, 22-23, 26
　タルスキ流真理定義(Tarski-style truth definition) 193-194, 196, 197
　論理的真理(logical truth) 145
　真理機能主義(alethic functionalism) 176, 177-179
　真理述語(truth predicate) 125-127, 130-143, 146-150, 157, 160-164, 169, 179-181, 190-192, 197-198, 202-210
　真理述語の論理的な機能(logical function of

索　引

truth predicate）　127, 133, 153, 191-192, 207, 209
　真理述語の論理（logic of truth predicate）　127, 133, 150, 153, 191, 207, 209
　真理述語をもちいた一般化（generalization using a truth predicate）　132, 150-153, 190-192, 202, 204, 209-210
真理条件（truth conditions）　115, 135, 166, 180-181
　真理条件と意味（truth condition and meaning）　202-205
　真理条件の知識（knowledge of truth conditions）　180-181
真理値ギャップ（truth value gaps）　18, 34, 40
真理定義（truth definition）　193-194, 196, 197
真理の価値（value of truth）
　真理の構成的な価値（constitutive value of truth）　59, 60, 62, 82, 186
　真理の最終的な価値（final value of truth）　50, 55-58, 65, 82, 186
　真理の道具的な価値（instrumental value of truth）　50, 58-59, 63, 65, 83
　真理の内在的な価値（intrinsic value of truth）　50-51, 53-55, 57, 65, 82, 186
　真理の目的的な価値（telic value of truth）　50, 62-63, 65, 118, 153, 186
真理の規範性（normativity of properties of truth）　161, 185
真理の多元主義（pluralist theories of truth）　66, 151, 157-189, 191-192, 197, 209-210
真理のデフレ主義理論（deflationary theories of truth）　123-124, 132, 137-138, 141-154, 161-167, 181-182, 186, 189-210
真理の担い手（truth bearers）　2, 4-5, 130, 134-135
真理の認識説（epistemic theories of truth）　67-69, 71-75, 77-81, 83-85, 123, 158-159, 161, 167
真理の役割（truth role）　157, 177-178, 185
真理メイカー（真にすること）（truthmaker, truthmaking）　87-89, 104-109, 112, 115-120
推論（inferences）　35, 44, 146, 147, 175-178, 187, 190

混合推論（mixed inferences）　172, 175-177, 187
妥当な推論（valid inference）　175
数理論理学（mathematical logic）　57
スティッチ，スティーブン（Stich, Stephen）　58, 78
性格特性（character traits）　60
整合（coherence）　68-74, 78-79, 83-85, 87, 157, 167, 178, 183
整合説（coherentism）　68-74, 76, 78-79, 82-85, 88, 157, 167, 183
性質（properties）
　関係的性質（relational properties）　88-89
　規範的性質（normative properties）　44
　実質的性質（substantive properties）　137
　心的性質（mental properties）　118, 177
　性質と一般ターム（properties and general terms）　97
　多重実現可能な性質（multiply realizable properties）　177
　道徳的性質（moral properties）　103-104, 108, 111, 160
　論理的性質（logical properties）　137
絶対主義（absolutism）　24
説明（explanation）　69, 113, 164, 167, 189, 191-193, 196-197, 210
全知（omniscience）　2, 53, 54
相対主義（relativism）　15-18, 22-26, 28, 30, 37-38, 40-41, 83, 184
存在論（ontology）　95-96, 106, 107, 110

タ　行

対応（correspondence）　73, 87-97
代替となる整合的なシステム（alternative coherent systems）　72, 79, 183
正しさ（rightness）　43, 47-48, 82, 138-139, 164-165, 167, 190, 198-199
正しさとしての真理（truth as rightness）　43, 48, 82, 164
正しさの種類（kinds of rightness）　43, 82, 164, 198, 199
ターム（terms）
　一般ターム（general terms）　97-103, 104, 193, 195
　単称ターム（singular terms）　98-100, 104, 193, 195

233

複合ターム(complex terms)　98
ダメット，マイケル(Dummett, Michael)　43, 45, 47, 65, 66, 186
タルスキ，アルフレッド(Tarski, Alfred)　9, 10, 12, 97, 101-102, 111, 112, 114, 119, 154
タルスキ流真理定義における指示 (reference in Tarskian truth definition)　97
単一前提閉包(single premise closure)　35-37
探求(inquiry)
　探求の結末(end of inquiry)　76, 78-80
　探求の方法(methods of inquiry)　63, 68
　探求の目的(goal of inquiry)　178
単純多元主義(simple pluralism)　157, 167, 172-173, 177-179
知識の事実性(factivity of knowledge)　35-37
知的な自尊心(intellectual integrity)　61-62
抽象的対象(abstract objects)　4, 104, 111, 113, 115
調和(concordance)　176-177, 182-185
T双条件文(T-biconditionals)　10, 12, 38, 114-116, 190, 194
デカルト，ルネ(Descartes, René)　20-22, 41
適合の向き(direction of fit)　56
テスト原理(Test Principle)　67-68
同一性(identity)　5, 93
同意味(synonymy)　48-49, 125, 132
同型性(isomorphism)　93-95
同値性原理(Equivalence Principle)　10, 37-39, 67, 78, 83-84, 113-117, 140-147, 184-185, 190-191, 209
同値性スキーマ(Equivalence Schema)　10, 37, 79-80, 145, 150, 162, 163
　命題的同値スキーマ(Propositional Equivalence Schema(PES))　139-141
道徳(morality)　44, 49, 70, 94, 103-108, 111-114, 118, 138, 157-160, 179-185

ナ 行

名前(names)　97
ナンセンス(無意味)(nonsense)　15, 91, 92, 145
二値原理(law of bivalence)　37
認識的正当化(epistemic justification)　67, 70, 82-83, 85, 144, 163-164, 168-172, 199

ハ 行

排中律(law of excluded middle)　39, 81, 147
パース，C. S.(Peirce, C. S.)　75-77, 79-82, 85
発話(utterances)　4-5, 11, 113, 135, 140
パトナム，ヒラリー(Putnam, Hilary)　85
パラドクス
　嘘つきパラドクス(liar paradox)　12
　嘘つきパラドクスとTスキーマ(liar paradox and the T-schema)　12, 67, 114, 137, 139, 145-146, 154, 194
　(フィッチの)認識可能性のパラドクス((Fitch's) paradox of knowability)　34-37, 41
範囲問題(Scope Problem)　101, 109, 111-114, 158, 160-161, 167, 179, 186-187
反実在論(anti-realism)　15-18, 28-40, 80-84, 112, 117-118, 146-147, 158-159, 184-185
反実在論と古典論理(anti-realism and classical logic)　33-34, 37, 39-40, 147
必然化(necessitation)　105-108, 115-117, 120
美的(aesthetics)　44, 179, 182
批判的思考(critical thinking)　63, 201
ヒューム，デイヴィッド(Hume, David)　21, 41
表象(representation)　11, 56, 90-93, 95
フィッチのパラドクス　→パラドクス
フィールド，ハートリー(Field, Hartry)　11, 41, 101, 119, 130, 133-134, 154
付随(supervenience)　203
プラグマティズム(pragmatic theory)　68, 74-81, 83, 85
プラトン(Plato)　11, 24, 41
ブランシャード，ブランド(Blanshard, Brand)　70-71, 73-74, 76, 84
プロタゴラス(Protagoras)　24, 41
文(sentences)
　原子文(atomic sentences)　98-99, 193,

195
条件文（conditionals）　99, 208
選言文（disjunctions）　98-99
全称文（universals）　98-99
存在文（existentials）　98-99
否定（negations）　98-99
複合文（複雑な文）（complex sentences）　98, 146, 172-177
文の名前（names for sentences）　9, 194, 204
平叙文（declarative sentences）　166, 169
連言（conjunctions）　12, 35, 98-99, 125-128, 155
包括性（comprehensiveness）　69-73, 78, 79
方法論的デフレ主義（methodological deflationism）　189, 190-192, 197, 209-210
ホリッジ，ポール（Horwich, Paul）　124, 137, 139-140
翻訳（translation）　9, 113, 134

マ 行

マトリックス（*The Matrix*）　52
未来（future）　27, 40, 170, 200
無限の連言（infinite conjunction）　125, 127-128, 132, 155
無矛盾性（consistency）　29, 69, 71, 72, 85
命題（propositions）　4, 5, 11, 89, 92, 134, 135, 137-141, 145, 151, 178
メタ倫理（metaethics）　138, 169

ヤ 行

ユーモア（おかしさ）（humor）　17, 26, 158, 171, 184
よい生（good life）　50, 60-63
様相（modality）　113-114, 117, 206
よさ（goodness）　43-45, 48, 53, 57, 59-60, 64-65, 78, 118, 139
余剰説（redundancy theory）　124, 127-133, 135, 138-140, 145, 154

ラ 行

ライト，クリスピン（Wright, Crispin）　66, 157, 161-164, 167-173, 178, 179, 184-189, 198-201, 209-210
ラッセル，バートランド（Russell, Bertrand）　73, 84, 119
ラムジー，フランク（Ramsey, Frank P.）　124-126, 130-131, 154-155
量化（quantification）　98, 193
リンチ，マイケル（Lynch, Michael）　51-52, 59-62, 66, 85, 147, 164-167, 172-180, 183-187, 197-198, 205-210
倫理（ethics）　70, 85, 111, 138, 160, 167, 184
連言　→文
連続体仮説（Continuum Hypothesis）　29, 31
論理的同値（logical equivalence）　131, 133-136, 145
論理的な語彙（vocabulary of logic）　127, 132

チェイス・レン　Chase Wrenn

ワシントン大学(セントルイス校)PhD．現在，アラバマ大学准教授．真理論，認識論，心の哲学，認知科学．"A Puzzle about Desire." *Erkenntnis* 73-2 (2010); "Practical Success and the Nature of Truth." *Synthese* 181-3 (2011)．共著に *New Waves in Truth*. Palgrave Macmillan (2010)．

野上志学

1990年生．東京大学大学院人文社会系研究科博士課程．日本学術振興会特別研究員(DC2)．哲学．

一ノ瀬正樹

1957年生．東京大学大学院人文社会系研究科教授を経て，現在，東京大学名誉教授，オックスフォード大学名誉フェロウ，武蔵野大学教授．哲学．

現代哲学のキーコンセプト
真　理　　　　　　　　　　　　　チェイス・レン

2019年11月21日　第1刷発行

訳　者　野上志学(のがみしがく)

発行者　岡本　厚

発行所　株式会社　岩波書店
　　　　〒101-8002　東京都千代田区一ツ橋2-5-5
　　　　電話案内　03-5210-4000
　　　　https://www.iwanami.co.jp/

印刷・三陽社　カバー・半七印刷　製本・松岳社

ISBN 978-4-00-061374-3　　Printed in Japan

入門から　もう一歩進んで考える

現代哲学のキーコンセプト
Key Concepts in Philosophy

解説　一ノ瀬正樹

A5判　並製　平均224頁

- 英国ポリティ（Polity）社から刊行中のシリーズから精選
- 手ごろな分量で，現代哲学の中心的な概念について解説
- 概念の基本的な意味や使い方・論争点等を示す教科書

＊『確率』
ダレル・P. ロウボトム（香港嶺南大学教授）………………佐竹佑介訳

＊『非合理性』
リサ・ボルトロッティ（バーミンガム大学教授）……………鴻　浩介訳

＊『自由意志』
ジョセフ・K. キャンベル（ワシントン州立大学教授）………高崎将平訳

＊『真理』
チェイス・レン（アラバマ大学准教授）……………………野上志学訳

『因果性』
ダグラス・クタッチ（西インド諸島大学講師）………………相松慎也訳

所属は執筆時　　＊は既刊

── 岩波書店刊 ──

定価は表示価格に消費税が加算されます
2019年11月現在